토지투자

무작정 따라하기

토지투자 무작정 따라하기
The Cakewalk Series – Land Investment

초판 1쇄 발행 · 2021년 6월 16일
초판 4쇄 발행 · 2023년 10월 10일

지은이 · 전은규(대박땅꾼)
발행인 · 이종원
발행처 · (주)도서출판 길벗
출판사 등록일 · 1990년 12월 24일
주소 · 서울시 마포구 월드컵로 10길 56(서교동)
대표 전화 · 02)332-0931 | **팩스** · 02)323-0586
홈페이지 · www.gilbut.co.kr | **이메일** · gilbut@gilbut.co.kr

책임 편집 · 박윤경(yoon@gilbut.co.kr) | **표지디자인** · 장기춘 | **본문디자인** · 박상희 | **마케팅** · 정경원, 김진영, 최명주, 김도현
제작 · 이준호, 손일순, 이진혁 | **영업관리** · 김명자, 심선숙, 정경화 | **독자지원** · 윤정아

구성 · 이민학 | **교정교열 및 편집진행** · 최원정 | **전산편집** · 예다움
CTP 출력 및 인쇄 · 금강인쇄 | **제본** · 북웨어코팅

ISBN 979-11-6521-575-0 13320
(길벗도서번호 070453)

정가 19,000원

독자의 1초를 아껴주는 정성 길벗출판사

- **(주)도서출판 길벗** IT교육서, IT단행본, 경제경영서, 어학&실용서, 인문교양서, 자녀교육서 www.youtube.com/ilovegilbut
- **길벗스쿨** 국어학습, 수학학습, 어린이교양, 주니어 어학학습, 학습단행본 www.youtube.com/ilovegilbut

토지투자
무작정 따라하기

전은규(대박땅꾼) 지음

길벗

10만 평의 땅을
가져다준 책 한 권

2005년에 저는 평범한 직장인이었습니다. 그때 아버지가 저에게 《땅투자 구구단》이라는 책을 건네주셨습니다. 그리고 그 책은 제 인생을 바꾸어 놓았지요. 그로부터 16년이 지난 지금 저는 10만 평을 소유한 100억대 자산가가 되었습니다. 아버지가 아니었다면 지금도 평범한 직장인으로 살며 아파트 대출이자에 허덕이면서 살고 있을지도 모르겠습니다. 책 한 권으로 제 인생이 바뀌었듯이 누군가에게 이 책이 인생의 전환점이 되는 계기가 되기를 바라는 마음으로 글을 쓰게 되었습니다.

물론 운이 좋아서 10만 평을 소유하게 된 건 아닙니다. 연애시절에는 토지 현지답사를 데이트 코스 삼아 다녔지요. 점심값이 아까워 삼각김밥을 주식처럼 먹기도 했습니다. 땅을 보러 다닐 때는 숙박비가 아까워 찜질방에서 잤고 심지어 차에서 자기도 했습니다.

그런 힘든 시절을 겪어서인지 지금도 바쁠 때는 혼자 차 안에서 김밥을 먹고 옷은 만 원짜리 티셔츠를 즐겨 입습니다. 이런 모습을 좋게 보시고 인터넷카페 회원님들이나 유튜브 구독자님들이 저에게 부를 과시하지 않고 평범한 동네 아저씨같이 소탈해서 좋다고 많이들 말씀해주셔서 늘 감사한 마음입니다. 그런 말씀을 들을 때마다 '더욱 겸손해지자.', '초심을 잃지 말자.' 하고 다짐하곤 합니다.

그동안 현 정부는 아파트값을 잡으려고 정신없이 규제를 내놓았습니다. 헷갈릴 정도로 많은 규제가 쏟아져 어지러울 지경이지요. 분양 경쟁률은 하늘을 찌르고 가격은 지난 몇 년간 가파르게 올라 점점 더 큰돈이 필요한데 규제로 대출도 받기 어렵게 되었습니다. 하지만 땅은 소액으로도 투자할 수 있고 경쟁이 상대적으로 덜 심합니다. 아직도 좋은 기회가 많이 남아있다는 뜻이지요. 그래서 더욱 토지투자가 낯설고 어렵다고 생각하는 분들에게 저의 16년 토지투자 노하우를 알려드리고 싶습니다. 초보자도 쉽게 토지투자를 이해하고 어려운 용어나 실전 전략을 익힐 수 있도록 꼼꼼하게 정리하여 이 책에 담았습니다.

토지투자를 하다 보면 상가, 오피스텔 등 전체적인 부동산을 보는 눈도 트이게 마련입니다. 저도 파이어족이 되려고 미리 연금준비를 하고 있습니다. 대표적으로 수익형 부동산, 즉 월세 받는 부동산 비중을 늘리고 있지요. 예전에는 원룸이나 상가, 다가구에 투자했지만 최근에는 오피스텔과 지식산업센터에 집중하고 있습니다. 특히 서울이 아닌 수도권이나 지방 대도시의 신도시 택지지구 위주로 투자하고 있지요. 이미 오를 대로 오른 서울보다 조금 눈을 낮추어 1시간 이내 거리의 택지지구로 눈을 돌리면 수익률을 5프로 대에서 10프로 이상으로 늘릴 기회를 찾을 수 있습니다. 토지투자의 노하우를 쌓으면 이렇게 물 흐르듯이 주택이나 건물을 보는 눈도 생기게 됩니다. 모든 개발과 건축은 땅 위에서 이루어지니까요.

끝으로 이 책이 나오기까지 수고하신 출판사 관계자분들, 대박땅꾼Lab 운영진들, 편집하느라 수고하신 목진경 대리님, 6만 네이버카페 회원분들과 현장답사프로그램을 위해 전국을 휘젓고 다니시는 부소장님에게 감사의 마음을 전합니다.

대박땅꾼 전은규

첫 째 마 당

토지투자의 유망지역을 찾아라!

둘째 마당

이런 땅을 사야 한다!

셋 째 마 당

사기만 하면 오르는 토지 탐색하기

넷째마당

토지 현장조사의 필수 매뉴얼

다섯째마당

내 땅 제대로 활용하는 전략

여섯째마당

수익을 늘리는 매수·매도 전략

고수의 영역에 도전!

가장 먼저 토지투자에 대한 선입관을 깨는 것이 중요합니다. 자식에게 물려줄 생각으로 투자하는 것이 땅이라고 생각하시나요? 조금씩 살 수 없기 때문에 큰돈이 들어가지 않냐고요? 그렇지 않습니다. 물론 어느 분야든 진입 장벽이 있습니다. 넘고 나면 아무것도 아닌데 시작할 때는 막막하기만 하지요. 하지만 토지투자의 진입 장벽이 주택투자보다 약간 높다 해도 넘기만 한다면 주택보다 훨씬 큰 수익률을 낼 수 있습니다. 토지투자는 어려울 것이라는 선입관에 망설이거나 용어나 행정절차를 어렵게 느끼는 분들이 쉽고 친숙하게 다가갈 수 있도록 기초부터 차근차근 알아보겠습니다.

토지투자
첫걸음

토지투자란 무엇인가?

토지투자의 원리 1
- 시간에 투자한다

그동안 대한민국은 눈부신 변신을 거듭했습니다. 철도와 도로가 깔리고 고층빌딩, 상업시설, 대단지 아파트들이 들어섰지요. 지금도 전국의 수많은 곳이 개발되고 있거나 개발을 앞두고 있습니다. 그리고 이 모두는 땅 위에서 벌어지는 일입니다. 그러나 땅은 고르기도 어렵고 장기투자를 해야 한다는 선입견 때문에 망설이는 사람이 많지요. 불경기에도 꾸준히 오르는 땅만큼 매력적인 재테크 수단도 없다는 사실을 아는 사람은 그렇게 많지 않습니다.

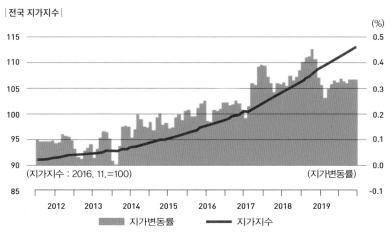

|전국 지가지수|

(지가지수 : 2016. 11.=100)　　　　　　　　　(지가변동률)

▨ 지가변동률　　━ 지가지수

출처: 한국감정원 부동산통계정보시스템

지난 10년 동안의 전국 지가지수를 살펴보면 땅값이 쉬지 않고 올랐음을 눈으로 확인할 수 있습니다. 우리나라 경제성장과 비례하여 지속적으로 올랐지요. 그러나 전국이 고르게 상승하지는 않았습니다. 평균 이상으로 땅값이 급상승하는 곳은 늘 있으니까요. 좀 더 빠르게 많이 오르는 땅을 싸게 선점하기 위해서는 전략이 필요합니다.

예를 들어 새만금 일대는 몇 년 사이에 땅값이 급격히 올랐습니다. 부동산 불황기에도 새만금 유망지역 땅값은 한 번의 후퇴 없이 지속적으로 상승했지요. 2016년도에서 매입하여 2019년도에 매각했다면 3년 만에 20% 정도의 시세 차익을 거둘 수 있었습니다.

토지투자로 돈을 버는 원리는 의외로 간단합니다. 새만금 일대와 같은 유망지역을 찾고 무엇보다 시간에 투자해야 합니다. 그래서 하루라도 일찍 투자를 시작하는 것이 중요합니다.

토지투자의 원리 2
– 사람에 투자한다

새만금 일대의 땅값은 왜 그렇게 올랐을까요? 새만금방조제가 들어서며 대규모 간척지가 생기고 여기에 대대적인 개발이 이뤄지기 때문입니다. 개발사업에 따라 항공과 철도, 도로 또한 대대적으로 확충됩니다. 교통이 편리해지고 대규모 개발사업이 진행되면 자연히 인구가 늘어나고 땅의 가치는 올라갑니다. 1970년대에 논과 밭이었던 강남 땅이 개발된 이후 아파트와 대형 오피스빌딩이 들어서고 사람들이 몰리면서 땅값이 수십 배 오른 것처럼 새만금 일대에도 인구가 늘어나며 땅값이 오르는 것이지요.

아무도 거들떠보지 않는 땅도 도로가 나고 개발계획이 발표되면 그 지역 땅을 사기 위해 사람들이 찾아오고 땅값이 상승합니다. 시세 차익을 기대하든 사업을 하고자 하든 땅을 원하는 사람들의 욕구가 토지에 반영되어 가격이 올라가는 것이죠. 그러니 토지투자는 땅 자체가 아니라 땅을 이용하고자 하는 사람의 욕구에 투자하는 행위라고도 할 수 있습니다.

여기서 토지투자의 중요한 원칙이 나옵니다. 투자를 할 때 내 마음에 드는 땅이 아니라 사람들이 원하는 땅을 매입해야 한다는 겁니다.

토지투자의 원리 3
– 정부 정책을 따라간다

땅의 용도는 정부가 결정하여 관리합니다. 내 땅이라고 하더라도 마음대로 건물을 세우거나 개발할 수 없습니다. 내 땅이 국립공원 안에 있다고 생각하면 이해하기 쉽습니다. 국립공원 안에 있으면 내 땅이지만 나무를 베는 것도 불법이고 건물을 세우고 싶어도 허가가 나지 않습니다.

정부는 5년마다 국토종합개발계획을 발표합니다. 신도시를 짓거나 철도나 도로를 새로 냅니다. 그에 따라 땅의 용도가 바뀌고 가격이 변동하지요. 개발이 제한되었던 보전녹지의 용도가 바뀌어 아파트 단지나 대규모 생산시설이 들어서면 해당 땅값은 물론 주위까지 일제히 상승합니다. 토지투자는 이런 지역을 미리 저가에 매입하여 차익을 얻는 것입니다. 따라서 토지투자는 정부 정책을 따라간다고 할 수 있습니다.

토지투자의 4가지 요소
- 토지투자를 한마디로 정의한다면?

토지투자를 할 때 고려해야 할 요소는 크게 네 가지라고 할 수 있습니다.

> 1. **상승 여력**: 앞으로 오를 만한 잠재력이 있는 땅인가?
> 2. **투자 비용**: 어떻게 하면 최소 비용으로 매입할 수 있을까?
> 3. **가치 상승 전략**: 매입한 땅의 가치를 높일 방법이 있을까?
> 4. **매도 시점**: 어느 시점에 매도하면 좋을까?

네 가지 요소 중에서 내가 결정할 수 있는 것은 1, 2, 3 세 가지입니다. 투자 가치가 있는지 판단하고 매입하는 건 자신이 결정할 수 있습니다. 매입한 땅에 건물을 세워 가치를 높이는 것도 자신의 의사에 달려있지요. 그런데 매도는 내 마음대로 할 수 없습니다. 좀 더 정확히 말하면 파는 건 내 마음대로 할 수 있지만 가격은 상대에게 달려 있다는 것입니다.

시세보다 낮은 헐값에 내놓으면 언제든 순식간에 팔 수 있을 겁니다. 하지만 내가 원하는 가격에 살 사람은 그리 많지 않습니다. 상대방으로부터 사고 싶다고 연락이 오는 경우도 내가 원하는 가격이 아닐 때가 대부분입니다. 그러니 내가 할 수 있는 것들에 집중해야 겠지요.

토지투자를 한마디로 정리하면 이렇습니다.

> 오를 만한 지역의 땅을 최소 비용을 들여 매입한 후, 땅의 가치를 높이고 시간이 흐르기를 기다린다.

이렇게 보면 단순해 보이지만 실행이 중요합니다. 첫 번째 토지투자의 성공 경험이 무엇보다 중요하니까요.

토지투자의 매력
– 상상력과 창의력이 수익으로 직결된다

제가 토지투자를 선호하는 이유는 상상력과 창의력을 발휘할 수 있기 때문입니다. "예술도 아닌 토지투자에 무슨 창의력이 필요해?"라고 의아해할 수도 있지만 그런 분도 실제로 토지투자를 몇 번 하다 보면 이 말의 의미를 이해하게 됩니다.

저는 땅을 살 때 "이 땅에 무얼 할 수 있을까?", "어떻게 하면 이 땅의 활용 가치를 높일 수 있을까?"라는 질문을 저 자신에게 지속적으로 던집니다. 황량한 임야에 어떤 건물이 들어설지 상상해보고 그게 맞아떨어져서 토지 가치가 오르면 수익 이상의 보람도 느끼게 되지요.

도로가 없는 맹지는 사람들이 기피합니다. 개발을 할 수 없기에 가격이 시세의 절반에 불과합니다. 이럴 때 어떻게 하면 도로를 낼 수 있을지 방법을 찾아내서 해결하면 그 땅은 더 이상 맹지가 아니고 가격도 주위 시세만큼 올라갑니다.

처음부터 완벽한 땅은 가격이 높고 매물도 많지 않습니다. 매물로 나온 땅은 대부분 한두 가지 문제를 안고 있지요. 어떤 땅은 접근하는 도로가 없어 쓸모가 없고, 어떤 땅은 규제에 묶여 거래조차 불가능해 보입니다. 역설적으로 땅이 지닌 이런 문제를 해결하기만 한다면 수익률을 많이 높일 수 있습니다.

상상력과 창의력은 땅이 지닌 문제를 해결하고, 나아가 가치를 높이는 데 있어 중요한 열쇠가 됩니다.

왜 토지투자를 할까?
– 목표에 따라 전략이 달라진다

토지를 사는 이유는 여러 가지가 있습니다. 주변에서 토지를 사는 목적을 들어보면 크게 3가지입니다. 집을 지어 살거나 상가나 공장을 지어 사업을 하는 경우, 또는 도시 생활에 지쳐서 귀농귀촌을 하여 농사를 짓는 경우, 그리고 땅 자체를 가지고 있다가 일정 시간이 흐른 뒤 차익을 얻기 위한 경우 등입니다.

> **토지투자의 목표**
> • 건물을 짓거나 사업을 하기 위해
> • 귀농귀촌을 위해
> • 시세 차익을 얻기 위해

땅을 사서 일정 시간 보유한 후 매각하여 차익을 얻는 경우를 흔히 시세 차익을 기대하고 투자한다고 말합니다. 매입 시점과 매각 시점의 가격 차이로 이익을 얻는다는 뜻이지요.

토지를 매입할 때 목표나 목적을 분명히 하는 건 무척 중요합니다. 원하는 목표나 이용 목적에 따라 매입하는 토지의 입지나 규모, 매입금액, 대출 활용 여부 등이 달라지기 때문입니다.

예를 들어 자신이 쾌적하게 살 집을 짓고자 하는 경우라면 주위 환경과 교통 여건 등을 우선으로 고려하여 매입하겠지요. 하지만 두 가지 요건을 모두 갖춘 땅을 저렴하게 사기는 쉽지 않습니다. 주위 환경이 좋고 교통 여건도 뛰어난 땅은 이미 가격이 높기 때문이지요. 집을 짓고 살기는 좋지만 이미 높은 땅값이 2~3배 오르기를 기대하기는 현실적으로 어렵습니다.

시세 차익을 우선하면서도 집을 짓고 살고 싶다면 저렴한 땅을 매입해야 합니다. 이런 땅은 도시가스나 전기, 도로 등 기반시설이 되어있지 않거나 교통여건이 좋지 않습니다. 집을 지으면 살기 불편할 것이 뻔합니다. 대신 향후 주위 지역이 개발되면 저렴했던 땅값이 올라 시세 차익을 거둘 수 있겠지요.

이처럼 쾌적하게 살 것인가, 불편하더라도 나중에 시세 차익도 기대할 것인가에 따라 토지의 입지나 매입금액이 달라집니다. 토지투자를 시작할 때는 가장 먼저 목표와 목적을 분명히 정하세요.

초보자들이 토지투자를
어려워하는 이유

안 하면서 이유는 많은 토지투자

주식투자를 하거나 아파트를 사고자 하는 사람은 많은데 토지투자를 하는 사람은 상대적으로 적습니다. 막연히 토지투자는 돈이 많거나 나이가 있는 분들이 하는 투자로 여기는 사람들이 많은데요. 토지투자를 주저하는 이유를 꼽아보면 다섯 가지 정도로 요약할 수 있습니다.

> • 토지투자를 하려면 돈이 많이 필요하다.
> • 토지투자는 환금성이 약하다.
> • 수익을 내려면 오래 묵혀야 한다. 후손들을 위한 투자다.
> • 아파트보다 수익률이 약하다.
> • 좋은 땅을 알아보기 힘들다.

공감하는 부분도 있고 실상과는 다른 오해도 있습니다. 환금성이 떨어지는 건 사실이지만 많은 돈이 필요하다는 건 오해입니다. 다른 투자보다 수익률이 약하다는 것도 동의할 수 없습니다.
실제 투자 사례를 들어볼까요?

2018년 안성시 보개면 남풍리 150평 9천만 원 투자 → 2021년 1억 5천만 원으로 지가 상승

2019년 화성시 마도면 고모리 200평 1억 원 투자 → 2021년 1억 8천만 원으로 지가 상승

땅을 매입한 후 2~3년 만에 두 배 가까이 시세가 상승했습니다. 현재도 지속적으로 오르고 있으니 그 이상의 수익을 기대하고 있습니다.

초보자들이 토지투자를 어려워하는 이유는 경험이 없기 때문입니다. 살면서 주위에서 대박 날 거라고 특정 주식을 권유하는 경우는 있어도 땅을 사라고 하는 일은 없습니다. 있다면 아마 기획부동산이겠지요.

주식을 사본 사람은 많아도 땅을 사는 경험을 한 사람은 그리 많지 않습니다. 그러나 한 번 경험을 한 사람은 토지투자를 꾸준히 합니다. 아이러니하게도 토지투자에 입문한 사람 중 꽤 많은 분들이 기획부동산 때문에 손해를 보고 시작한 분이 많습니다. 기획부동산의 말에 속아서 시작해 손해를 봤지만 그 덕에 조금 알고 나니 할 만한 투자라는 걸 깨닫는 겁니다.

토지투자를 어렵게 만드는 업계 용어들

업계 용어라는 말이 있습니다. 그 분야의 사람들만이 공유하는 용어를 말하죠. 토지투자도 마찬가지입니다. 경험한 바가 없으니 용어들이 생소합니다. 심지어 공식적으로 쓰는 용어도 의미를 알지 못하니 실수할까 두려워하는 것이죠.

예를 들어 '구거'라고 하면 토지투자를 안 해본 사람은 "그게 뭔데?"라고 묻습니다. 구거는 도랑입니다. 논이나 밭 주변에 물이 흐르는 개울을 본 적이 있을 겁니다. 구거는 대개 나라땅입니다.

'그래서? 그걸 꼭 알아야 돼?'라고 생각할 수도 있지만 당연히 알아야 합

니다. 내가 사고자 하는 땅까지 이어진 도로가 없는 경우가 있을 수 있습니다. 그때 구거는 도로로 활용될 수 있습니다. 도로가 없는 땅은 개발을 할 수 없기에 가격이 주위 시세의 절반 수준입니다. 그런데 구거를 이용해 도로를 만들면 어떻게 될까요? 땅값은 바로 주위 시세에 맞추어 상승합니다. 그러니 구거의 의미와 활용 방법을 알아야 합니다.

이렇듯 생소한 용어나 절차 등을 하나하나 새로이 알아야 하니 머리가 복잡하고, 혹시나 실수할까 두렵습니다. 아기가 한 발 한 발 떼듯 가야 하는 게 부담되는 거죠. 그러나 용어나 절차는 힘들게 외우지 않아도 토지에 관심을 갖다 보면 자연스럽게 익숙해지니 걱정하지 않으셔도 됩니다.

아무나 할 수 없으니 수익이 있다

주식투자는 언제 어디서나 쉽게 매수하거나 매도할 수 있습니다. 스마트폰만 켜면 지구 반대편에 있는 기업의 재무제표나 영업상황도 확인할 수 있지요. 아파트나 주택투자도 토지투자에 비해 수월합니다. 대부분 도시에 있어 접근하기 쉽고 정보를 얻을 수 있는 곳도 많죠. 토지투자는 주식이나 아파트, 주택투자보다 다소 번거롭습니다. 현장답사를 가려면 거리가 만만치 않지요. 게다가 토지는 가격을 확정하기 쉽지 않습니다. 거래가 많지 않기 때문입니다.

뒤집어 생각해보죠. 이렇듯 남들이 선뜻 접근하기 어렵기 때문에 수익을 낼 수 있는 기회가 많은 겁니다. 저는 3천만 원으로 토지투자를 시작하여 15년 만에 100억 원대 토지를 보유하였습니다. 부단히 노력했다고 스스로 자부하지만, 아무나 쉽게 뛰어들 수 없기에 그만큼 수익도 낼 수 있었다고 생각합니다.

지금은 다행스럽게도 인터넷이 발달하고 토지에 관한 정보가 디지털화되면서 투자하기가 쉬워졌습니다. 예전에는 일일이 직접 가서 관련서류나 땅을 확인해야 했지만 지금은 포털 지도서비스를 이용해 기본적인 정보를 확인할 수 있습니다.

무엇이든 처음이 어렵습니다. 지나고 보면 아무것도 아닌데 말이죠. 토지투자도 그렇습니다. 이 책이 높아 보이는 토지투자의 문턱을 넘는 디딤돌이 되었으면 합니다.

공부만 하다 시간만 보내지 말자

"토지투자, 어떻게 시작해야 할까요?" 하고 물어보는 사람들이 많은데요. 정말 애매한 질문입니다. 제가 강의를 할 때 늘 강조하는 지론이 있습니다.

> • 책을 10권 읽는 것보다 세미나 강의에 한 번 참석하는 게 낫다.
> • 세미나 강의 10번 참석하는 것보다 임장활동 한 번 하는 게 낫다.
> • 임장활동 10번 하는 것보다 한 번 투자하는 게 낫다.

결국은 실제 투자를 하는 게 중요하다는 뜻입니다.

어떤 분은 공부만 합니다. "아직 모르는 게 너무 많아요."라며 공부를 핑계로 투자를 미룹니다. 1년, 2년 공부만 하는 걸 보면 시간이 아깝습니다. 똑같이 공부를 시작해서 3~5년 후 남들이 투자 수익을 거두는 시점까지도 망설이는 분이 있습니다.

공부는 하는 게 맞습니다. 하지만 기초 지식을 갖추었다면 실제 투자를 하면서 깊이 있게 공부해야 훨씬 빨리 지식이 늘어납니다.

모의투자로 시작하기

"지금은 돈이 없어서 실제 투자를 할 수 없어요."라는 분도 있을 겁니다.

그럴 경우 경매법정에 가서 모의입찰이라도 하라고 말씀드립니다. 실제 투자하는 것처럼 경매물건을 검색하고 입찰서까지 쓰는 겁니다. 그리고 경매 당일 정말 투자하는 것처럼 법정에 가서 입찰봉투를 집어넣는 것까지 해보는 거죠. 이런 경험을 해두면 나중에 실수할 확률이 줄어듭니다.

'앞으로 3개월 안에 땅을 산다.'라고 목표 정하기

"종잣돈 1천만 원을 모으려면 1년은 더 있어야 돼요."

"지금 얼마 있는데요?"

"5백만 원이요."

"그럼 5백만 원으로 할 수 있는 경매를 해보시죠."

저는 5백만 원이 있다면 경매로 투자를 시작해보라고 조언합니다. 오피스텔은 매매가가 보통 1억 원이 넘습니다. 하지만 토지는 2천만 원짜리 물건도 나옵니다. 경락잔금대출이 80%까지 나오니 5백만 원으로도 충분히 잡을 수 있습니다. 종잣돈이 1천만 원 될 때까지 기다리는 것보다 지금 당장 투자해보는 게 좋습니다.

그렇게 해서 실패를 하면 어떡하냐고요? 실패를 해도 빨리 해보는 게 낫습니다. 실패했다고 해서 내가 산 땅이 사라지지 않습니다. 약간의 손해를 보고 팔면 됩니다. 대신 그 실패를 밑거름으로 다시 도전할 힘이 생깁니다.

토지투자를 생각하고 계신다면 소액이라도 '앞으로 3개월 안에 땅을 산다.'처럼 짧게 목표 일정을 잡고 실천에 옮기시기를 추천드립니다.

토지투자
무작정 따라하기

003

토지투자의 장단점

모든 투자가 각기 장단점을 가지고 있습니다. 주식은 환금성이 뛰어나지만 변동성이 크고 리스크가 높습니다. 모두가 선호하는 아파트투자의 경우에는 막대한 초기 자금이 필요하고 정부 규제가 강력합니다. 토지투자 역시 장단점이 있습니다. 하나씩 알아볼까요?

장점 1. 안전하면서도 높은 수익률

토지투자가 안전하다는 데는 대부분 동의합니다. 하지만 수익률이 높다고 말하면 대개 반신반의합니다. 토지는 한 번 오르면 상승세가 가파르고 다시 떨어지는 경우가 드물기에 안전하면서도 수익률이 높습니다. 실제로 2020년 2분기까지 전국 땅값은 119개월간 연속하여 상승했습니다.

> **'하늘 높은 줄 모르는 땅값…… 10년 내내 오르기만 했다'**
> 국토교통부는 올해 2분기 전국 지가가 0.95% 올랐다고 23일 밝혔다. 월별로는 4월 0.33%, 5월 0.31%, 6월 0.31% 오르며 2010년 11월 이후 119개월 연속 상승세를 나타냈다.
>
> 출처: 〈아시아경제〉(2020. 10. 26.)

"개발 호재가 있는 곳은 급등할 수도 있겠죠. 하지만 대부분의 땅은 늘 그 시세가 그 시세 아닌가요?"라고 묻는 분들도 있습니다. 당연히 10년, 20년째 가격이 움직이지 않는 땅도 많습니다. 하지만 이런 땅은 아예 매입을 하지 말아야겠지요. 앞으로 오를 만한 지역을 고르는 눈을 키워 확률을 좁혀 나가는 것이 바로 실력입니다.

한 가지 팁을 말씀드리자면 토지도 분산투자를 해야 합니다. 한 곳에 자금을 모두 쏟아부었다가 예상대로 시세가 움직이지 않으면 장기간 묶일 가능성이 있습니다. 자금을 나누어 서너 곳에 분산투자 하면 한 곳이 묶이더라도 나머지 땅에서 수익을 낼 수 있지요. 그러면 묶여 있는 땅을 장기보유할 여력도 생기고 그 땅 또한 언젠가는 수익을 내줍니다.

장점 2. 소액으로 가능하다

2020년 8월 기준 서울 아파트 매매가 평균이 10억 원을 돌파했습니다. 게다가 대출 규제로 서울은 집값의 최대 50%까지만 대출을 받을 수 있죠. 즉 5억 원 이상의 현찰이 있어야 서울 아파트 투자에 뛰어들 수 있습니다.

토지는 주택에 비해 가격이 상대적으로 저렴한 편입니다. 많은 분들이 토지투자에 큰돈이 필요하다고 생각하지만 실제로는 그렇지 않습니다. 토지가 비싼 게 아니라 규모가 크기 때문에 일어나는 착시현상입니다. 토지는 보통 몇천 평 단위로 거래가 됩니다. 그러니 당연히 총 금액이 커 보이지요.

아파트는 평형이 정해져 있고 지역에 따라 가격도 일정합니다. 내 자금 규모에 맞춰 쪼개서 매입할 수가 없다는 뜻입니다. 하지만 땅은 사는 사람 입장에 따라 10평을 살 수도 있고 1천 평을 살 수도 있습니다. 규모가 크면 여러 사람과 함께 산 후 필지를 나누어 소유할 수도 있고요. 얼마든지 내 자금에 맞게 투자할 수 있습니다.

그래서 2~3천만 원만 있어도 충분히 토지투자를 할 수 있습니다. 저도 5천만 원 내외로 투자한 적이 가장 많았습니다. 심지어 500만 원이나 1천만 원으로도 투자한 적도 있었지요. 특히 경매는 소액으로도 토지투자를 할 수 있는 좋은 방법입니다. 경매를 통해 땅을 낙찰받으면 최대 80%까지 경락잔금대출을 받을 수 있으니까요. 1천만 원이 있으면 5천만 원짜리 땅도 낙찰받을 수 있지요.

장점 3. 경쟁자가 적다

투자 가치가 있는 토지는 한정되어 있습니다. 그럼에도 경쟁자가 다른 투자에 비해 상대적으로 적은 편입니다. 왜일까요? 개발호재를 설명해 주면 모두가 솔깃합니다. 그러나 막상 투자를 하라면 대부분 망설입니다. 토지는 장기보유해야 한다는 인식이 있어 앞날이 어찌될지 모르니 주저하는 겁니다. 덕분에 토지투자는 시대를 막론하고 블루오션의 시장이라 할 수 있습니다.

인기 아파트 청약은 경쟁이 몇백 대 일에 이르고, 인기 공모주 역시 치열한 경쟁 탓에 수억 원을 넣고도 불과 두세 주밖에 받지 못하는 게 현실입니다. 그러나 토지는 투자 가치가 분명한데도 과감히 매입에 나서는 사람이 많지 않습니다. 덕분에 본인만 꾸준히 열심히 하면 노력한 만큼 수익을 거둘 수 있습니다.

단점 1. 환금성이 떨어진다

토지투자의 단점은 환금성이 떨어진다는 것입니다. 땅은 내가 원하는 시점에 바로 현금화하기 어렵습니다. 그렇기에 자신의 자금 흐름을 감안하여 투자하는 전략이 필요합니다. 토지투자는 장기적 안목에서 투자할 수 있는 종잣돈으로 해야 합니다.

가끔 "10년 넘게 보유하고 있는데 가격이 오르지 않고 팔리지도 않아요."라고 하소연하는 분들을 만납니다. 자세히 사정을 들어보면 애초 투자 자체에 문제가 있는 경우가 많습니다. 대개 자신이 좋아하는 땅을 산 분들이 그런 말씀을 합니다. 토지투자를 한 게 아니라 자신이 원하는 땅을 산 것이지요. 성공한 투자자들은 남들이 보기에 좋고, 원하는 땅을 삽니다. 그러면 약간의 시일이 걸리더라도 결국은 원하는 가격에 팔 수 있습니다.

단점 2. 투자기간이 길다

토지투자가 상대적으로 장기투자라는 건 맞습니다. 하지만 흔히 생각하는 만큼 오랜 시간이 걸리는 건 아닙니다. 저는 투자기간을 보통 4~5년 잡습니다. 짧으면 2~3년 안에 마무리 짓기도 하지요. 물론 10년 이상 가지고 있는 땅도 있습니다. 임대수익이 좋거나 장기적으로 더 큰 수익을 기대할 수 있을 때는 장기보유합니다.

투자가 매번 성공할 수는 없습니다. 몇 번이고 검토해서 투자했으나 예상대로 되지 않을 때도 있습니다. 그런 경우에도 토지는 손해 볼 위험이 거의 없습니다. 주식처럼 가격이 대폭 내리거나 상장폐지 당할 위험이 없으니까요. 계속 보유하고 있으면 언젠가는 원금 이상의 수익을 거둘 수 있는 게 토지투자의 장점입니다.

장기투자가 꼭 단점만은 아닙니다. 10년, 20년 장기보유를 하였다가 결국 수십억 원을 버는 경우는 흔합니다. 성격이 급한 분은 몇 년이라는 기간이 길게 느껴질 수도 있습니다. 하지만 정작 토지투자를 하게 되면 한 곳만 하는 게 아니라는 걸 생각하셔야 합니다.

제가 분산투자를 권하는 이유는 위험을 분산한다는 목적도 있지만 꾸준히 투자할 수 있다는 장점도 있기 때문입니다. 1억 원의 투자금으로 3천만 원씩 셋으로 나눠 투자를 한다고 가정해보죠.

지역마다 시세 변동이 다르기에 그중 하나는 먼저 팔아 수익을 낼 수 있습니다. 그 돈으로 다시 투자를 하여 토지를 늘려가면 몇 년 후에는 1년에 몇 차례씩 꾸준히 사고파는 단계에 이를 수 있습니다. 꾸준히 투자를 하면 시장을 보는 감각도 잃지 않고 3~4년이라는 투자기간도 그다지 길게 느껴지지 않을 겁니다.

단점 3. 각종 개발 제한이 있다

토지의 용도는 정부에서 정한다고 말씀드렸습니다. 정부는 후대를 위해 녹지나 산지를 보전하고, 경작지를 일정한 수준으로 유지하고자 합니다. 무분별한 난개발을 막기 위해 규제하거나 아예 개발을 제한하기도 하지요.

처음 투자를 하는 분들은 토지에 걸려 있는 여러 가지 규제에 대한 막연한 두려움이 있습니다. 그러나 규제는 역으로 생각하면 투자의 기회이기도 합니다. 용도가 바뀌고 규제가 풀리면 땅값은 급상승합니다. 그래서 국토개발계획 등을 참고하여 규제가 풀리거나 완화될 곳을 찾아내는 게 토지투자 성공의 관건이라고 할 수 있습니다. 규제가 있어야 땅값의 변동폭도 크다는 걸 아셔야 합니다.

정부의 국토개발계획 찾아보는 법

① 국토교통부 사이트(www.molit.go.kr)에 접속한다. 초기화면 상단 메뉴에서 정책자료 메뉴를 클릭한다.

② 정책자료 하단 메뉴에서 정책정보를 클릭한다.

③ 정책정보 검색창에서 원하는 내용을 검색하면 빠르게 찾을 수 있다. 예를 들어 '국토' 단어를 입력한 후 검색하면 게시판에 '국토'라는 단어가 포함된 게시글이 모두 나온다. 그중에서 '제5차 국토종합계획'을 찾아 클릭한다.

④ 제5차 국토종합계획 PDF 파일을 클릭하면 내 PC로 다운받을 수 있다.

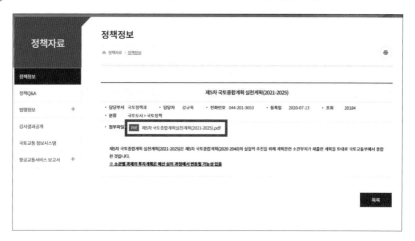

토지투자 순서
한눈에 알아보기

좋은 땅을 찾기 위해서는 부지런히 손품과 발품을 팔아야 합니다. 사고자 하는 땅 주변의 시세는 물론 유동인구를 체크하고 향후 발전 가능성을 따져봐야 하지요. 흔히 기획부동산에서 말하는 토지투자로 단기간에 수익을 올릴 수 있는 방법은 없습니다. 차근차근 내 땅을 사기까지의 과정을 정리해보겠습니다.

매입 대상지역 선정	관심지역 선정하기	- 국토개발계획과 개발호재를 참고하여 관심지역 선정 - 관심지역은 3곳 정도 선정 - 내 투자금으로 땅을 살 수 있는 지역을 선정
	관심지역 파악하기	- 관심지역의 개발호재 분석 - 관심지역 발전계획과 진행 정도 파악하기 - 관심지역 정기적으로 둘러보기
	매입 대상지역 정하기	- 관심지역 중에서 매입 대상지역 선정하기 - 매입 대상지역 용도와 지목 현황 파악하기 - 매입 대상지역 부동산중개소 방문하여 인맥 쌓기
매물정보 수집과 매입	매물정보 얻기	- 온라인 검색을 이용한 매물 정보 취득 - 현지 부동산중개소를 방문하여 매물정보 얻기 - 관심 매물 현장 조사하기
	매입	- 매입할 땅의 토지이용계획확인원, 토지대장, 지적도 확인하기 - 매도시점과 목표수익 추정하기 - 투자금과 대출금 규모, 제비용과 양도세 등 계산하기

토지투자는 크게 매입 대상지역을 정하는 과정과 실제 매물정보를 얻어 매입하는 과정으로 나누어볼 수 있습니다.

매입 대상지역을 선정하기 위해서는 온라인을 통해 정보를 찾아야 하며 투자 경험이 많은 전문가의 조언도 필요합니다. 앞에서 말씀드렸듯이 정부의 국토개발계획을 참고하고 개발호재와 현지 진행상황 등의 정보를 입수하여 선정합니다.

매입 대상지역 선정하기

매입 대상지역은 자신의 투자금액과 시간적 여유를 고려해서 선정해야 합니다. 수도권에서의 거리에 따라 투자금액이 달라집니다. 멀면 멀수록 투자금은 적어질 수 있지요. 하지만 이동거리도 생각해야 합니다.

현장답사는 토지투자의 기본입니다. 너무 멀면 아무래도 현장답사를 건너뛸까 하는 갈등을 하게 되지요. 자신의 거주지에서 2시간, 길어도 3시간 이내에 도착할 수 있는 곳을 고르는 게 좋습니다. 그 정도만 해도 꽤 넓은 범위를 놓고 선택해야 합니다.

| 수도권에서 차로 2~3시간 거리 범위 |

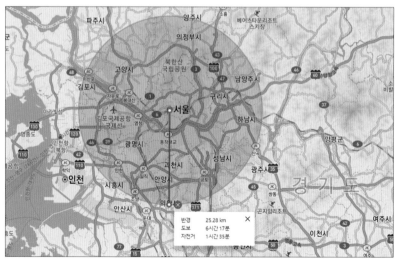

출처: 카카오맵

토지투자를 처음 하는 분들은 매입 대상지역을 2~3곳 정도만 선정해서 집중하여 파고드는 게 좋습니다. 매입 대상지역은 많다고 좋은 게 아니라 정확하게 파악하는 게 중요합니다. 적어도 3~4차례 지역을 답사하여 개발호재와 진행상황, 토지시세 변동추이 등 투자와 관련한 요소를 파악해두면 언제 매물이 나와도 적절하게 대응할 수 있습니다.

지역 특성에 따라 분산투자 포트폴리오 짜기

한 곳만 파고드는 것도 적절하지 않습니다. 우물 안의 개구리처럼 갇혀 버릴 수 있습니다. 한 지역의 개발호재만 바라보고 투자할 땅이 나오기까지 마냥 기다릴 수는 없는 일입니다.

매입 대상지역을 2~3곳 정도 추천하는 이유는 각 지역 간 투자의 장단점을 비교할 수 있기 때문입니다. 지역에 따라 투자 특성이 달라지니 이를 감안하여 리스크를 분산해서 포트폴리오를 작성할 수 있습니다.

예를 들어 서해선복선전철 개통 호재 지역과 새만금 개발 호재 지역은 비슷한 대형 개발호재가 있는 지역이지만 투자금이나 예상 보유기간에 차이가 있습니다.

서해선복선전철 송산-홍성 구간 사업은 2009년에 시작하여 2022년 완공됩니다. 기존에 형성된 도시를 잇는 교통망이기에 역이 들어서는 지역 중심으로 땅값이 상승하였지요. 이미 도시가 형성된 지역이니 2021년 기준으로 땅값이 낮다고 할 수는 없지만 대신 10년(2012~2021년)이라는 짧은 기간 동안 급격히 상승하였습니다.

교통호재 수혜를 받는 지역은 대개 3번 정도 지가 상승이 일어납니다. 사업계획 발표 시점과 착공 시기, 그리고 준공 전후입니다. 서해선복선전철은 이미 두 번의 지가 상승이 일어났고 준공 전후의 지가 상승이 남아있다고 보면 됩니다.

서해선복선전철은 10년이 넘게 걸리는 장기사업이지만 새만금개발과 비교하면 상대적으로 짧은 편입니다. 새만금개발사업은 1991년 착공하여 단계적으로 진행하고 있습니다. 현재는 2020~2050년까지 약 22조 원을 투자하여 도로와 공항을 신설하거나 확포장하는 개발을 진행 중입니다. 그 이후로도 지속적인 개발계획이 잡혀 있습니다. 따라서 투자자도 장기적인 관점에서 접근해야 합니다. 다만 서해선복선전철 호재와 달리 앞으로 개발이 될 농지나 임야가 투자 대상이라 가격이 상대적으로 낮다는 장점이 있습니다.

잠깐만요

새만금개발사업 일정

2020~2050년까지 22.2조 원 투자
새만금-전주 고속도로 건설사업(2010. 9.~2024. 12. 예정)
부안 에코테인먼트 거점 개발구역(2017~2021년)
새만금 남북도로 건설공사(2017~2023년)
새만금 동서2축도로(2020년 완공)
새만금 관광1지구(2022년 완공 예정)
새만금 세계잼버리대회 5만 명 방문 예정(2023년)
새만금 신공항 준공(2028년 예상)

정리하자면 서해선복선전철 개통 호재는 투자금액이 큰 대신 보유기간이 짧습니다. 반면 새만금개발 호재 지역은 투자금액은 적지만 보유기간이 길지요. 두 지역의 특성을 감안하여 나눠 투자할 경우 리스크를 줄일 수 있습니다.

매물정보 얻기

살면서 부동산 투자 권유를 받아보신 분들도 있을 겁니다. 대개 지인이 추천하죠. 투자의 이유를 설명하며 당장이라도 가격이 올라 대박이 날 것처럼 말합니다. 그러나 전적으로 이런 지인의 정보에 의존하여 투자하면 손실을 보거나 장기보유로 묶이는 경우가 종종 있습니다.

내가 직접 손품을 팔아 매입 대상지역을 선정하고 매물정보를 얻어야 실패할 확률이 대폭 낮아집니다. 매물정보를 얻는 방법은 다음 두 가지입니다.

1. 온라인 검색을 이용한 매물정보 취득

'밸류맵(www.valueupmap.com)'이나 'KB부동산 리브온(onland.kbstar. com)' 등 부동산 사이트를 이용하여 매물정보를 얻을 수 있습니다. 온라인으로 내가 원하는 적정 가격의 매물을 얻기는 쉽지 않습니다. 현재 그 지역의 공급 동향과 시세 파악 용도로 더 많이 이용하지요. 이외에도 경·공매 사이트에서 매물정보를 얻기도 합니다.

| 밸류맵 매물정보 화면 |

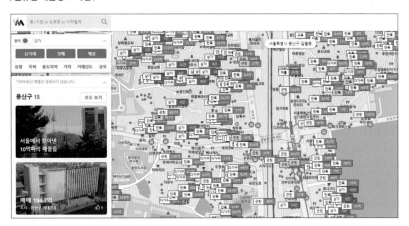

2. 현지답사를 통한 매물정보 취득

전통적인 방법은 현지 부동산중개소에서 매물을 알아보는 겁니다. 장거리를 이동해 많은 시간을 할애해야 하는 대신 매물 동향이나 시세흐름을 피부로 느낄 수 있다는 장점이 있지요.

온라인이 활성화되며 토지투자가 쉬워진 것은 사실입니다. 책상에 앉아서 시세를 파악하고 다양한 매물정보를 검색해볼 수 있지요. 하지만 투자수익을 내려면 여전히 발품을 팔아야 합니다.

매입 대상지역의 부동산중개소를 순회하는 건 토지투자 초보자가 반드시 거쳐야 할 관문과도 같습니다. 현지 부동산중개소는 단순히 매물을 문의하고 시세를 파악하는 것 이상으로 관심을 기울여야 합니다. 내가 땅을 살 때 그리고 팔 때 결국 현지 부동산중개소를 거쳐야 하기 때문이지요.

현지 부동산중개소 공인중개사들과 인적네트워크를 맺는 건 투자에서 아주 중요합니다.

땅을 낮은 가격에 살 수 있는 방법에는 대표적으로 급매와 경·공매가 있습니다. 경·공매는 공개입찰이니 모두가 정보를 알고 있는 상태에서 경쟁을 해야 합니다. 낙찰받기까지 10~20회가량 입찰을 해야 할 정도로 경쟁이 치열하지요. 그러나 급매는 다릅니다. 내가 정보를 얻고 바로 결정만 한다면 낮은 가격에 살 수 있지요.

지인이 파는 경우가 아니라면 급매 정보는 현지 부동산중개소를 통해 나올 확률이 높습니다. 그래서 저는 평소 현지 부동산중개소와 지속적인 교류를 합니다. 실제로 현지 부동산중개소에서 먼저 연락이 와서 매입한 경우도 가끔 있습니다.

현지답사를 하며 부동산중개소를 들러 명함이나 연락처를 남기고 원하는 땅을 말해두세요. 급매물의 기회를 잡을 수도 있으니까요.

토지용어 핵심정리: 지목

투자 대상이 되는 여섯 가지 지목

지목은 토지의 주된 사용목적에 따라 토지의 종류를 구분해 표시하는 명칭입니다. 지목은 개인이 바꿀 수 있습니다. 주된 사용목적이 바뀌면 지목도 바뀌는 것이죠. 예를 들어 논으로 사용하던 땅을 밭으로 바꿀 수 있습니다. 임야를 개간하여 밭으로 만들 수도 있겠지요. 이를 땅의 형질을 바꾼다고 합니다.

임야를 개간하여 밭으로 경작하면 지목변경을 신청할 수 있습니다. 물론 절차가 복잡하고 비용이 듭니다. 그러나 지목을 변경하면 수익을 극대화할 수 있기에 토지 투자자는 반드시 알아둬야 합니다.

지목은 모두 28가지가 있습니다. 이 중에서 토지 투자자가 반드시 알아야 할 것은 전과 답, 과수원, 임야, 대지, 잡종지 이렇게 여섯 가지의 상관관계인데요. 실제 투자의 99%가 이 여섯 가지 지목에 해당하는 땅에서 이뤄집니다.

전과 답, 과수원의 상관관계

전과 답, 과수원을 농지라고 합니다. 전은 밭, 답은 논입니다. 제가 가장 선호하는 투자 대상은 밭입니다. 밭은 대개 도로와 접해있고 이미 편평해서 흙을 붓는 성토나 지반을 다지는 정지작업이 필요 없습니다. 또 논보다 대지로 변경하기 쉽습니다. 그래서 가장 가격이 높지요.

논은 물을 대서 농사를 짓기 때문에 땅이 꺼져 있습니다. 이를 밭이나 대지로 만들려면 성토작업을 해야 합니다. 그렇기에 밭보다 가격이 낮습니다. 예를 들어 어느 지역의 밭이 평당 20만 원이라고 하면 논은 15만 원, 임야는 5만~10만 원 정도의 시세를 지닙니다.

논도 장점이 있습니다. 밭보다 싸고 해마다 가을이면 쌀도 생깁니다. 만일 논이 주위 시세보다 낮다면 적극 검토해볼 만합니다. 성토비용을 알아보고 밭으로 바꾼 후 받을 수 있는 시세가 매입과 성토비용을 상회한다면 투자 가치가 있습니다.

과수원은 매입할 기회가 많지 않습니다. 과수원보다 밭작물을 경작하는 게 유리하여 점차 줄어드는 추세이기에 매물 자체가 거의 없다고 봐야 합니다.

저렴하지만 규제도 많은 임야

임야는 많은 분들이 좋아하는 투자 대상입니다. 가격이 싸기 때문입니다. 그러나 임야는 환경보호 등의 이유로 규제가 강화되는 추세이기에 신중하게 투자해야 합니다. 특히 보전산지는 개발을 할 수 없으니 일단 피하는 게 좋습니다. 준보전산지에서 개발이 가능한 곳을 선택해야 합니다.

개발이 가능한 임야를 매입할 때도 정지작업 등 개발비용을 알아봐야 합니다. 임야를 밭으로 만들려면 흙을 부어 성토만 하면 되는 논과 달리 나무를 베고 경사면을 편평하게 해야 하기 때문인데요. 대개 정지작업은 성토 대비 두세 배 이상의 비용이 듭니다.

완성된 땅, 대지

대지는 건물을 지을 수 있는 땅입니다. 이미 가치가 완성되어 있다고 생각하면 됩니다. 그래서 가장 비싸지요. 대지로 만들기 위해 들어가는 비용이 가격에 반영되어 있기 때문입니다. 그렇기에 대지 투자는 수익을 기대하기 어렵습니다. 이미 대지화하는 비용을 치르고 들어갔으니 어지간한 호재가 아니면 시세 차익을 얻기 어렵습니다.

저는 농지에 주로 투자하는 편입니다. 농지를 사서 대지화하여 파는 것이 수익률이 가장 좋기 때문입니다. 하지만 초보 투자자에게는 이 과정이 쉽지 않습니다. 규제도 있고 비용도 만만치 않기 때문이죠.

농지를 대지로 만들면 농지보전부담금을 내야 합니다. 그래서 대지로 만들 계획으로 농지를 매입할 때는 이 비용을 감안하여 매수가를 책정해야 한다는 점을 잊지 마세요.

지목의 분류	
전	물을 상시적으로 이용하지 아니하고 곡물·원예작물(과수류를 제외한다)·약초·뽕나무·닥나무·묘목·관상수 등의 식물을 주로 재배하는 토지
답	물을 상시적으로 직접 이용하여 벼·연·미나리·왕골 등의 식물을 주로 재배하는 토지
과수원	사과·배·밤·호두·귤나무 등 과수류를 집단적으로 재배하는 토지와 이에 접속된 저장고 등 부속시설물의 부지
목장용지	(가) 축산업 및 낙농업을 하기 위하여 초지를 조성한 토지 (나) 축산법 제2조 제1호의 규정에 의한 가축을 사육하는 축사 등의 부지 (다) 가목 및 나목의 토지와 접속된 부속시설물의 부지

임야	산림 및 원야(原野)를 이루고 있는 수림지·죽림지·암석지·자갈땅·모래땅·습지·황무지 등의 토지
광천지	지하에서 온수·약수·석유류 등이 용출되는 용출구와 그 유지(維持)에 사용되는 부지
염전	바닷물을 끌어들여 소금을 채취하기 위하여 조성된 토지와 이에 접속된 제염장 등 부속시설물의 부지
대(垈)	(가) 영구적 건축물 중 주거·사무실·점포와 박물관·극장·미술관 등 문화시설과 이에 접속된 정원 및 부속시설물의 부지 (나) '국토의 계획 및 이용에 관한 법률' 등 관계법령에 의한 택지조성공사가 준공된 토지
공장용지	(가) 제조업을 하고 있는 공장시설물의 부지 (나) '산업집적활성화 및 공장설립에 관한 법률' 등 관계법령에 의한 공장부지조성공사가 준공된 토지 (다) 위의 토지와 같은 구역 안에 있는 의료시설 등 부속시설물의 부지
학교용지	학교의 교사와 이에 접속된 체육장 등 부속시설물의 부지
주차장	자동차 등의 주차에 필요한 독립적인 시설을 갖춘 부지와 주차전용 건축물 및 이에 접속된 부속시설물의 부지
주유소용지	석유·석유제품 또는 액화석유가스 등의 판매를 위하여 일정한 설비를 갖춘 시설물의 부지, 저유소 및 원유저장소의 부지와 이에 접속된 부속시설물의 부지
창고용지	물건 등을 보관 또는 저장하기 위하여 독립적으로 설치된 보관시설물의 부지와 이에 접속된 부속시설물의 부지
도로	(가) 일반공중의 교통운수를 위하여 보행 또는 차량운행에 필요한 일정한 설비 또는 형태를 갖추어 이용되는 토지 (나) '도로법' 등 관계법령에 의하여 도로로 개설된 토지 (다) 고속도로안의 휴게소 부지, 2필지 이상에 진입하는 통로로 이용되는 토지
철도용지	교통운수를 위하여 일정한 궤도 등의 설비와 형태를 갖추어 이용되는 토지와 이에 접속된 역사·차고·발전시설 및 공작창 등 부속시설물의 부지
제방	조수·자연유수·모래·바람 등을 막기 위하여 설치된 방조제·방수제·방사제·방파제 등의 부지
하천	자연의 유수(流水)가 있거나 있을 것으로 예상되는 토지
구거	용수 또는 배수를 위하여 일정한 형태를 갖춘 인공적인 수로·둑 및 그 부속시설물의 부지와 자연의 유수(流水)가 있거나 있을 것으로 예상되는 소규모 수로부지
유지	물이 고이거나 상시적으로 물을 저장하고 있는 댐·저수지·소류지·호수·연못 등의 토지와 연·왕골 등이 자생하는 배수가 잘되지 아니하는 토지
양어장	육상에 인공으로 조성된 수산생물의 번식 또는 양식을 위한 시설을 갖춘 부지와 이에 접속된 부속시설물의 부지
수도용지	물을 정수하여 공급하기 위한 취수·저수·도수(導水)·정수·송수 및 배수시설의 부지 및 이에 접속된 부속시설물의 부지

공원	일반공중의 보건·휴양 및 정서생활에 이용하기 위한 시설을 갖춘 토지로서 '국토의 계획 및 이용에 관한 법률'에 의하여 공원 또는 녹지로 결정·고시된 토지
체육용지	국민의 건강증진 등을 위한 체육활동에 적합한 시설과 형태를 갖춘 종합운동장·실내체육관·야구장·골프장·스키장·승마장·경륜장 등 체육시설의 토지와 이에 접속된 부속시설물의 부지
유원지	일반 공중의 위락·휴양 등에 적합한 시설물을 종합적으로 갖춘 수영장·유선장·낚시터·어린이놀이터·동물원·식물원·민속촌·경마장 등의 토지와 이에 접속된 부속시설물의 부지
종교용지	일반공중의 종교의식을 위하여 예배·법요·설교·제사 등을 하기 위한 교회·사찰·향교 등 건축물의 부지와 이에 접속된 부속시설물의 부지
사적지	문화재로 지정된 역사적인 유적·고적·기념물 등을 보존하기 위하여 구획된 토지
묘지	사람의 시체나 유골이 매장된 토지
잡종지 (雜種地)	(가) 갈대밭, 실외에 물건을 쌓아두는 곳, 돌을 캐내는 곳, 흙을 파내는 곳, 야외시장, 비행장, 공동우물 (나) 영구적 건축물 중 변전소, 송신소, 수신소, 송유시설, 도축장, 자동차운전학원, 쓰레기 및 오물처리장 등의 부지 (다) 다른 지목에 속하지 아니하는 토지

이 땅의 지목은 무엇일까?

① 사고 싶은 땅의 지목을 아는 방법은 여러 가지입니다. 가장 쉬운 방법은 토지이음 (www.eum.go.kr) 사이트를 이용하는 겁니다. 사이트 중앙에 있는 토지이용계획을 체크한 다음 알고 싶은 땅의 주소를 입력합니다.

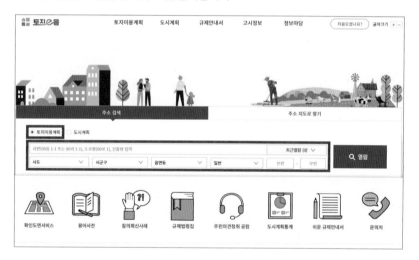

② 주소 창에 내가 매입할 땅의 지번을 입력하면 다음 화면이 나옵니다.

소재지란 바로 아래에 지목란이 있고 '대'라고 쓰여 있습니다. 이 땅이 대지라는 뜻입니다. 만일 논이라면 '답', 밭이라면 '전'으로 쓰여 있겠지요.

해당 지역 혹은 지구 안에서의 행위제한내용도 열람할 수 있어 유용합니다.

006

토지용어 핵심정리:
용도지역·용도지구·용도구역

우리나라의 모든 땅은 정부에서 지정한 용도지역·용도지구·용도구역에 따라 용도가 정해져 있습니다. 용도지역에 따라서는 건축이나 개발행위가 정해져 있는데요. 아예 건축이나 개발행위를 할 수 없는 용도지역도 있지요. 건축을 할 수 있다고 해도 어떤 용도지역인가에 따라 건폐율과 용적률이 정해져 있습니다.

그런데 왜 용도지역, 용도지구, 용도구역으로 나눠서 부를까요? 관련법과 제한 내용이 약간씩 다르기 때문입니다. 용도지역으로 전 국토를 나누고 그 안에서 용도지구와 용도구역을 지정한다고 생각하면 됩니다.

초보 투자자는 다음 그림과 같이 생각하면 쉽게 이해할 수 있을 겁니다.

 알아두세요 ────

건폐율과 용적률

건폐율은 대지면적 대비 건물의 바닥 면적 비율입니다. 건폐율이 60%라면 땅이 100평일 경우 60평 넓이로 건물을 지을 수 있다는 뜻이지요.

$$건폐율 = \frac{건축면적}{대지면적} \times 100$$

용적률은 대지면적 대비 건물의 연면적 비율입니다. 지하층이나 사람이 거주하지 않는 면적을 제외합니다. 건물의 용적률이 100%라면 2층 이상을 지을 수 있다는 뜻이지요.

$$용적률 = \frac{지상층 연면적}{대지면적} \times 100$$

땅의 계급, 용도

부동산시장에서는 용도를 땅의 계급이라고도 말합니다. 건물을 지을 수 있는 땅과 없는 땅은 가격이 확연히 차이가 나니까요. 용도에 따라 가격이 차이가 나니 대우가 달라지는 거죠.

용도지역과 용도지구, 용도구역은 각기 할 수 있는 개발행위와 없는 행위가 정해져 있습니다. 개인이 바꿀 수 없으니 내가 어떤 곳의 땅을 사야 하는지도 정해져 있다고 생각하면 됩니다.

정부는 5년마다 국토종합개발계획에 따라 용도지역을 조정합니다. 그러나 대개 한 번 용도지역이 정해지면 몇십 년 유지된다고 생각해야 합니다. 그러므로 투자자는 반드시 내가 매입할 땅이 어떤 용도지역에 있는지 확인해야 합니다.

알아두세요

용도지역은 변경 불가능

지목은 바꿀 수 있지만 용도지역은 개인이 바꿀 수 없습니다. "용도를 바꿔 지목을 변경할 수 있다고 하지 않았나요?"라고 의아해하시는 분도 있을 텐데요. 이때의 용도는 글자 의미 그대로 '이용하는' 용도입니다. 논을 밭으로 이용하는 경우 용도를 바꿔 지목을 변경한다는 뜻이지요. 용도지역이라는 단어는 나라에서 토지의 이용용도를 정의해놓은 공공용어로 일반적인 용도의 의미와 약간 다릅니다. 용도지역에 따라 지목변경이 가능한 지역과 아닌 지역이 있습니다.

핵심 토지투자 지역은 계획관리지역

우리나라 전 국토를 대상으로 정한 용도지역은 21종류가 있습니다. 크게 나누면 다음과 같습니다.

> • **도시지역**: 상업지역, 주거지역, 공업지역, 녹색지역
> • **비도시지역**: 관리지역(계획관리지역, 생산관리지역, 보전관리지역), 농림지역, 자연환경보전지역

시세 차익을 기대하는 토지 투자자의 입장에서 투자 대상이 되는 땅은 비도시지역의 계획관리지역입니다. 계획관리지역에 대한 규정은 다음과 같습니다.

계획관리지역: 도시지역으로 편입이 예상되는 지역이나 자연환경을 고려하여 제한적인 이용, 개발을 하려는 지역으로서 계획적, 체계적인 관리가 필요한 지역

계획관리지역은 앞으로 도시가 될 가능성이 높은 곳이라는 뜻이죠. 가장 적합한 투자 대상이라고 할 수 있습니다.

"도시지역의 땅을 사면 더 좋지 않아요?"라고 물을 수 있습니다. 이미 도시지역이니 바로 건축을 하거나 개발을 할 수 있으니 그렇게 생각할 수 있겠지요. 하지만 도시지역의 땅은 비쌉니다. 시세 차익을 거두려면 장기간 보유해야 하며 투자에 대한 규제도 만만치 않습니다.

계획관리지역의 땅을 사서 개발계획에 따른 시세 차익을 기대하는 것은 토지투자의 정석이라고 할 수 있습니다. 반대로 농림지역이나 자연환경보전지역은 피해야 합니다. 이 지역은 개발행위를 엄격히 규제하고 있고 향후 몇십 년간은 용도가 바뀔 가능성이 없습니다. 수십 년을 보유해도 땅값이 지지부진 제자리걸음을 하는 땅이니 투자하기에 적합하지 않습니다. 아무리 싸도 신중히 고려해야 하지요. 관리지역 중 보전관리지역도 마찬가지로 조심해야 합니다.

계획관리지역 외에 투자 대상지역으로는 생산관리지역, 농업보호구역, 도시지역의 자연녹지, 자연녹지 안의 취락지구 등을 들 수 있는데요. 하나씩 살펴볼까요?

생산관리지역

생산관리지역은 계획관리지역보다 투자 가치가 낮기는 합니다. 계획관리지역은 건폐율 40%, 용적률 100%이나 생산관리지역은 건폐율 20%, 용적률 80%이기 때문입니다. 그러나 생산관리지역이라도 가격이 아주

저렴하고 진입도로가 넓거나 땅의 입지가 좋으면 투자를 고려해볼 수도 있습니다.

농림지역의 농업보호구역

농림지역에 속하는 농업진흥지역은 농업보호구역과 농업진흥구역으로 나뉩니다. 이 중 농업보호구역을 투자 대상으로 검토해볼 수 있습니다. 농업진흥구역과 달리 개발할 가능성이 있기 때문이죠. 농업진흥구역의 농지는 절대농지라고 생각하면 됩니다. 다니다 보면 천 평 단위로 네모 반듯하게 경지정리를 해둔 논밭을 볼 수 있을 겁니다. 개발 가능성이 거의 없는 곳이지요. 그런데 농업보호구역은 약간 다릅니다.

농업보호구역은 농어촌발전 특별조치법에 의해 농지를 효율적으로 이용, 보전함으로써 농업 생산성 향상을 도모하기 위해 지정한 농업진흥지역 중 하나의 용도구역입니다. 우리가 시골마을에서 흔히 접하는 지형에 따른 다양한 형태의 논은 농업보호구역일 가능성이 높습니다.

농업보호구역은 단독주택을 비롯해 건축행위가 가능한 지역입니다. 물론 허용 가능한 시설이 법으로 정해져 있지요. 하지만 최근에는 건축규제가 완화되는 추세입니다. 또한 농촌 고령화로 농사를 짓지 않는 논밭이 늘어나고 있기에 농업보호구역에서 해제되는 곳도 있습니다. 이런 곳이 계획관리지역으로 편입되면 땅값이 상승하게 되지요.

도시지역의 자연녹지

도시지역에서도 토지투자를 할 때가 있습니다. 주거지나 상업지는 이미

값이 비싸서 소액투자자가 접근하기 어렵지요. 하지만 지방 도시지역의 자연녹지는 평당 10만~20만 원이면 충분히 살 수 있습니다.

자연녹지는 인구가 늘어나고 개발이 되면 주거지로 편입될 가능성이 높습니다. 1종이나 2종 주거지가 되는 것이고 그러면 땅값도 대폭 상승합니다. 단, 개발호재가 있어 인구가 늘어날 가능성이 있을 때 투자해야 합니다. 인구가 줄고 개발계획도 없다면 앞으로도 계속 자연녹지로 남을 것입니다.

자연녹지지역 안의 취락지구

용도지역이 자연녹지인데 취락지구로 지정된 땅이 있습니다. 자연녹지지역에 집이 10채 이상 몰려 마을을 이루고 있으면 취락지구일 가능성이 높습니다. 이 경우도 지역에 따라 매입을 검토해볼 만합니다. 자연녹지는 건폐율이 20%이지만 취락지구는 60%까지 가능하기 때문입니다.

용도지역의 건폐율과 용적률

용도지역			지정목적	건폐율	용적률
도시지역	상업지역	중심상업지역	도심·부도심의 상업기능 및 업무기능의 확충을 위하여 필요한 지역	90% 이하	400~1,500%
		일반상업지역	일반적인 상업기능 및 업무기능을 담당하게 하기 위하여 필요한 지역	80% 이하	300~1,300%
		유통상업지역	도시 내 및 지역 간 유통기능의 증진을 위하여 필요한 지역	80% 이하	200~1,100%
		근린상업지역	근린지역에서의 일용품 및 서비스의 공급을 위하여 필요한 지역	70% 이하	200~900%

				설명	건폐율	용적률
도시지역	상업지역	준주거지역		주거기능을 위주로 이를 지원하는 일부 상업기능 및 업무기능을 보완하기 위하여 필요한 지역	70% 이하	200~500%
	주거지역	일반주거지역	제1종	저층주택을 중심으로 편리한 주거환경을 조성하기 위하여 필요한 지역	60% 이하	100~200%
			제2종	중층주택을 중심으로 편리한 주거환경을 조성하기 위하여 필요한 지역	60% 이하	150~250%
			제3종	중고층주택을 중심으로 편리한 주거환경을 조성하기 위하여 필요한 지역	50% 이하	200~300%
		전용주거지역	제1종	단독주택 중심의 양호한 주거환경을 보호하기 위하여 필요한 지역	50% 이하	50~100%
			제2종	공동주택 중심의 양호한 주거환경을 보호하기 위하여 필요한 지역	50% 이하	100~150%
	공업지역	준공업지역		경공업 그 밖의 공업을 수용하되, 주거기능·상업기능 및 업무기능의 보완이 필요한 지역	70% 이하	200~400%
		일반공업지역		환경을 저해하지 아니하는 공업의 배치를 위하여 필요한 지역	70% 이하	200~350%
		전용공업지역		주로 중화학공업, 공해성 공업 등을 수용하기 위하여 필요한 지역	70% 이하	150~300%
	녹색지역	자연녹지지역		도시의 녹지공간의 확보, 도시확산의 방지, 장래 도시용지의 공급 등을 위하여 보전할 필요가 있는 지역으로서 불가피한 경우에 한하여 제한적인 개발이 허용	20% 이하	50~100%
		생산녹지지역		주로 농업적 생산을 위하여 개발을 유보할 필요가 있는 지역	20% 이하	50~100%
		보전녹지지역		도시의 자연환경·경관·산림 및 녹지공간을 보전할 필요가 있는 지역	20% 이하	50~80%
비도시지역	관리지역	계획관리지역		도시지역으로의 편입이 예상되는 지역이나 자연환경을 고려하여 제한적인 이용·개발을 하려는 지역으로서 계획적·체계적인 관리가 필요한 지역	40% 이하	50~100%
		생산관리지역		농업·임업·어업 생산 등을 위하여 관리가 필요하나, 주변 용도지역과의 관계 등을 고려할 때 농림지역으로 지정해 관리하기가 곤란한 지역	20% 이하	50~80%

비도시 지역	관리 지역	보전관리지역	자연환경 보호, 산림 보호, 수질오염 방지, 녹지공간 확보 및 생태계 보전 등을 위하여 보전이 필요하나, 주변 용도지역과의 관계 등을 고려할 때 자연환경보전지역으로 지정하여 관리하기가 곤란한 지역	20% 이하	50~80%
	농림지역		도시지역에 속하지 아니하는 농지법에 따른 농업진흥지역 또는 산지관리법에 따른 보전산지 등으로서 농림업을 진흥시키고 산림을 보전하기 위하여 필요한 지역	20% 이하	50~80%
	자연환경보전지역		자연환경·수자원·해안·생태계·상수원 및 문화재의 보전과 수산자원의 보호·육성 등을 위하여 필요한 지역	20% 이하	50~80%

용도지역의 건폐율과 용적률 상한은 시, 군, 도시계획 조례에 따라 달라질 수 있습니다.

용도지구

용도지구는 토지의 이용 및 건축물의 용도·건폐율·용적률·높이 등에 대한 용도지역의 제한을 강화 또는 완화하여 적용함으로써 용도지역의 기능을 증진시키고 미관·경관·안전 등을 도모하기 위하여 도시·군관리계획으로 결정하는 지역을 말합니다.

경관지구, 미관지구, 고도지구, 취락지구, 개발진흥지구 등으로 구분되며, 시·도 또는 대도시의 조례로 용도지구를 신설할 수 있습니다.

용도지구	세분	구분
경관지구	자연경관지구	산지·구릉지 등 자연경관의 보호 또는 도시의 자연풍치를 유지하기 위하여 필요한 지구
	수변경관지구	지역 내 주요 수계의 수변 자연경관을 보호·유지하기 위하여 필요한 지구

경관지구	시가지경관지구	주거지역의 양호한 환경조성과 시가지의 도시경관을 보호하기 위하여 필요한 지구
미관지구	중심지미관지구	토지의 이용도가 높은 지역의 미관을 유지·관리하기 위하여 필요한 지구
	역사문화미관지구	문화재와 문화적으로 보존가치가 큰 건축물 등의 미관을 유지·관리하기 위하여 필요한 지구
	일반미관지구	중심지미관지구 및 역사문화미관지구 외의 지역으로서 미관을 유지·관리하기 위하여 필요한 지구
고도지구	최고고도지구	환경과 경관을 보호하고 과밀을 방지하기 위하여 건축물 높이의 최고한도를 정할 필요가 있는 지구
	최저고도지구	토지이용을 고도화하고 경관을 보호하기 위하여 건축물 높이의 최저한도를 정할 필요가 있는 지구
보존지구	문화자원보존지구	문화재·전통사찰 등 역사·문화적으로 보존가치가 큰 시설 및 지역의 보호와 보존을 위하여 필요한 지구
	중요시설물보존지구	국방상 또는 안보상 중요한 시설물의 보호와 보존을 위하여 필요한 지구
	생태계보존지구	야생동식물서식처 등 생태적으로 보존가치가 큰 지역의 보호와 보존을 위하여 필요한 지구
시설보호지구	학교시설보호지구	학교의 교육환경을 보호·유지하기 위하여 필요한 지구
	공용시설보호지구	공용시설을 보호하고 공공업무기능을 효율화하기 위하여 필요한 지구
	항만시설보호지구	항만기능을 효율화하고 항만시설을 관리·운영하기 위하여 필요한 지구
	공항시설보호지구	공항시설의 보호와 항공기의 안전운항을 위하여 필요한 지구
취락지구	자연취락지구	녹지지역·관리지역·농림지역 또는 자연환경보전지역 안의 취락을 정비하기 위하여 필요한 지구
	집단취락지구	개발제한구역 안의 취락을 정비하기 위하여 필요한 지구
개발진흥지구	주거개발진흥지구	주거기능을 중심으로 개발·정비할 필요가 있는 지구
	산업개발진흥지구	공업기능을 중심으로 개발·정비할 필요가 있는 지구
	유통개발진흥지구	유통·물류기능을 중심으로 개발·정비할 필요가 있는 지구
	관광·휴양개발진흥지구	관광·휴양기능을 중심으로 개발·정비할 필요가 있는 지구
	복합개발진흥지구	주거기능, 공업기능, 유통·물류기능 및 관광·휴양기능 중 2개 이상의 기능을 중심으로 개발·정비할 필요가 있는 지구
	특정개발진흥지구	주거기능, 공업기능, 유통·물류기능 및 관광·휴양기능 외의 기능을 중심으로 특정한 목적을 위하여 개발·정비할 필요가 있는 지구

용도구역

용도구역은 토지의 이용 및 건축물의 용도·건폐율·용적률·높이 등에 대한 용도지역 및 용도지구의 제한을 강화하거나 완화하여 따로 정함으로써 시가지의 무질서한 확산방지, 계획적이고 단계적인 토지이용의 도모, 토지이용의 종합적 조정·관리 등을 위하여 도시관리계획으로 결정하는 지역입니다. 다음과 같이 분류합니다.

용도구역	목적	지정권자
개발제한구역	도시의 무질서한 확산을 방지하고 도시주변의 자연환경을 보전하여 도시민의 건전한 생활환경을 확보하기 위하여 도시의 개발을 제한할 필요가 있거나 국방부장관의 요청이 있어 보안상 도시의 개발을 제한	국토교통부장관
도시자연공원구역	도시의 자연환경 및 경관을 보호하고 도시민에게 건전한 여가·휴식공간을 제공하기 위하여 도시지역 안의 식생이 양호한 산지(山地)의 개발을 제한	시·도지사 또는 대도시 시장
시가화조정구역	도시지역과 그 주변지역의 무질서한 시가화를 방지하고 계획적·단계적인 개발을 도모하기 위하여 5년 이상 20년 미만의 일정기간 동안 시가화를 유보	시·도지사, 국토교통부장관
수산자원보호구역	수산자원의 보호·육성을 위하여 필요한 공유수면이나 그에 인접된 토지	해양수산부장관
입지규제최소구역	도시지역에서 복합적인 토지이용을 증진시켜 도시정비를 촉진하고 지역거점을 육성할 필요가 있다고 인정하여 도시·군관리계획의 결정권자가 '국토의 계획 및 이용에 관한 법률'에 따라 지정	도시·군관리계획의 결정권자

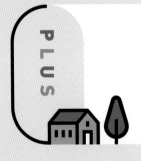

토지투자 성공하는 유형
vs 실패하는 유형

성공하는 유형 1 – 실천형

"실천해야 현실이 된다!"

토지투자만이 아니라 여러 분야에서 성공하는 사람은 대개 실행력과 추진력이 강합니다. 투자 결정을 내릴 때까지 심사숙고를 하는 건 당연하지요. 그런데 어느 시점에서는 결정을 하고 실행에 옮겨야 하는데 그렇지 못한 사람이 많습니다.

대부분의 사람들이 검토를 다 끝내고도 계약을 하려면 망설이곤 합니다. 그러다 투자 기회를 놓치고 마는 거죠. "나는 안 그래요."라고 자신한다면 다음 상황에서 선뜻 투자할 수 있는지 자문해보세요.

개발호재가 있어 땅값 상승이 예상되는 지역이 있습니다. 평당 10만 원이었던 땅이 30만 원에서 40만 원까지 오를 것으로 예측됩니다. 그런데 막상 사려고 가니 그새 땅값이 올라서 호가가 20만 원 이상입니다. 어제까지 10만 원이었던 땅이 두 배로 가격이 뛴 거죠. 그래도 사겠습니까?

땅값 상승이 일어나는 지역에서 흔히 겪는 상황입니다. 30만~40만 원은 미래에 그렇게 될 것이라는 예상입니다. 그런데 어제 10만 원이던 땅이 20만 원 된 것은 바로 눈앞에서 벌어진 현실입니다. 그러면 누구나 망설입니다. 그래서 며칠 더 생각하는 사이 땅값은 평당 25만 원을 넘어 30만 원 가까이 오릅니다. 그러면 포기하게 되지요.

실행력이 있는 사람은 과감하게 매입합니다. 10만 원은 과거의 땅값이니 이미 의미가 없습니다. 30만 원까지 오를 것이 예상된다면 20만 원에 매입하지 않을 이유가 없습니다.

모든 투자가 뜻대로 되는 건 아닙니다. 그런데 토지투자에서 실행에 옮기는 사람들이 성공하는 건 이유가 있습니다. 모든 투자가 그렇듯 토지투자도 열 번 투자해서 모두 성공할 수는 없습니다. 그러나 한두 건 실패하더라도 결국은 실패 이상의 수익을 거둘 가능성이 높습니다. 땅값은 정체될지언정 하락하는 경우가 드물기 때문입니다.

성공하는 유형 2 - 인내형
"인내하고 기다려야 승자가 된다"

투자를 할 때는 대부분 마음속에 매도시점이나 목표수익이 있습니다. 그런데 막상 매도시점이 오면 더 오를 것 같아서 주저하는 사람이 많습니다. 반대로 목표수익에 도달하지 못했는데 조급한 마음에 서둘러 매도하는 경우도 있지요.

처음 마음먹은 매도시점이나 목표수익을 대체로 잘 지키는 사람들이 대부분 토지투자에서 성공합니다. 때로는 예상과 달리 목표수익에 이를 때까지 꽤 오랜 기간 보유해야 할 때도 있습니다. 그러다 보면 중간중간 흔들리지요. 시세가 예상대로 움직이지 않으니 자신의 투자판단이 잘못된 게 아닐까 회의에 빠지기도 합니다. 그래서 잘 견디는 사람이 끝내 승자가 된다는 말도 있습니다.

성공하는 유형 3 - 역마살형
"낯선 곳을 밟는 것은 나의 기쁨"

뜬금없이 들릴지 모르겠지만 돌아다니기 좋아하는 성격이 토지투자에서 성공의 가능성을 높여줍니다. 투자의 대상이 되는 땅은 사는 곳에서 몇 시간은 가야 하는 지방에 있습니다. 땅을 보러 다니는 건 생각만큼 쉬운 일이 아닙니다. 멀리 낯선 곳을 돌아다니는 게 고역인 사람도 있지요. 제 경우 한창 투자를 할 때는 지역에 숙소를 잡고 한 달 동안 머물며 다닌 적도 있습니다. 땅은 자주 가서 볼수록 투자에 성공할 가능성이 높습니다. 같은 땅이라고 하더라도 봄·여름·가을·겨울 사계절이 다릅니다. 농지나 임야는 적어도 여름과 겨울 두 번은 가봐야 어떤 문제가 있는지 알 수가 있지요. 현장답사를 가더라도 갈 때 가는 길과 올 때 가는 길을 달리 해야 합니다. 내가 모르던 시설이 있을 수도 있고 땅 주변 파악에 도움이 됩니다. 그러니 활동하기를 좋아하는 사람이 아무래도 투자에 성공할 가능성이 높습니다.

실패하는 유형 1 - 책상형
"편하게 인터넷으로 보면 되지"

수많은 부동산 전문가나 부동산 투자 관련 서적에서 빼놓지 않고 강조하는 게 현장답사입니다. 그럼에도 의외로 현장에 가보지 않고 투자하는 분이 꽤 많습니다. 저도 현장답사를 하지 않고 투자했다가 실패한 경험이 있습니다. 경매로 나온 땅이 워낙 모양이 좋고 싸서 입찰을 했습니다. 워낙 소액이라 가볍게 생각한 것이죠. 나중에 가서 보니 고가도로가 지나는 땅이었고 결국 손해 보고 팔아야 했습니다.

공매 같은 경우 경매처럼 법원에 가지 않고 집에서 인터넷 온라인을 통해 입찰합니다. 편하죠. 너무 편해서 현장답사를 거르고 입찰하기도 합니다. 그러면 열에 아홉은 실패할 가능성이 있습니다. 지방의 땅은 주위에 축사나 묘지, 철탑, 고가도로 등 땅값에 부정적인 요소가 있는 경우가 많습니다. 그래서 현장답사가 필수입니다.

실패하는 유형 2 - 팔랑귀형
"고급정보? 수익률 보장이라고?"

흔히 귀가 얇다고 하지요? 유난히 사람 말을 잘 믿는 분들이 있습니다. 부동산 분야에는 사기꾼들이 많습니다. 피해 규모가 소액이라면 모르지만 부동산 사기는 당하면 금액이 커서 억 단위가 넘는 경우도 다반사입니다. 그러면 10년, 20년 이상 여파가 미치지요.

남의 말을 듣고 투자하는 경우는 대략 세 가지입니다.

- 기획부동산의 유혹에 넘어가는 경우
- 비전문가인 지인의 권유에 의한 경우
- 전문가의 말을 맹신하여 투자한 경우

기획부동산은 사람의 심리를 교묘하게 파고드는 화술을 구사합니다. 실제로 사람을 설득하는 매뉴얼이 있어서 듣다 보면 기획부동산인 걸 알면서도 넘어갑니다. 수법이 나날이 진화하여 다단계식으로 판매하는 곳도 있습니다. 재력이 있는 사람을 먼저 끌어들이고 그 사람을 세뇌하여 주위 사람까지 끌어들이는 거죠. 제주도 땅 한 필지에 천 명이 넘는 사람이 투자하는 사례도 있었습니다.

그 다음으로 많은 사람들이 실패하는 사례가 지인의 권유에 의한 투자입니다. 지인이 부동산 전문가라면 다행인데 사실 본인도 잘 모르는 비전문가인 경우가 대부분입니다. 특히 유난히 오지랖이 넓은 사람이 있습니다. 본인이 투자하고 나서 정말 좋은 기회라고 여기고 선의로 권유하곤 합니다. 지인에게 투자 권유를 받았다면 반드시 직접 현장을 확인하고 전문가에게 상담을 받아 검증을 해야 합니다.

세 번째가 자칭 전문가라는 사람들의 말을 맹신했다가 실패하는 경우입니다. 부동산공인중개사나 방송인, 유튜버 등 다양한 부동산 전문가가 있습니다. 과연 제대로 된 전문가인지 검증을 해야 합니다. 이력을 살펴보고 직접 투자를 하고 있는 사람인지 알아봐야지요. 실제로 자칭 부동산 전문가라는 사람들 가운데 절반은 부동산투자를 하지 않습니다. 자신은 투자하지 않고 남에게 권하는 것이죠. 이런 경우 반드시 의심하고 검증해야 합니다.

실패하는 유형 3 – 우물 안 개구리형
"내가 제일 잘 알아"

자기 영역에만 관심있는 분들이 있습니다. "내가 여기서 수십 년을 살았어. 나보다 더 잘 아는 사람이 없다고."라고 합니다. 이런 분들은 토지투자로 성공하기 어렵습니다. 그분이 사는 동네가 소위 뜨는 동네라면 다행인데 그렇지 않다면 투자 수익을 내기 어렵겠죠.

우리나라 국토는 그리 넓지 않습니다. 도로망도 잘되어 있지요. 수도권에서 2시간이면 충청, 강원도, 3시간이면 전라, 경상도까지 갈 수 있습니다.

"가까운 곳도 있는데 굳이 먼 지방까지 가야 하나요?"

투자금이 넉넉하다면 그럴 필요가 없겠지요. 수도권에서 가까운 용인, 성남 같은 곳만 하더라도 투자를 하려면 상당한 자금이 필요합니다. 그런데 2시간 정도 들여 충청도나 강원도까지 가면 5천만 원으로 투자할 수 있는 땅이 많습니다. 3시간 걸려 전라도까지 가면 똑같이 좋은 땅인데도 3천만 원으로 투자금이 낮아집니다.

토지투자는 발품을 팔아야 한다고 했습니다. 투자할 때만은 부지런히 다녀야 합니다.

땅은 물가에 정비례하여 꾸준히 오릅니다. 그중에서도 3~4년 사이 단기간에 오르는 지역이 있습니다. 예를 들어 개발호재가 있는 땅이 그렇지요. 초보 투자자는 개발지역 땅을 보면 다 오를 것 같습니다. 하지만 그 지역에서도 옥석을 가려내야 합니다. 좋은 지역을 찾아내는 매의 눈을 키워주는 토지투자의 핵심을 공부해볼까요?

토지투자 무작정 따라하기

토지투자의 유망지역을 찾아라!

지역부터 잘 고르자

유망지역을 찾는 것이 첫걸음

초보 투자자를 만나면 반드시 "어느 지역에 투자하면 좋은가요?"라는
질문을 받습니다. 제 대답은 그때그때 달라집니다. 15년 전 제가 처음
투자를 시작할 때는 평택이라고 답했습니다. 당시는 고덕신도시도 세종
시도 없었을 때였습니다. 그랬기에 그 지역에서 소액투자가 가능했습니
다. 실제로 500만 원으로 투자를 한 곳도 있습니다. 지금은 솔직히 그 지
역에 그 금액으로 투자할 만한 곳이 남아있지 않습니다.

토지투자는 앞서 언급한 대로 시간과 사람에 투자하는 겁니다. 우리의
미래는 지금 이 시간에도 계속해서 변화하고 있습니다. 그렇기에 매년
새로운 유망지역이 떠오릅니다. 그 지역을 알아내는 게 투자의 첫걸음
이라 할 수 있지요.

향후 20년간 개발계획은 이미 공개되어 있다

전국의 개발계획을 알기 위해서는 관련 부처나 지자체 사이트를 순례해
야 합니다. 저는 국토교통부(이하 국토부)나 LH 한국토지주택공사 등 대

규모 개발계획을 수립하고 진행하는 부처나 기관 홈페이지를 수시로 찾아갑니다. 그곳에서 우리나라 전역을 대상으로 한 개발계획 정보를 얻을 수 있습니다.

국토부에서 발표한 제5차 국토종합개발계획에는 2020년부터 2040년까지 20년 동안 우리나라를 어떻게 개발하겠다는 내용이 담겨있습니다. 일정까지도 대략 알 수 있지요. 투자를 하려면 반드시 머릿속에 담고 있어야 합니다.

통계청 사이트도 자주 들러 어느 지역이 인구가 늘고 어떤 곳이 줄었는지 알아봅니다. 당연히 인구가 늘어나는 곳에 투자를 해야겠지요. 인구가 줄어드는 곳은 땅값도 내려갈 수밖에 없습니다.

호재 없는 땅은 없다?

토지투자 초보자들은 호재에 민감합니다. '호재 = 수익'이라는 등식이 머릿속에 있지요. 지인이나 부동산중개소 등으로부터 갖가지 호재를 귀담아듣습니다. 기획부동산업자에게라도 걸리면 대박 호재의 환상에서 헤어나기가 어렵습니다.

호재의 종류도 갖가지입니다. 새로 도로가 난다거나, 대단위 산업단지가 들어선다는 건 누가 봐도 호재이지요. 사람들이 기피하는 혐오시설이 이전하거나 시군이 합쳐지는 것도 호재입니다.

심지어 사람들의 라이프스타일이 호재로 반영되는 지역도 있습니다. 베이비부머 세대들의 은퇴 시기에 전원생활 수요가 부각되면서 전원주택지의 인기가 급부상했던 때를 생각하면 금방 이해할 수 있습니다. 코로나19 팬데믹 이후로 '언택트'라는 개념이 부상하며 단독주택 부지에 대한 수요가 늘고 있다고 하는데요. 이렇게 호재가 넘쳐 나다 보니 모든 땅은 한두 가지씩 호재를 안고 있다는 말도 있습니다. 실제로 부동산중개소에 가서 듣다 보면 호재 없는 땅이 없습니다.

시간과 도로, 인구가 기준이다

이 많은 호재들 중에서 진짜 호재를 어떻게 구별해내야 할까요? 답은 시간입니다. 언제 그 호재가 실현되느냐 하는 것이지요.

호재가 들려올 때는 당장이라도 실현될 것 같습니다. 길어야 1~2년 후 가시화되니 빨리 투자해야 한다고 합니다. 하지만 실제로는 10~20년이 가도 여전히 계획으로만 남아있는 호재가 대부분입니다.

국가에서 집행하는 국토종합개발계획은 20년 단위로 조정합니다. 그래서 무척 오랜 세월이 걸릴 것만 같습니다. 하지만 각각의 프로젝트를 보면 시기가 있고 1~2년 늦춰지더라도 결국은 시행이 됩니다. 그래서 국토종합개발계획을 참고하여 투자계획을 세우라고 말씀드린 겁니다.

또 하나의 기준이 있다면 앞서 말씀드린 도로와 인구입니다. 도로가 나고 인구가 늘어난다는 건 개발호재가 실제로 작동하고 있다는 뜻입니다. 그런 곳에 투자하면 실패할 위험이 없습니다.

확실한 호재라면 기다릴 줄도 알아야 한다

호재가 가시화될 시기를 확정할 수는 없지만 가능성이 높을 경우 포트폴리오에 넣어두는 용기도 필요합니다. 저는 투자 여력이 있다면 눈여겨볼 만한 지역 중의 하나로 동해선 철도가 이어지는 최북단인 강원도 고성 지역을 들곤 합니다.

고성은 금강산관광 호재를 타고 많은 투자와 개발이 이뤄지다 멈춘 곳입니다. 금강산관광사업이 중단되고 남북교류가 교착상태에 빠진 후 장기간 땅값이 답보상태에 머물고 있습니다. 그러다가도 남북간 화해분위기가 고조될 때마다 고성 땅값이 들썩이곤 합니다.

현재 부산에서 울산, 포항에서 삼척까지 동해남부선 철도 공사를 하고 있습니다. 동해남부선이 동해선과 이어지고 이 철도가 고성을 통해 북한까지 이어집니다. 한반도 종단 동해안 철도 복원은 남북교류가 본격화되면 우선순위로 이뤄질 사업입니다. 미리 투자를 해두면 향후 철도가 복원된 후 가격 상승을 기대해볼 수 있습니다.

관심지역 선택의 핵심: 인구와 도로

앞에서 다뤘듯이 관심지역은 다음 3가지를 참고하여 정하면 됩니다.

- 국토종합개발계획과 개발호재를 참고하여 관심지역 선정
- 관심지역은 3곳 정도 선정
- 내 투자금으로 땅을 살 수 있는 지역을 선정

이 기준만으로도 여러 지역이 떠오를 겁니다. 여기서도 옥석을 가려야 합니다. 관심지역을 선정할 때 반드시 지켜야 할 두 가지 전제 조건이 있습니다. 바로 인구와 도로입니다.

인구가 늘어나는 곳에 돈이 모인다

투자 관심지역을 선정할 때는 인구가 늘어나는 지역에 투자해야 합니다. 땅의 가치는 사람들이 활용하는 데 달려 있습니다. 이용할 사람이 많을수록 가치가 올라가죠. 서울에 사람들이 가장 많이 살고, 또 살고 싶어 하기 때문에 땅값도 가장 높습니다. 너무나 당연한 원칙인데도 이를 간과하는 투자자들이 많습니다.

우리나라는 저출산 고령화 추세가 가파르게 진행되는 나라입니다. 앞으로 10년 후에는 매년 군 하나에 해당하는 인구가 줄어든다고 합니다. 도시화와 고령화로 지방의 인구가 줄어드는 건 이미 오래된 일이지요. 하지만 반대로 늘어나는 곳도 있습니다.

정부는 인구분산을 위해 공기업을 지방으로 이전하고, 혁신도시를 육성하는 등의 정책을 펴고 있습니다. 또 철도나 도로가 새로 뚫리고 대기업 공장이 들어서며 인구가 늘어나는 지역도 있지요.

인구가 늘어나면서 군에서 시로 승격하는 지역에 투자하면 실패할 확률이 거의 없습니다. 충남 당진이 좋은 예입니다. 2012년 당진군은 인구가 15만 명을 넘어서며 시로 승격되었습니다. 시로 승격하면 정부지원금도 늘고 지자체 조직도 커집니다. 인구 증가에 따라 개발도 활발해지죠. 특히 서해안복선전철화 사업이 진행되며 역이 들어서는 지역의 땅값이 급등하였습니다.

|당진 인구|

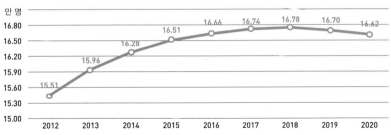

출처: 통계청 KOSIS

|당진 지가지수|

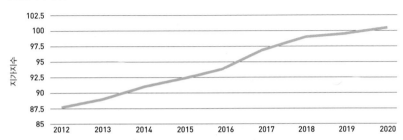

출처: 부동산통계정보 R-ONE

국도를 따라 돈이 흐른다

땅을 이용하려면 다가갈 수 있는 도로가 있어야 합니다. 도로가 있어야 개발행위가 가능합니다. 도로가 없으면 건물도 세울 수 없습니다. 도로에서 떨어져 있어 접근할 수 없는 땅을 맹지라고 부릅니다.

도로는 사용 목적이나 형태, 기능에 따라 다양하게 구분합니다. 토지 투자자가 가장 많이 접하는 도로는 고속국도와 국도, 지방도일 겁니다. 이 가운데 토지투자에서 가장 주목해 볼 도로는 국도입니다.

고속국도의 경우는 IC로만 진출입할 수 있지만 국도는 어디서든 진출입이 가능합니다. 그래서 고속국도가 나면 IC 주위만 땅값이 변동하는데 국도의 경우는 도로가 지나는 지역 전체가 영향을 받습니다.

정부에서 도로를 낸다는 건 그만큼 통행수요가 있다는 뜻입니다. 사람이 많이 지나다니면 땅의 가치도 올라가지요. 투자 관심지역을 선정할 때 국도개발지역을 반드시 포함해야 하는 이유입니다.

국토개발지역에 투자할 때 주의해야 할 점이 있습니다. 내가 산 땅이 국도부지로 수용되거나 땅 위로 고가도로가 지나갈 수도 있습니다. 수용되는 경우 공시지가로 결정되거나 시세의 60~70% 수준으로 보상을 받습니다. 그렇게 보상이라도 받을 수 있다면 그나마 다행이지만 고가도로가 위로 지나가면 오히려 손해를 볼 수도 있지요.

그래서 국도가 지나게 될 지역에 투자할 때는 국토교통부 홈페이지나 해당 지자체 홈페이지에 접속해서 확실한 노선을 알아둬야 합니다. "여기 도로가 지나가면 무조건 두 배는 올라."라고 부동산중개소에서 말하더라도 덥석 계약하지 말고 지자체에 해당 지번에 도로가 관통하는지 확인해야 한다는 점 잊지 마세요.

토지투자의 기본 중의 기본: 도로

건축법상 도로만 개발허가가 나온다

토지투자에서 중요한 요소가 여러 가지 있지만 도로는 기본 중의 기본입니다. 보통 사람들은 고속도로나 국도, 자동차전용도로같이 기능이나 형태에 따라 도로를 연상하지만 토지 투자자에게 도로는 다른 의미입니다. 도로가 있어야 내 땅까지 갈 수 있고 개발도 할 수 있습니다. 건축물도 도로가 있어야 세울 수 있지요. 도로가 없으면 허가 자체가 나지 않습니다. 그래서 토지 투자자들에게는 건축법상 인정되는 도로가 중요합니다. 건축법에 따른 도로는 보행과 자동차 통행이 가능한 너비 4m 이상의 도로나 예정도로를 말합니다. 예정도로란 지금은 도로가 아니지만 지적도에 도로로 표시되어 있어 언제든 도로가 될 수 있음을 의미합니다.

도로는 크게 공도와 사도, 현황도로로 나눌 수 있습니다.

공도는 나라에서 관리하는 도로라고 생각하면 됩니다. 등기부등본에 소유자가 국가나 지자체이고 지적도에 '도'라고 표시되어 있습니다. 도로대장에 등재되어 있으며 중앙정부든 지자체든 공적인 영역에서 관리하고 누구나 이용할 수 있습니다. 개발행위를 하는 데 아무런 문제가 없다는 뜻이지요. 토지 투자자가 유의해야 할 도로는 개인 소유의 도로, 즉 사도와 현황도로입니다.

사도

사도는 개인 소유의 도로를 말합니다. 사도가 생기는 이유는 여러 가지 입니다. 내 땅이 맹지여서 출입하기 위해 도로를 만들거나 개발을 하기 위해 만들기도 하지요. 내 땅에 도로를 내는 것이지만 지자체장 허가를 받아야만 합니다.

사도를 내며 포장까지 하는 경우 보통 지적도상 '도'로 표시되고 도로관리대장에도 등재됩니다. 이 경우 대개는 사도의 소유자뿐만 아니라 일반인도 사용이 가능합니다.

단, 그렇지 못한 경우도 있다는 점에 유의해야 합니다. 아는 분이 포장도로에 붙어있는 땅이라 별생각 없이 매입했다가 낭패를 볼 뻔한 일이 있었습니다. 땅을 산 후 건축을 하려고 서류 준비를 하다 보니 포장도로에서 땅까지 이어지는 몇 미터 안 되는 짧은 길이 사도라는 걸 나중에 알게 된 것이지요. 역시 포장이 되어있으니 사도가 아닌 걸로 착각했던 겁니다.

사도를 이용하려면 사용승낙서를 받아야 하는데 땅주인이 대가로 5천만 원이라는 터무니없는 금액을 요구했습니다. 난감한 상황이었지요. 다행히 땅 북쪽으로 지적도상 도로가 나 있었습니다. 지적도상 도로는 실제 도로는 없지만 앞으로 도로를 내기 위해 지적도에 표시한 도로입니다.

그래서 지적도상 도로를 직접 돈을 들여 실제 도로로 내고 간신히 건축을 마쳤습니다. 1천만 원 정도 비용이 들었지만 사도를 이용하는 비용보다 대폭 줄일 수 있었지요. 이 경우는 다행히 해결방안이 있었지만 그렇지 못했다면 꼼짝없이 5천만 원을 물던가 땅을 맹지로 묵힐 수밖에 없었을 겁니다.

이처럼 포장된 사도도 이용할 수 없을 때가 있습니다. 그러니 포장이 안 된 사도, 즉 돌이나 흙을 다져 낸 사도의 경우는 더욱 주의해야 합니다.

경우에 따라 땅 주인이 통행금지 팻말을 붙여 놓고 제한하기도 합니다. 땅을 매입할 때는 지적도상 '도'라고 표시되어 있다 해도 공도인지 사도인지 확인하고, 사도의 경우 자유롭게 이용할 수 있는지 제한을 받는지 알아봐야 합니다. 만일 사용승낙서가 필요한 사도라면 땅주인과 미리 협상을 해야 합니다.

현황도로

현황도로도 유의해야 합니다. 대개 농촌에서 주민들이 경작을 위해 농기계가 다닐 수 있도록 길을 만들며 생겨납니다. 현황도로는 아예 지적도에 나와 있지 않습니다. 지적도만 보고 맹지라고 판단해서 아예 거들떠보지 않는 분들이 많지요. 그런데 현장답사를 가서 보면 차가 지날 만한 길이 있는 경우가 종종 있습니다. 심지어 콘크리트로 포장까지 되어 있기도 하죠.

현황도로란 말 자체가 이미 도로로 사용하고 있다는 뜻입니다. 그래서 도로로 변경해 달라고 신청할 경우 정식 도로가 될 가능성이 높습니다. 이때 지자체에서는 도로지정공고에 앞서 해당 도로에 대한 이해관계인의 동의를 받습니다. 현황도로의 땅주인이지요.

일부 지자체에서는 관습상 도로로 사용하고 있는 경우는 토지소유자의 승낙 없이도 도로로 개설할 수 있다는 조례 근거도 있습니다. 땅주인으로서는 억울할 수도 있습니다. 자신의 땅인데 사람들이 공공연하게 이용하다가 도로로 바뀌게 되는 거니까요. 뒤집어 생각하면 내가 땅을 매입할 때 현황도로가 있다면 유의해야 한다는 뜻입니다. 사유지의 도로라도 공용으로 이용하고 있고 공공연하게 사용되고 있다면 소유권을 행사하지 못할 수도 있습니다.

도로대장

나라에서 관리하는 도로 목록이 도로대장입니다. 도로대장은 지자체로 가서 직접 열람신청해야 볼 수 있습니다. 도로대장에 도로로 등재된 도로는 공도와 사도 중 지적도상 '도'라고 표시된 도로입니다. 도로대장에 등재되어 있으면 일단 안심하고 이용할 수 있습니다. 현황도로는 도로대장에 나오지 않습니다. 개인의 사유지일 가능성도 높지요. 그래서 토지를 매입할 때 공지와 접하지 않은 땅은 일단 맹지라고 생각하면 됩니다.

공도가 아닌 경우 개발하거나 건축을 할 때 생각지 못한 난관에 부딪힐 수 있습니다. 따라서 토지를 매입할 때 도로가 있더라도 사도나 현황도로인지 확인하고 반드시 해당 지자체 건축과에 문의를 해야 합니다. "이 도로를 이용해 건축을 할 수 있나요?"라고 물어보면 됩니다.

계획도로

계획도로란 도시계획시설도로의 준말입니다. 도시개발에 따라 계획하고 건설하는 도로를 말합니다. 앞서 말했듯이 토지 가격과 도로는 밀접한 상관관계가 있습니다. 그래서 계획도로 인근 부지는 투자자의 관심을 모읍니다.

계획도로는 토지이용계획확인원을 통해 확인이 가능합니다. 토지이용계획확인원에 나온 지적도를 보면 빨간 줄로 쭉쭉 그어서 도로가 날 지역을 표시하지요. 길이 생기면 당연히 주위 땅값은 상승할 겁니다. 하지만 계획도로에 대한 투자도 리스크가 존재합니다.

계획도로는 말 그대로 계획입니다. 언제 도로가 날지는 불확실합니다. 경우에 따라서는 10년 내내 계획으로만 머물 수도 있다는 뜻이지요. 그러다 계획이 바뀌는 수도 있습니다. 그래서 계획도로 투자는 대박이 될 수도 있고 계륵으로 남을 수도 있습니다.

계획도로 투자 시 유의할 점

"여기로 도로가 난다고. 사놓으면 두세 배는 거뜬해."

투자 권유를 받을 때는 대개 그럴듯한 근거가 제시됩니다. 계획도로는 그중 자주 등장하는 소재이지요. 계획도로 주위 땅에 투자를 할 때는 계획도로가 나는 목적을 살펴봐야 합니다.

계획도로를 건설하는 경우는 크게 둘로 나눌 수 있습니다.

> • 기존 도로를 직선으로 만들어 효율을 높이거나 폭을 넓혀 도로수용능력을 확대하는 경우
> • 새로운 택지개발, 산업단지 조성과 관련하여 나는 경우

첫 번째라면 사업시행이 확실해진 다음에 투자하는 게 좋습니다. 예산이 부족하면 자꾸 뒤로 미뤄질 수 있기 때문입니다. 두 번째는 계획한 대로 도로가 날 확률이 높습니다. 새로 개발된 단지까지 반드시 도로가 필요하기 때문이지요.

도로 또는 철도 노선에서 노른자위 땅 찾기

도로 또는 철도 신설이나 확장 계획이 발표되면 노선이 지나는 주위 땅값이 일단 오릅니다. 그 후 시간이 흐르며 옥석이 가려집니다. 상승세가 가파른 곳이 있는가 하면 정체되는 곳도 있지요.

왜 그런지는 잠깐만 생각해보면 압니다. 철도역이나 도로 IC가 생기는 지역은 계속해서 오르지만 노선이 지나가는 곳은 주춤하거나 오히려 상승분을 반납하고 내려가기도 합니다. 그런 만큼 정확한 노선과 IC나 역을 파악하는 게 중요합니다.

새만금개발사업을 예로 들어 파악해보죠.

① 새만금개발청 홈페이지(www.saemangeum.go.kr)에 접속하여 상단 메뉴에서 사업현황을 선택하면 하위 메뉴로 '도로'가 나옵니다.

② 하위 메뉴에서 '도로'를 선택하면 '동서도로'와 '남북도로', '새만금-전주 고속도로 · 지역간 연결도로' 정보가 나옵니다. 각각의 도로를 선택하면 자세한 노선과 사업일정 등을 알 수 있습니다.

③ 노선에는 IC가 들어설 지역도 표시되어 있습니다. 하지만 지도로만은 완벽하게 알 수 없습니다. 확인 후 현장답사를 하여 투자 여부를 판단해야 합니다.

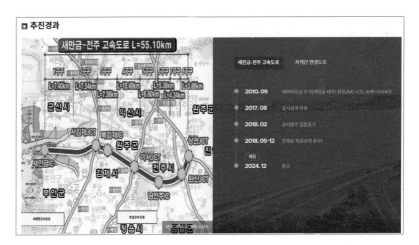

010

이런 땅은 반드시 잡아라

개발지역에 있는 IC

도로가 새로 나면 인근 땅값이 들썩입니다. 그러나 모든 땅값이 오르는
건 아닙니다. 어떤 지역이든 땅값이 오르기 위해서는 인구가 늘어나야
합니다. 보통 새로운 도로가 지나는 마을이나 산업단지 주위의 땅들부
터 먼저 오릅니다. 이후 발전이 계속 진행될 경우 차츰차츰 주위로 확산
되지요. 그런데 인구가 많지 않거나 오히려 줄어드는 지방일 경우는 발
전에 한계가 있으니 땅값이 오르기까지 많은 시간이 걸립니다.

고속도로의 경우는 명암이 더욱 확실하게 갈립니다. IC 주위의 땅값은
오르지만 IC와 IC 중간은 고속도로 진출입이 불편하고 오히려 차량 소
음 피해만 보게 됩니다. 맞은편 땅과 고속도로로 분리되니 개발도 제한
을 받을 수 있습니다.

반면 IC 주변은 가능성이 대단히 높습니다. IC가 들어선다는 것은 인근
에 주거단지나 산업단지가 있다는 뜻이니까요. 아직 없더라도 앞으로
새로 단지가 조성될 계획이 있는 경우가 많습니다. 교통이 편리해지며
오가는 사람들이 유입되면 IC 주위로 주유소나 식당 등 다양한 편의시
설이 들어섭니다. 고속도로라는 호재를 가장 먼저, 직접 반영하는 땅이
지요.

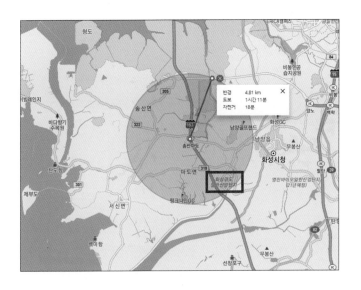

위 지도를 보면 고속도로가 지나고 주위에 산업단지가 있습니다. 고속
도로 IC를 이용하는 인구가 늘어날 것을 예상할 수 있지요. 따라서 투자
대상으로 적극 고려해볼 수 있는 지역입니다.

단, 주의할 점도 있습니다. IC가 생긴다고 무조건 주변 땅값이 오르는 건
아닙니다. 위 지도처럼 IC에서 가까운 곳에 배후 개발지, 배후 산업단지
가 있어야 합니다. 교통망 연결의 편의성 등의 이유로 개발지로부터 먼
곳에 들어서는 IC는 땅값 상승이 제한적일 수밖에 없습니다.

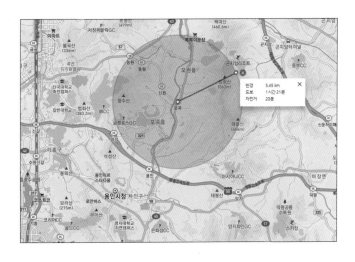

앞의 지도와 같이 배후도시나 산업단지가 없이 도로 연결을 위해 만든 IC는 투자 대상에서 제외해야 합니다.

지자체 청사 인근

청사는 지자체 행정의 중심지로 유동인구가 많은 곳입니다. 한번 들어서면 수십 년 이상 그 자리에 있다고 봐야 합니다. 군청 주위라면 이미 다 개발이 끝나 투자할 만한 땅이 없을 거라고 생각하기 쉬운데요. 청사 앞에서 보면 다 개발된 도시처럼 보이지만 지도에서 반경 3km 안을 살펴보면 아직 개발되지 않아 논밭으로 남아있는 곳이 많습니다.

위의 지도를 보면 이해할 수 있을 겁니다. 청사를 중심으로 3km 반경에 논밭이 적지 않습니다. 그 이유는 도로를 따라 개발이 진행되기 때문입니다. 시간이 흐르며 개발수요가 늘어나고 도로가 확장되거나 새로 나면 제외되었던 논밭도 개발되곤 합니다.

주의할 점은 인구가 늘어나는 지자체여야 한다는 겁니다. 대규모 산업단지나 혁신도시가 들어서며 인구가 늘어나야 개발이 됩니다. 인구가 줄어 이웃 시군과 합쳐지는 곳이라면 지가 상승이 더딜 수밖에 없습니다.

개발지 인근

신도시나 신산업단지 등 개발지에서 반경 3km 이내의 땅을 눈여겨보시기 바랍니다. 개발지 중심에서 가까운 땅이 좋긴 하지만 이미 상당히 올라있을 가능성이 높으니까요. 적당한 거리에 있는 땅은 가격이 상대적으로 낮으면서도 개발이 진행되면 곧바로 개발지 중심의 땅값을 따라잡을 가능성이 높습니다. 상승탄력성이 뛰어나다는 뜻이지요.

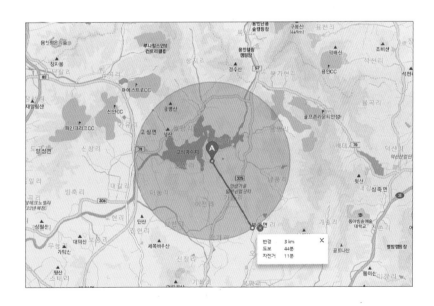

위 지도는 서울-세종 고속도로의 안성 바우덕이휴게소 예정지를 기준으로 반경 3km를 표시한 것입니다. 안성 바우덕이휴게소는 상·하행선

이 합쳐지는 랜드마크급 휴게소로 아울렛, 대형마트가 포함된 복합테마공간으로 꾸며질 예정입니다. 안성 바우덕이휴게소가 들어서면 이를 중심으로 3km 지역은 물류창고나 기타 시설이 들어설 가능성이 높습니다.

관광지 주변

관광지 주위 땅도 투자 가치가 높습니다. 지자체마다 관광산업을 육성하기 위해 새로운 관광지를 발굴, 조성하거나 기존 관광지를 업그레이드 합니다. 이에 따라 유동인구가 늘면 인근 땅값이 상승하게 됩니다.

관광지 주위 투자는 이미 유명한 관광지 주변보다는 새로 개발되는 관광지나 저평가된 관광지를 발굴하여 인근 땅을 사두는 게 핵심입니다. 다만 이때는 관광지에 대한 분석이 필요합니다. 수도권과의 거리나 관광지의 성격에 따라 투자 대상지가 미묘하게 달라질 수 있기 때문입니다.

예를 들어 대형 리조트가 들어서면 주위 풍광이 뛰어나다는 뜻이고 리조트를 중심으로 펜션이 들어설 가능성이 높습니다. 반면 수도권에서 가까워 당일로 다녀올 수 있는 유원지형 관광지라면 펜션보다는 식당이나 카페와 같은 편의시설이 들어서기 좋은 땅이 유리합니다.

관광지가 문화재라면 또 달라집니다. 문화재 주위는 보호구역으로 개발이 제한됩니다. 되도록 피해야 하는 지역이니 주의해서 투자해야 합니다.

관광지에 따라서는 한때 반짝 인기를 끌었다가 시들해지는 경우도 있습니다. 그럴 경우 땅값이 상승탄력을 잃어 장기간 묶일 수 있지요. 그래서 미리 지속가능한 관광지인가 아닌가 판단을 해봐야 합니다.

다음은 서해선복선전철이 지나는 화성 송산 지역지도입니다. 송산에는 공룡알화석지라는 관광지가 있으나 아직 많이 알려지지 않았습니다. 그런데 여기에 새로 자동차테마파크, 국제테마파크가 들어설 예정입니다. 또한 신세계 그룹은 4조 5천억 원 가량이 투입되는 송산그린시티 국제테마파크사업 계획을 발표했습니다. 체류형 관광, 쇼핑이 가능한 국제테마파크를 조성하는 사업으로 기존 하남스타필드의 4배가 넘는 예산을 투입할 예정입니다. 이에 따라 향후 송산의 가치는 더욱 높아질 것으로 기대됩니다.

|화성시 지가지수|

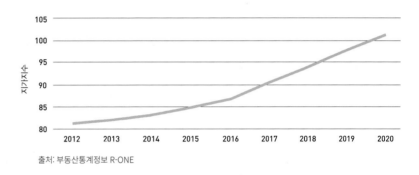

출처: 부동산통계정보 R-ONE

위 그래프는 화성시 땅값 추이입니다. 2017년 송산그린시티 남측지구의 공사를 착수하며 전년도에 비해 급격하게 상승한 것을 확인할 수 있습니다. 이처럼 지속적으로 개발될 수 있는 관광지는 토지투자의 우선순위 지역입니다.

역세권 1km 법칙

역세권 1km 이내의 땅에 투자하라

역세권 1km 법칙은 역을 중심으로 반경 1km 이내의 땅을 매입하는 전략을 말합니다. 여기서 역은 이미 들어선 역이 아니라 앞으로 들어설 역입니다. 이미 개발되었거나 개발호재가 반영되어 가격이 무척 비싼 곳이 아닌 미래가치가 올라갈 곳을 선택해야 하기 때문입니다.

서울을 중심으로 광역철도 GTX 노선이 속속 확정되고 지하철 3, 5, 7호선 등이 계속 연장되고 있습니다. 7호선은 경기도 포천까지 확장될 예정입니다. 또 지하철 1호선 안산역에서 갈라지는 서해선복선전철은 화성과 평택, 아산, 당진을 거쳐 충남도청이 있는 홍성군 내포신도시까지 확장공사 중입니다.

이처럼 수도권 주위로 철도가 확장되면서 새로 역들이 들어서고 있습니다. 이렇게 새로 들어설 역 반경 1km 이내 토지에 투자하는 게 '역세권 1km 법칙'입니다.

|평택 안중역 1km 반경|

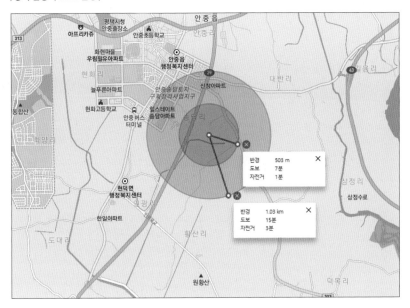

위 지도는 평택 안중역 예정지입니다. 반경 500m 이내가 1차 투자지역이지만 가격대가 2020년 상반기에 이미 평당 150만 원을 상회하였습니다. 그러나 500m를 벗어나 1km까지의 간접역세권은 평당 100만 원 정도 선에서 매입할 수 있었지요.

토지투자는 낮은 가격에 사서 시세 차익을 얻는 것이라고 누누이 말씀드렸습니다. 향후 역이 들어서면 1km 이내의 땅은 가격이 상승합니다. 이럴 때 투자금액 대비 수익률로 보면 간접역세권이 오히려 높을 수도 있습니다.

역세권 투자도 저평가된 곳을 노려야 한다

서해선복선전철을 보면 화성 송산역과 향남역, 평택 안중역, 아산 인주역, 당진 합덕역, 홍성내포신도시역이 앞으로 신설됩니다. 2020년 상반기에 제가 추천한 역세권 투자는 주로 당진 합덕역과 평택 안중역이었습니다. 이유는 가격대가 다른 곳보다 상대적으로 낮았기 때문입니다.

당시 화성 송산역과 향남역은 가격이 많이 올라 역세권이 평당 200만원을 상회하였습니다. 반면 합덕역은 역에서 400m 떨어진 곳도 평당 50만 원에 매입할 수도 있었지요. 평택 안중역 역시 평당 100만 원 선이면 1km 이내 역세권 투자가 가능했습니다.

저평가 투자가 수익탄력성이 높다

계산을 한번 해볼까요? 현금 5천만 원과 대출 5천만 원을 합하여 1억 원을 투자한다고 해봅니다. 역 가까운 땅 A는 평당 200만 원이라고 가정하면 1억 원으로 50평밖에 살 수가 없습니다. 그러나 1km 반경 안의 땅 B는 평당 50만 원 정도에 살 수 있지요. 그러면 200평을 살 수 있습니다. 50평과 200평은 토지 활용면에서 차이가 무척 큽니다.

나중에 역이 들어선 후 A의 값이 세 배로 상승해 평당 600만 원이 되었다고 하면 총 3억 원이 될 겁니다. 그런데 평당 50만 원이었던 땅 B에 투자한 경우는 어떨까요? B도 같은 역세권입니다. 중심 시세의 절반은 받을 수 있습니다. 적어도 1/3 가격이라고 가정하면 평당 200만 원이 됩니다. 200평의 땅이 평당 200만 원이면 총 4억 원이 됩니다. 가격이 낮고 땅 평수는 넓으니 가격이 오를 경우 수익탄력성이 더 뛰어나다고 볼 수 있습니다.

역 부지 100m 이내는 주의해야 한다

역이 들어서는 부지에서 너무 가까운 땅은 오히려 조심해야 합니다. 역에서 가까우니 대개 가격이 많이 오른 상태입니다. 게다가 역이 어떻게 설계되느냐에 따라 토지가 수용될 가능성도 있습니다. 그러면 보상금액이 매입가보다 낮을 수도 있지요. 역부지에서 100m는 떨어진 땅부터 우선순위로 놓고 가격대가 저렴한 곳을 골라야 합니다.

대형 역은 반경 3km까지 넓혀 투자해야 한다

역세권 1km 법칙은 지방의 역을 대상으로 설정한 것입니다. GTX 노선의 역이나 지하철 7호선이 연장되는 종점 포천과 같은 경우는 대형 역사가 들어설 것입니다. 이런 경우 역에서 반경 3km까지 넓혀도 충분히 수익을 기대할 수 있습니다.

토지투자 333법칙:
3년, 3km 이내, 3천만 원

최소 3년의 투자기간을 잡아라

토지는 아주 예외적인 경우가 아니면 최소 3년 정도는 보유하고 기다려야 합니다. 1~2년 만에 땅값이 오르는 경우도 있습니다. 2015년 즈음 제주도 땅은 자고 나면 오른다고 할 정도로 급등세를 보였지요. 그러나 대개의 경우는 최소 3년은 넘어야 제대로 수익을 줍니다. 적정 투자기간을 4~5년으로 잡는 건 그 즈음이 가장 수익률이 좋기 때문입니다.

투자기간은 자금운용과 밀접한 상관관계가 있습니다. 투자기간 동안 자금이 묶이니까요. 그 자금으로 다른 투자를 했을 때 거둘 수 있는 기대수익을 감안해야 합니다. 대출을 받을 경우 투자기간 동안 지불하는 이자도 감안해야 하지요. 그래서 무한정 장기보유하는 것도 능사는 아닙니다. 제 경험으로는 최소 3년, 가능하면 4~5년 정도를 목표로 투자하는 게 좋습니다.

IC, 군청, 개발지로부터 3km 이내의 땅을 사라

토지투자의 핵심은 3km 이내의 땅을 사라는 겁니다. 기준이 되는 순서는 다음과 같습니다.

> 1. IC가 들어설 예정부지
> 2. 군청(시청)
> 3. 개발지

가장 우선순위는 IC가 들어설 예정부지입니다. 땅은 도로를 따라 개발됩니다. IC 주변이 가장 먼저 개발된다고 생각하면 됩니다. 그 다음은 군청이나 시청 소재지로부터 3km입니다. 행정중심지는 늘 대기 수요가 있어 언제든 매각할 수 있다는 장점이 있지요.

다음 순서가 개발지입니다. 대기업 공장이 들어선다거나 공항이 생긴다면 개발지를 중심으로 3km 반경의 땅을 선택해야 합니다. 1km 이내라면 더 좋겠지요. 하지만 그런 경우는 이미 가격이 많이 올라 있어 가격대비 수익률을 생각하면 3km 이내 정도가 적당합니다.

"3km를 벗어나서 더 싼 땅을 사면 수익률이 더 크지 않을까요?"라고 생각할 수도 있습니다. 하지만 반경 3km는 생각보다 넓습니다. 3km를 벗어난 지역까지 개발이 되려면 꽤 오래 걸릴 수도 있고요. 장기간 보유해야 한다는 뜻이지요. 투자기간을 고려한다면 3km 이내의 땅에 투자하는 것이 적절합니다.

인터넷 지도를 활용하면 3km가 어디까지인지를 알 수 있습니다. 새만금국제공항 예정지를 기준으로 3km 반경을 확인하면 다음과 같습니다.

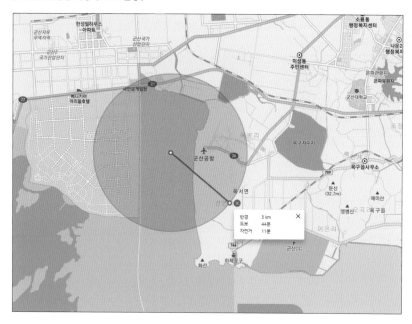

3천만 원 정도의 땅이 수익률이 좋다

제가 늘 강조하는 게 분산투자입니다. 한 곳에 자금을 다 쏟아붓고 기다리는 것보다 분산투자를 하는 것이 리스크관리가 용이하고 결과적으로 수익률도 좋습니다. 적절한 소액투자금 기준은 3천만 원입니다.

"왜 군이 3천만 원이어야 하죠? 자금은 많으면 많을수록 좋은 거 아닌가요?"라고 물으실 겁니다. 투자금액을 3천만 원 정도로 잡은 데는 그 가격으로 살 수 있는 지역과 규모를 보라는 뜻이기도 합니다.

수도권에서는 3천만 원으로 살 수 있는 땅이 없습니다. 3천만 원으로 사려면 강원도와 충청도 이남으로 내려가야 합니다. 충남 당진이나 아산이나 새만금 개발호재가 있는 부안 등은 가격이 많이 오르긴 했지만 대출을 활용하면 3천만 원으로 투자할 땅이 있습니다.

전라도까지 내려가면 대출 없이 3천만 원으로 투자가 가능한 곳이 많습니다. 가격대가 낮은 만큼 개발이 되면 바로 2~3배 수익을 거둘 수 있습니다. 평당 1천만 원짜리 땅이 2천만 원이 되기까지 걸리는 시간보다 평당 20만 원짜리 땅이 40만 원 되는 게 훨씬 빠릅니다.

3천만 원 정도로 투자금을 잡은 이유는 땅의 규모와도 상관있습니다. 3천만 원으로 매입할 수 있는 땅은 규모가 그리 크지 않을 겁니다. 규모가 큰 땅일수록 매도하기가 쉽지 않습니다. 3천만 원이면 평당 20만 원짜리 땅 150평 정도입니다. 땅이 크지 않으니 원하는 매도 시점에 바로 매각할 수 있는 가능성이 높습니다.

뜨는 지역 알아내는 꿀팁

뜨는 곳을 알려주는 지도 판매량

지도와 친해지라는 말은 현재 사람들이 주목하고 있는 곳이 어디인가를
파악하라는 뜻입니다. 인터넷으로 검색하면 지도판매점이나 사이트가
있습니다. 저는 어느 지역에 관심이 생기면 그 지역 지도를 구매합니다.
2~3만 원 정도 하죠.

그리고 판매점에 전화를 걸어서 물어봅니다. "요즘 어느 지역 지도가 많
이 팔리나요?" 그러면 대개 말해줍니다. 어쨌든 제가 지도를 산 손님이
고 앞으로도 또 살 사람이니까요. 지도가 많이 팔린 지역은 사람들이 관
심을 두고 있는 곳이겠죠. 이렇게 해서 나와 같은 투자자들이 어느 곳을
주시하고 있는지 시장 흐름을 읽어낼 수 있습니다.

지도를 구매할 때는 당연히 가장 최신판으로 사야 합니다. 신도시 같은
곳은 몇 달 사이에 구체적인 구획도가 나오기도 합니다. 큰 개발계획이
발표되면 변동사항을 확인해보고 그때그때 반영된 최신판을 구입하기
바랍니다.

알짜 정보 가득한 지자체 홈페이지

국토부 사이트에서 거대한 전체 그림을 읽다 보면 눈에 들어오는 개발 사업이나 지역이 있습니다. 그러면 해당 지자체 홈페이지로 갑니다. 지자체 홈페이지에 가면 해당 사업의 현재 상황을 알 수 있습니다. 게다가 개발 관련정보도 얻을 수 있습니다.

예를 들어 개발사업을 할 때 지자체는 주민공청회를 열거나 공람을 돌립니다. 이 공청회에 직접 참석하여 설명을 듣고 주민들의 호응이나 요구사항을 파악해두면 좋습니다. 그런 정보들은 바로 투자로 직결되지요.

2011년 서해안전철복선화 사업계획을 보고 지자체 홈페이지를 순례하다 당진 합덕에서 주민공청회를 연다는 공고를 보고 날짜에 맞춰 내려가서 참석한 적이 있습니다. 거기서 합덕역이 들어설 곳을 확인하고 역 주위 토지에 투자하여 수익을 냈습니다. 이렇게 얻는 정보들은 때로 부동산 공인중개사보다 빠를 수 있습니다. 남보다 빨리 안다는 건 그만큼 수익률을 높일 수 있다는 뜻입니다.

개발 정보 창고인 홍보관

개발 관련정보를 얻을 수 있는 또 하나의 방법은 홍보관을 이용하는 겁니다. 규모가 큰 개발프로젝트의 경우 대개 홍보관을 설치합니다. 저는 세종시 홍보관, 새만금 홍보관, 보령해저터널 홍보관 등을 자주 찾았습니다.

홍보관은 말 그대로 알리기 위한 곳입니다. 방문하면 홍보하는 입장에서 친절하고 자세하게 설명해줍니다. 또 여기서 얻는 정보가 가장 확실하고 객관적인 정보라고 할 수 있습니다. 불확실한 내용을 공개적으로 홍보할 수는 없으니까요.

"아니, 그렇게 쉬운 거였어요?"라고 할지 모르겠습니다. 하지만 지방에 있는 홍보관까지 직접 찾아가는 사람은 의외로 많지 않습니다. 대개는 부동산공인중개사로부터 편하게 설명을 들으려고 합니다. 하지만 홍보관에 가면 오히려 대우를 받으며 정보를 얻을 수 있습니다. 홍보관의 주요 업무가 홍보이니까요.

|새만금 홍보관|

현장답사하여 눈으로 확인하기

세 번째가 현장답사입니다. 인터넷 사이트 등을 통해서 개발의 밑그림과 일정, 진행 현황을 파악한 것만으로는 부족합니다. 직접 가서 땅과 분위기를 봐야 합니다.

현장답사를 할 때는 1박 2일 여행을 한다는 마음으로 여유 있게 다니는 게 좋습니다. 땅을 보는 일은 시간과 비용이 꽤 듭니다. 아직 개발되지 않은 지역이니 도로가 없을 수도 있고 산을 올라가야 할 수도 있습니다. 직장인이라면 토요일 새벽에 출발해서 일요일 저녁까지 다닐 수 있을 겁니다. 그렇게 1박 2일 다녀오는 게 당일치기로 세 번, 네 번 다녀온 것보다 낫습니다. 전업투자자라면 아예 며칠 머물며 돌아볼 수도 있지요.

저는 한 달 동안 원룸을 빌려 거주하며 지역을 구석구석 돌아다닌 적도 있습니다.

왜 그렇게까지 하느냐고 묻는다면 "그래야 좋은 땅을 저렴하게 살 수 있기 때문입니다."라고 답하겠습니다.

땅은 언제고 그 가치를 돌려줍니다. 여유가 있다면 땅을 사서 아들딸에게 물려주면 좋겠지요. 하지만 소액으로 시작하는 투자자들은 몇 년 안에 자산을 불려야 합니다. 그러므로 3~5년 기간에 수익을 낼 수 있는 땅을 사야 겠지요. 이런 땅을 찾기 위해서는 무엇부터 해야 할지 공부해볼까요?

둘째
마당

이런 땅을
사야 한다!

농지투자 전략

절대농지는 피하라

논은 밭이나 대지보다 저렴하여 선호하는 분들이 많습니다. 논에 투자할 때는 용도지역을 항상 확인해야 합니다. 논은 경작지를 보전하기 위해 정부에서 함부로 개발할 수 없도록 규제하고 있습니다.

농업진흥구역에 있는 논을 흔히 절대농지라 부릅니다. 다음 위성사진처럼 넓은 평야에 바둑판 모양으로 보기 좋게 정비된 논들이 절대농지입니다. 절대농지는 다른 용도로 전환될 가능성이 거의 없습니다. 그러니 아무리 싸더라도 매입해서는 안 됩니다.

생산관리지역이나 보전관리지역에 있는 논은 그나마 투자 가치가 있습니다. 건폐율과 용적률에 제한을 받지만 개발행위도 가능하지요. 그래도 갖가지 규제가 있으니 수익을 크게 기대하기 어렵습니다.

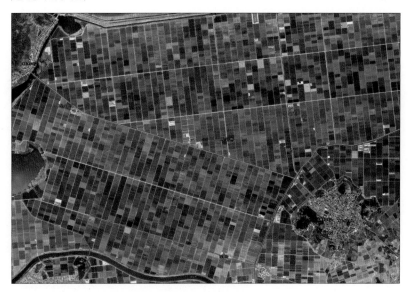

계획관리지역으로 편입될 수 있는 논

계획관리지역에도 논이 있습니다. 계획관리지역은 언제든 개발이 될 수 있는 땅입니다. 현재 논이지만 앞으로 주거단지나 산업단지가 될 수 있다는 뜻이지요. 다만 이미 이런 기대가 반영되어 꽤 가격이 오른 상태일 겁니다. 계획관리지역의 논을 시세보다 낮은 가격으로 매입할 수 있다면 좋은 투자가 될 수 있겠지요. 하지만 그런 기회는 좀처럼 잡기 어렵습니다.

투자자가 관심을 가져야 할 대상은 계획관리지역으로 편입될 가능성이 있는 논입니다. 정부나 지자체의 개발계획을 참고하여 용도지역이 변경될 경우 계획관리지역으로 편입될 가능성이 높은 논을 매입하는 데 노력을 기울여야 합니다.

다음은 제가 부안에 매입한 논의 위성사진입니다.

| 부안 논 위성사진 |

부안은 새만금 호재로 인구가 늘어나고 있는 지역입니다. 아직은 논이지만 위쪽에서부터 시가지가 확장하며 내려오고 있습니다. 평당 10만원 정도에 매입한 이 논은 개발이 진행되면 계획관리지역으로 편입되어 몇 배의 수익을 낼 수 있을 것으로 기대합니다.

평지와 높이가 비슷한 논이 좋다

논을 매입할 때는 추가비용도 고려해야 합니다. 논은 물을 대야 하기 때문에 평지보다 낮습니다. 만일 농지전용을 하여 밭이나 대지로 형질을 변경하려면 낮은 땅에 흙을 부어 성토해야 합니다. 같은 논이라도 평지와 높이가 비슷하면 성토비용을 대폭 줄일 수 있으니 다른 조건이 비슷한 경우 형질변경 시 이 점을 고려하여 선택해야 합니다.

이름은 논인데 실제는 밭인 경우

경매물건을 보다 보면 등기부등본에 전(논)으로 올라있지만 현황은 밭인 경우도 있습니다. 논보다는 밭작물이 수익성이 좋기에 밭으로 만들어 사용하는 경우가 종종 있기 때문인데요. 이미 밭으로 되어 있기에 따로 성토비용이 들지 않으니 이를 감안하여 주위 논 시세보다 약간 비싸더라도 투자를 고려해볼 수 있습니다.

땅을 알아야 하는 밭 투자

밭은 논보다 가격이 약간 비싸지만 규제가 덜하고 대지로 형질을 변경할 때 따로 성토할 필요가 없어 투자자들이 선호합니다. 게다가 한곳에 모여있는 논과 달리 입지도 다양합니다. 논은 대개 경작을 위탁합니다. 하지만 밭의 경우는 직접 활용할 수도 있고, 실제로 작물을 재배하거나 건축물을 세워 부가가치를 높이는 경우가 많습니다.

밭에 투자를 하려면 땅 자체에 좀 더 신중하게 접근해야 합니다. 우선 살펴볼 것이 토질입니다. 토질이 좋지 않으면 작물이 제대로 자라지 않습니다. 황토빛이 도는 기름진 흙이 좋겠지요. 너무 고운 흙만 있는 것도 좋지 않습니다. 땅이 무르다는 뜻이니까요. 적당히 돌도 섞인 땅이 좋습니다. 어떤 용도로 쓸 것인가에 따라 적합한 토질도 달라질 수 있습니다. 특히 작물을 재배하기 위해서라면 매입하기 전에 토질분석을 해보는 게 좋습니다. 흙의 성질도 좋아야 하지만 두께도 중요합니다. 건물을 지으려고 팠는데 바로 밑이 암반지대라면 이를 깨는 데 적잖은 비용이 들어갑니다. 예상치 못한 추가비용을 물 수 있지요. 배수 또한 반드시 확인할 사항입니다. 비가 와서 물이 고여버리는 것도 문제지만 메마른 땅이 모두 좋은 땅

 알아두세요

토질분석

토질을 알고 싶으면 흙을 반 삽 정도 퍼서 해당 지역의 농업기술센터에 시험 의뢰를 하면 됩니다. 약 15일 후 결과를 통보해주며 검사비는 무료입니다. 이 검사를 통해 오염 정도와 유기질 함유량 등 토질의 상태에 대해 알 수 있습니다.

이라고도 할 수 없습니다.

밭의 입지나 형태도 유의해 살펴야 할 요소입니다. 평지에 있는 논과 달리 밭은 심한 경사지에도 있습니다. 도로가 있어도 비탈이 심한 경우 개발이 어려울 수 있지요. 입지도 다양하지만 형태도 길쭉하거나 휘어진 모양, 삼각형 등으로 제각각입니다.

땅 자체의 특성으로 개발이 어렵거나 추가비용이 많이 드는 경우라면 투자하기 좋은 땅이라고 할 수 없겠지요. 그러니 밭 투자를 하려면 땅의 속성에 대해 알아두셔야 합니다.

밭 투자의 핵심 포인트: 접근성과 도로

접근성도 밭 투자에서 중요한 요소지요. 대도시에서 1시간 거리 이내, 중소도시에서 30분 거리 이내가 좋습니다. 도시에서 가까울수록 주말농장으로 이용하는 등 활용가치가 높아지고 나중에 주택지가 될 확률도 높습니다.

도로는 밭 투자에서 가장 중요한 사안입니다. 큰 도로에 붙어있는 밭이면 좋겠지만 이런 밭은 시세가 비싼 경우가 대부분입니다. 큰 도로에서 갈라진 도로와 붙어있는 밭이 가격 면에서 적당합니다.

실제로 활용할 때도 큰 차이가 없습니다. 대지로 개발하여 전원주택을 지을 경우 오히려 큰 도로에서 약간 떨어진 곳이 좋습니다. 또 밭에 창고를 지어 임대할 경우에도 굳이 큰 도로를 고집할 이유가 없습니다. 10~20분 더 들어가도 가격대가 낮아 저렴하게 임대할 수 있다면 오히려 쉽게 임차인을 구할 수 있습니다. 다만, 진입도로가 너무 비좁거나 외진 산속에 있는 밭은 그만큼 효용성이 떨어진다고 봐야 합니다.

015 임야투자 전략

보전산지는 피하자

우리나라 국토의 70%가 산입니다. 그러니 어디서든 임야를 만날 수 있습니다. 하지만 투자 대상 임야는 일부인데요. 환경보전과 후대를 위해 정부는 임야 개발에 대해 강력하게 규제하고 있기 때문입니다.

임야는 보전산지와 준보전산지로 나뉩니다. "보전산지는 뭐고 준보전산지는 또 뭐죠?" 하고 묻는 분들이 있습니다. 눈으로 보면 다 같은 임야로 보이니까요. 보전산지나 준보전산지는 나라에서 정한 용도지역에 따른 용어입니다. 토지이용계획확인원에서 확인할 수 있습니다.

토지이용계획확인원에 보전산지로 올라있다면 초보 투자자인 여러분들은 누가 무슨 말을 하든 일단 피하는 게 맞습니다. 보전산지는 절대농지와 같다고 보면 됩니다.

보전산지도 개발이 불가능한 건 아닙니다. 일부 예외규정을 이용하여 투자를 할 수는 있습니다. 하지만 임야는 개발하려면 적잖은 비용이 듭니다. 자칫하다간 토지 매입비용보다 부지 정리비용이 몇 배 더 들어갈 수 있습니다. 이런 이유로 토지투자를 시작하는 분들에게는 추천하지 않습니다.

산지

우리나라 산지의 77%가 보전산지입니다. 그 외 나머지를 준보전산지로 관리하고 있지요. 산지의 구분과 개념은 다음과 같습니다.

산지	보전산지	공익용산지	자연보전, 재해방지 등 공익기능을 위한 산지
		임업용산지	임업생산 기능 증진을 위한 산지
	준보전산지		보전산지 이외의 산지

보전산지는 개발이 무척 어렵습니다. 투자 대상은 준보전산지라고 할 수 있습니다. 준보전산지는 국토개발계획에 따라 도로, 택지, 산업용지 등으로 공급될 수 있습니다.

준보전산지

용도지역 중 계획관리지역, 생산관리지역, 보전관리지역 안에도 산지가 있습니다. 이들 산지는 대부분 준보전산지이며 제한적으로 활용이 가능합니다.
임야투자의 특징은 다음과 같습니다.

- 지가가 낮다.
- 면적이 넓다.
- 개발비용이 많이 든다.
- 규제가 많다.

낮은 가격에 넓은 임야를 사서 최소의 비용으로 개간을 하면 높은 차익을 거둘 수 있습니다. 그래서 임야투자를 선호하는 분들이 있지요.

시세차익형 투자 vs 개발형 투자

임야를 사서 수익을 올리는 방법은 두 가지로 분류할 수 있습니다.

> • **시세차익형 투자**: 매입 후 개발 진행에 따라 용도가 변경되어 시세 차익을 거두는 투자
> • **개발형 투자**: 매입 후 전원주택지, 잡종지 등으로 지목변경을 하여 개발 수익을 거두는 투자

초보 투자자가 시세차익형 투자 기회를 잡기는 쉽지 않습니다. 임야의 용도변경은 상당히 장기간에 걸쳐 이뤄지니까요. 그린벨트를 생각하면 됩니다. 몇십 년 묶일 수도 있지요. 가까운 시기에 용도변경으로 시세 차익을 거둘 수 있는 임야는 정해져 있고 대부분 선점한 주인이 있다고 봐야 합니다. 이미 땅값도 높은 편이지요.

임야투자를 즐겨 하는 분들은 대부분 적극적 투자자들입니다. 개발이 가능한 임야를 낮은 가격에 매입해서 비용을 들여 지목을 변경하면 몇 배의 차익을 얻을 수 있기 때문입니다. 이때 중요한 포인트는 개발 가능성 여부입니다.

임야투자 시 주의할 점

건축 가능한 도로가 있는지 확인하라

임야는 말 그대로 산입니다. 도로가 나있더라도 현황도로거나 사도일 가능성이 높습니다. 개발허가를 받으려면 건축법상의 도로가 있어야 한다는 건 상식입니다. 허가를 받을 수 있는 도로인지 확인하는 것은 필수지요. 현황도로이거나 사도라면 소유주를 찾아가 사전에 협의해야 합니다.

경사도가 25도 이상이면 피하라

평균 경사도가 25도를 넘는 경우 개발이 제한됩니다. 지자체에 따라서 15도 이상만 돼도 개발허가를 내주지 않는 곳도 있습니다. 경사도는 임야개발에서 무척 중요한 요소입니다. 반드시 지자체에 문의하여 개발이 가능한지 여부를 확인해야 합니다.

토질과 배수 여부를 확인하라

장마철에 물이 한꺼번에 몰려드는 땅일 수도 있습니다. 내 땅이 아니라 진입로가 물에 잠길 수도 있지요. 그러면 장마철 때마다 섬이 되는 셈입니다. 토질도 중요합니다. 암반으로 된 산이면 개발비용이 배로 듭니다. 흙으로만 된 경우는 장마철에 산사태가 날 수도 있습니다. 그래서 개발에 적당한 토질인지 미리 확인해야 합니다.

민원이 걸릴 수 있는 요소를 확인하라

임야의 경우 종중 땅도 많습니다. 실제 소유자는 문중인데 등기상 소유자가 판 경우 적법한 절차에 따라 매입했더라도 소유권 이전 원인무효 청구소송이 들어올 수 있습니다. 또, 산에는 묘지가 많습니다. 관리가 안 되어 봉분이 낮아져서 무심코 넘어갔다가 분묘기지권 때문에 곤혹을 치를 수 있으니 유의해야 합니다.

숲의 생태도 살펴라

오래되고 좋은 나무들이 잘 자랐거나 조림성공지 등 우량한 산림이 포함된 경우, 또한 희귀야생동물이나 식물이 있는 경우는 산지전용허가가 나지 않습니다. 보기 좋고 가치도 있지만 개발할 수 없으니 피해야 합니다.

시세차익형 투자 대상 임야

계획관리지역의 임야

임야가 계획관리지역에 포함되어 있다면 향후 개발될 가능성이 높다는 뜻입니다. 대규모 개발이 있는 지역의 경우 인근의 임야도 투자 대상이 될 수 있습니다. 개발이 완료된 후 점차 확산이 되며 계획관리지역으로 편입될 수 있기 때문입니다.

관광지 주위의 임야

관광산업이 발달하며 지자체마다 산지에 수목원이나 휴양림, 휴양시설이나 골프장, 짚라인 등 산악레포츠시설 등을 새로 조성하고 있습니다. 이렇게 새로 들어선 관광지 주위 임야도 투자 대상이 될 수 있습니다. 펜션이나 전원주택지로 조성하기에 적합한 곳이 좋습니다.

밭으로 전용이 가능한 임야

임야를 밭으로 개간할 수 있는 곳도 투자 대상입니다. 건물을 짓는 등의 개발행위보다 비용이 저렴하면서 지가 상승을 기대할 수 있습니다.

나대지 투자 전략

나대지는 공터라고 생각하면 됩니다. 빈 땅인데 지목에 대지로 되어있을 경우 나대지라고 합니다. 건물이 없고 이용하지 않는 땅입니다. 건축물이 있더라도 무허가 건물이라면 나대지입니다.

그렇다고 쓸모없는 땅이라고 생각하면 오산입니다. 대지가 비싼 이유는 건축물을 세워 활용할 수 있기 때문이지만 건축물을 세우는 순간 용도가 제한되지요. 한 번 들어선 건축물을 다른 용도로 사용하기는 쉽지 않습니다. 나대지는 쓰임새가 정해지지 않은 만큼 활용도가 다양합니다. 사용 수익이 매우 높은 대지이기에 땅값도 비쌉니다. 도심지역의 나대지는 인근 건축물이 있는 대지 시세에 준하거나 때로는 보다 높이 평가받을 수 있습니다.

상식적으로 노후건물이 있는 대지와 나대지를 놓고 선택하라면 모두 나대지를 선택할 것입니다. 상하수도 시설이 되어있어 바로 건축물을 세울 수 있는데 군이 기존 노후건물을 철거하는 비용을 들일 이유가 없지요.

나대지 투자, 활용방안부터 세우자

토지 투자자들이 자주 만나는 나대지는 시골 농가주택이나 폐가를 매입하는 경우입니다. 오래된 시골집들은 무허가인 경우가 많습니다. 건물은 있는데 등기에는 올라있지 않고 토지만 대지로 되어있는 경우지요. 건물등기가 되어있는데 폐가인 경우 멸실신고를 하면 나대지가 됩니다.

나대지는 행정상 대지로 취급되어 종합부동산세와 양도세 과세대상이 됩니다. 많이 보유할수록 세부담이 늘어나는 거죠. 폐가를 치워 나대지로 만든 경우 2년 안에 새로 짓지 않으면 비사업용 토지로 분류되어 양도세 부담이 늘어납니다. 장기보유에 따른 시세 차익을 기대하기 어렵다는 뜻입니다.

따라서 나대지를 매입할 경우 활용계획을 미리 세우고 접근해야 합니다. 주택이나 건물을 지었는데 수요가 많지 않아 개발 수익을 기대하기 어렵다면 굳이 매입할 이유가 없습니다. 대지이기에 매입가격이 높으면서 보유와 양도세 부담이 크고, 개발 수익도 기대하기 어렵다면 투자 대상으로 적합하다 볼 수 없지요.

반대로 나대지임에도 주위 대지 시세보다 낮고, 인근에 관광지가 조성되거나 개발지가 들어설 경우 이에 맞춰 건축물을 세우면 기대 이상의 수익을 거둘 수도 있으니 늘 관심을 가져야 합니다.

나대지 활용의 예

나대지를 빈 땅으로 놀려두면 보유세만 물다가 비사업용 토지로 분류되어 불이익을 받습니다. 그래서 도심 상가지역에 있는 노후주택의 경우는 면적이 넓으면 건물을 철거하고 주차장으로 사용하는 경우도 종종 있습니다. 주차장의 경우 연간 수입금액 비율이 땅값의 3%가 넘으면 사업용 토지로 인정받아 종합부동산세를 내지 않습니다. 이처럼 나대지를 활용하여 수입을 얻고 사업용 토지로 분류받는 방안을 연구해야 합니다. 참고로 땅값 대비 수입금액 비율이 조경작물 식재용 토지는 7%, 자동차학원용 토지는 10%, 농업교습학원용 토지는 7% 이상이면 사업용 토지로 인정받아 종합부동산세 과세를 피할 수 있습니다.

피해야 할 나대지

도심지역에는 나대지가 드뭅니다. 땅이 있으면 어떻게든 개발하여 수익을 내려 하는 도심에서 나대지로 남아있다면 이유가 있을 겁니다. 개발계획에 따라 수용될 예정에 있는 토지이거나 도로, 공원, 광장 등 도시계획시설이 들어설 토지일 가능성이 높습니다. 장기간 소유권 분쟁 등의 소송이 걸려있는 경우도 있지요.

전원주택지 투자 전략

땅을 매입해서 좋은 전원주택을 지을 수 있는 대지로 만들면 시세 차익에 더하여 개발 수익도 얻을 수 있습니다. 전원주택지를 찾을 때는 남들이 좋아할 만한 땅을 선택해야 합니다. 자신이 살 땅이라면 나만 좋으면 되지만 매각을 염두에 둔다면 많은 사람들이 선호할 입지와 환경을 골라야 겠지요. 나도 좋고 남도 좋아할 만한 땅이라면 최적입니다.

전원주택지, 이것만은 알고 투자하자

배산임수의 지형에 자연경관이 수려한 땅이라면 누구나 탐을 내겠지요. 하지만 그런 땅은 이미 누군가 차지하고 있다고 봐야 합니다. 게다가 이미 가격이 무척 비싸겠지요. 사실 모두가 만족할 만한 완벽한 조건의 땅은 드뭅니다. 모든 땅이 각기 한두 가지 문제를 안고 있지요.
결국 토지 투자자가 고려해야 할 사항은 다음과 같습니다.

- 땅이 지닌 문제를 내가 해결할 수 있는가?
- 문제를 해결하기 위해 얼마의 비용이 들 것인가?
- 해결한 후 대지가 될 경우 기대할 수 있는 수익은 얼마인가?

땅이 지닌 문제점 파악하기

가장 먼저 땅이 지닌 문제를 파악해야 합니다. 땅이 지닌 문제는 크게 둘로 분류할 수 있습니다.

땅 자체의 문제

온종일 해가 들지 않거나 배수가 되지 않는 지형이라면 전원주택지로 적당하지 않습니다. 토질이나 지형이 좋지 않은 경우는 개발비용이 많이 들 수 있습니다. 땅의 경사가 심해 개발허가가 나지 않을 수도 있지요. 이처럼 땅 자체가 지닌 문제가 있습니다.

땅에 얽힌 규제나 타인의 권리

땅에 적용되는 공적 규제는 여러 가지입니다. 보전지역 임야라면 규제가 강력하니 해결하기 어렵겠죠. 분묘기지권이나 소유권 분쟁처럼 소유자 외에 다른 누군가와 권리를 다툴 경우도 있습니다. 이런 경우 매입한다 해도 다시 소송에 휘말릴 가능성이 있습니다.

땅이 지닌 문제를 파악한 후 내가 해결할 수 있는지, 그리고 해결하기 위해 얼마의 시간과 비용이 드는지 알아야 합니다. 해결 불가능하거나 극히 어려운 사안인데도 이를 가볍게 여겼다가 큰코 다치는 경우가 종종 있습니다.

매물로 내놓은 중개인은 대개 별 문제가 아니라고 호언장담하지만 실제 상황이 발생하면 슬쩍 뒤로 물러나 모른 척합니다. 그때 가서 후회하면 늦습니다. 투자자가 직접 알아보고 확인하는 게 정답입니다.

문제해결에 드는 시간과 비용 따져보기

땅이 지닌 문제가 해결할 수 있는 것이라면 이를 위해 드는 시간과 비용을 따져봅니다. 땅이 꺼져있다면 성토를 하고 너무 솟아있다면 깎아내는 절토를 하면 됩니다. 땅이 암반지형이라면 개발하는 데 배 이상의 비용이 들겠지요.

땅에 얽힌 규제나 권리도 해결 불가능한 것과 가능한 것이 있습니다. 예를 들어 묘지나 농막이 있는 경우라면 관련자와 협의하여 옮길 수 있습니다. 관계 행정처나 이해당사자들을 찾아 문의하면 해결 가능성 여부를 알 수 있을 것입니다.

문제해결 후 기대수익 산정하기

땅이 지닌 문제를 파악하고 시간과 비용을 따져본 다음 전원주택지가 되었을 때 내가 얼마에 팔 수 있는지 알아봅니다. 매각대금에서 매입비용 등을 빼면 수익이 나오니 이 땅을 매입할지 말지 판단의 근거가 될 수 있습니다.

현재 시세는 주위 부동산중개소를 통해 알 수 있습니다. 그러나 내가 파는 시점은 몇 년 후이니 시세 추이를 살펴봐야겠지요. 이때는 최대한 객관적이고 냉정하게 판단해야 합니다. 내가 많은 시간과 비용을 들여 보기 좋고 살기 좋은 전원주택을 지었다고 해도 남들에게는 선택할 수 있는 여러 전원주택 중 하나일 뿐입니다.

주택은 준공되는 순간부터 감가상각이 됩니다. 때로는 들인 비용보다 낮은 가격에 팔아야 한다는 계산이 나올 수도 있습니다. 그럴 때는 과감하게 포기하는 것도 답입니다.

전원주택지 고르는 법

자연환경과 조망권을 확보하라

전원생활을 택하는 이유는 자연을 누리고자 함입니다. 당연히 자연환경이 좋아야 합니다. 사람들은 탁 트인 전망을 좋아합니다. 배산임수라는 풍수지리적 조언을 오해하여 물가 옆에 짓거나 산에 딱 붙여 짓는 것도 좋지 않습니다. 장마철 홍수 피해나 산사태 등 자연재해를 염두에 두어야 하니까요.

남향이나 남동향을 택하라

전원주택은 아무래도 냉난방에 많은 비용이 듭니다. 남향이나 남동향을 선호하는 것도 그 이유입니다. 전원주택지를 답사할 때 겨울에 가보라고 하는 것은 남향이라도 앞이 그늘져 눈이 녹지 않을 경우가 있기 때문입니다. 진입도로가 겨우내 얼어있다면 그 또한 문제가 될 것입니다.

도시와의 거리도 중요하다

요즘은 전원주택을 세컨드 하우스로 이용하는 사람도 많습니다. 세컨드 하우스가 아니더라도 귀농이 아닌 이상 전원생활을 하는 사람들은 도시와 일정 거리를 유지하려고 합니다. 대도시에서 1시간에서 1시간 30분 거리, 지방 소읍에서는 3~4km 거리가 적당합니다.

도로와 대중교통은 필수다

건축을 위해서도 도로는 필수입니다. 살면서 때로 대중교통을 이용해야 할 경우도 있습니다. 1~2시간 단위라도 마을버스가 지나는 곳이 좋습니다. 그러나 도로에 너무 딱 붙어있는 경우는 추천하지 않습니다. 또 도로에서 너무 깊숙이 들어간 외딴집도 적합하지 않습니다.

편의시설을 이용할 수 있어야 한다

전원생활을 하더라도 병원은 가야 하고 은행이나 마트도 들러야 합니다. 지방은 대개 읍에 편의시설이 몰려 있습니다. 외진 산속 외딴집은 치안에 취약하거나 불의의 사태가 벌어질 때 안전을 위협받을 수 있어 대부분 주저합니다. 읍내에서 3~4km 거리를 추천하는 것도 자동차를 이용할 수 없더라도 도보로 1시간 이내에 갈 수 있기 때문입니다.

기반시설 여부를 살펴라

상하수도나 전기, 도시가스가 들어온다면 금상첨화겠지요. 하지만 모두 갖춘 곳을 찾기는 어렵습니다. 논밭이나 대지, 임야를 전용하여 택지로 개발하는 경우라면 더더욱 어렵지요. 그렇더라도 전기와 지하수는 확보해야 합니다. 전기를 직접 끌어와야 한다면 거리에 따라 개발비용이 추가되니 미리 감안하세요.

단지를 이룰 수 있는 곳은 수익성이 높다

전원주택에 사는 사람들은 전원생활을 즐기고자 하는 것이지 홀로 살기 위해 도시를 나온 것이 아닙니다. 방범이나 안전 등을 고려하여 대부분 일정한 거리에 전원주택들이 있는 단지형 전원주택지를 선호하지요. 따라서 전원주택단지에서 멀지 않거나 나중에 단지를 이룰 만한 땅을 찾으면 수익성이 높아집니다.

혐오시설이 없는지 확인하라

주위에 송전탑이나 축사 등 혐오시설이 있는지 확인해야 합니다. 눈에 보이지 않으니 사는 데 불편함이 없다고 대수롭지 않게 여길지 모르지만 매각을 할 때 차감 요인으로 작용합니다. 사는 사람의 입장이 되어 생각해보면 이해할 수 있을 겁니다.

터미널 주위 토지투자 전략

돈을 끌고 다니는 버스터미널

도시는 늘 변합니다. 지방 소도시도 마찬가지입니다. 특히 인구가 늘어나거나 개발이 진행되는 곳은 하루가 다르게 바뀌죠. 이런 변화에서 주목할 포인트가 버스터미널입니다. 도시가 확장되면 버스터미널도 이전하는 경우가 많습니다.

버스터미널 부근은 유동인구가 많고 상업시설이 밀집되어 있기에 땅값이 비쌉니다. 버스터미널이 이전한다는 것은 돈이 옮겨간다는 뜻입니다. 이전까지는 아니더라도 기존 건물을 개축하고 부지를 확장하는 경우는 종종 있습니다.

당진 합덕버스터미널 역시 서해선복선전철이 들어서며 교통인구가 대폭 늘어나면 확장될 가능성이 높습니다. 합덕역과 버스터미널이 확장되면 시너지 효과가 발생합니다. 그에 따라 주위 땅값의 상승폭은 더욱 커지겠지요.

이렇듯 인구가 늘거나 신시가지가 들어서는 지방 소도시의 버스터미널 주위 토지는 관심을 기울여야 할 투자 대상입니다. 지방 현장답사를 다니다 낡고 오래되거나 불편한 버스터미널을 보면 리모델링하거나 이전할 계획은 없는지 알아봐야 합니다.

버스터미널 이전과 같이 시군 주민들에게 영향을 미치는 사안은 지자체에서 공청회 등을 통해 검토합니다. 지자체 홈페이지에서 이런 공청회나 사업추진계획을 발견하면 그냥 지나치지 말고 자세한 사항을 알아봐야 합니다.

옛 터미널 주위도 알짜 투자 대상

버스터미널이 옮겨 가면 옛 터미널이 남습니다. 유동인구가 썰물처럼 빠졌으니 황량해 보일 겁니다. 하지만 이 또한 투자의 기회입니다. 버스터미널은 부지가 넓은 데다 공공용지이기에 시군 등 지자체에서 개발합니다. 직접 개발이 어려우면 민간에 맡기기도 하지요. 대규모 개발이 이뤄지고 주변 땅값은 다시 한 번 상승합니다.

버스 차고지도 살펴보자

버스 차고지도 관심을 기울일 만한 투자 대상입니다. 대개 버스 차고지는 도시 외곽에 있습니다. 그런데 도시가 확장되고 노선이 바뀌며 바깥쪽으로 옮겨 가는 차고지가 생겨납니다. 이렇게 남겨진 버스 차고지는 도시 안에 있으면서도 부지가 넓다는 특징이 있습니다. 도시 안에서 이만한 규모의 땅이 새롭게 나오는 경우는 흔치 않지요. 그래서 대형 빌딩이나 유통단지, 쇼핑몰, 호텔 등 대규모 시설이나 주상 복합시설 등이 들어서는 경우가 많습니다. 그럴 경우 매연과 소음으로 고생하던 주위의 땅은 새로운 가치 평가를 받게 됩니다.

돈 되는 땅, 토임

지목은 임야이나 이미 형질이 바뀐 땅

토임은 '토지 임야'의 준말입니다. 지목으로는 임야인데 실제로는 나무가 없는 구릉지이거나 밭으로 쓰는 경우 토임이라 부릅니다. 임야는 지번 앞에 '산'이 붙고 임야대장과 임야도에 등재됩니다. 그러나 토임은 지목상 임야임에도 '산'이 붙지 않고 토지대장과 지적도에 등재되어 있습니다.

토임은 임야도 아니고 밭도 아닌 어정쩡한 경우가 많습니다. 보기에는 쓸모없는 황무지같이 보이죠. 하지만 활용도 면에서 임야보다 훨씬 가치가 높습니다.

임야는 산지보전법에 따라 규제가 강력합니다. 대지 등 다른 지목으로의 변경이 무척 어렵지요. 그러나 토임은 이미 임야로서의 가치를 잃은 땅입니다. 그러기에 임야대장 대신 토지대장에 올라 있는 거죠. 그런 만큼 산지전용허가를 받기 쉽습니다. 따라서 높은 수익을 올릴 수 있는 땅으로 인기가 있습니다.

개발비용이 저렴한 토임

토임은 이미 형질이 바뀌었기에 지목을 변경하기 어렵지 않습니다. 또한 대개 낮은 지역에 있고 밭으로 이용된 경우가 대부분이라 대개 도로와 붙어있다는 장점도 있습니다. 물론 정지작업이 필요하지만 임야처럼 벌목을 하고 평탄작업을 할 필요가 없기에 개발비용도 상대적으로 적게 듭니다. 토임의 가격은 일반 임야에 비해 비싸지만 대지화되었을 때를 감안하면 수익성이 무척 높은 편입니다.

실제로 저는 평창 지역의 토임을 거래하여 높은 수익을 거둔 적이 있습니다. 밭이 급매물로 나와서 현장답사를 하고 토지대장을 확인해보니 지목이 임야로 되어있었습니다. 당시 토임의 공시지가는 평당 10만 원이었습니다. 이 땅이 밭이었다면 전용할 경우 농지전용부담금으로 평당 3만 원을 내야 합니다. 그러나 토임은 평당 1만 원의 대체산림자원조성비만 내면 됩니다.

더욱이 주변 농지보다 20% 정도 싼 급매물이었으니 망설일 이유가 없었습니다. 바로 계약을 하였고 몇 년 후 전원주택부지를 구하는 사람에게 적정한 가격에 매각할 수 있었습니다.

산간지역의 밭을 유심히 보자

토임이 생기는 이유는 대개 땅이 부족한 산간지역에서 경사가 완만하거나 구릉지인 임야를 개간하여 밭으로 사용했기 때문입니다. 그래서 강원도나 경북 산간지역을 다닐 때 경사진 밭이 매물로 나와있다면 지목을 확인해볼 필요가 있습니다. '전' 대신 '임야'라고 표기되어 있으면 토임입니다.

활용가치가 높은 잡종지

 알아두세요

잡종지

지목상 '잡'으로 표기되며 갈대밭
이나 물건 등을 쌓아두는 야적장,
돌이나 흙을 채취하는 곳, 야외시
장이나 비행장, 공동우물과 변전
소, 송신소, 수신소, 주차시설, 납
골당, 유류저장시설, 송유시설, 주
유소나 가스충전소, 도축장, 자동
차운전학원, 쓰레기 및 오물처리
장 등이 잡종지로 분류됩니다. 그
외 다른 지목에 속하지 않는 토지
도 잡종지로 등재합니다.

토지 투자자들이 주로 만나는 땅은 논과 밭, 대지, 임야입니다. 나대지와 잡종지는 흔치 않습니다. 그중에서도 잡종지는 아주 드뭅니다. 잡종지는 현장에 가서 보면 쓸모없는 땅으로 보이지만 나대지보다도 활용도가 높습니다. 나대지는 대지이므로 주택을 짓는 게 원칙이지만 잡종지는 주택은 물론 공장이나 창고를 짓는 등 다양하게 활용할 수 있기 때문이지요.

논이나 밭을 전용할 경우 절차가 까다롭고 전용부담금을 내야 하지만 잡종지의 경우는 신청만으로도 지목변경을 할 수 있습니다. 농지법이나 산지관리법상 규제도 받지 않습니다.

잡종지 투자의 단점은 물건 자체가 많지 않고 활용도는 높기에 내가 사려 할 때는 이미 땅값이 비싸다는 점입니다. 또 대부분 자투리 땅으로 면적이 크지 않습니다. 활용가치는 높지만 형태나 규모면에서 제약을 받을 수 있지요. 따라서 잡종지를 매입하여 개발하는 경우 실제 기대할 수 있는 수익을 미리 따져보아야 합니다.

잡종지로 변경할 수 있는 땅

잡종지 땅값이 높다는 점을 노려 논이나 밭을 경작하지 않고 자재를 쌓아두거나 방치한 후 잡종지로 지목변경을 하여 차익을 얻으려는 사람들도 있습니다.

골재채취장이나 물길이 바뀌어 마른 땅이 된 하천, 물이 마른 저수지나 연못 등은 잡종지로 변경할 수 있습니다. 도시구역에 있는 임야도 잡종지로 바뀔 때가 있습니다. 도시화가 되면서 나무가 사라지고 황폐해진 임야를 잡종지로 변경하면 땅값은 바로 몇 배 이상 오릅니다.

하지만 이런 땅을 만나기는 힘듭니다. 그러므로 잡종지는 쓸모 있는 땅으로 가치가 높다는 점만 염두에 두고 다른 투자에 집중하기를 권합니다. 그러다 잡종지나 잡종지로 변경할 수 있는 땅을 발견하면 그때 적극 매수검토를 하면 됩니다.

토지 3대 악재와 3대 호재

땅을 매입하면서 부딪히는 3대 악재와 3대 호재가 있습니다. 논밭이든 대지든 잡종지든 공통으로 적용될 수 있는 사안입니다.

토지 3대 악재

악재 1. 묘지

일반 매매를 할 때 분묘가 있는 경우는 많지 않습니다. 있더라도 매도자와 상의하여 잔금 치르기 전에 미리 해결하는 게 보통이지요. 대개 경매로 나올 때 분묘가 포함되곤 하는데 몇 기씩 있는 경우도 있습니다. 이럴 경우는 정말 낭패입니다. 그래서 반드시 현장답사를 해야 합니다.

내 땅에 분묘가 없더라도 바로 옆에 분묘가 수두룩하면 그것도 낭패입니다. 바로 옆은 아니더라도 가까이 공동묘지가 있다면 역시 투자 가치가 떨어질 수밖에 없습니다. 요즘은 곳곳에 추모공원이 들어서는데 이 또한 사람들이 기피하는 시설입니다.

악재 2. 축사

가까이 축사가 있으면 땅값은 오르지 않습니다. 축사를 기피하는 이유는 악취 때문입니다. 겨울철에는 덜하지만 여름에 저기압이 발달하고 습해지면 1km 이상 냄새가 퍼지기도 합니다. 그래서 매매 전에 반드시 확인을 해야 합니다. 축사가 하나뿐이라면 모르지만 여럿이 있는 경우는 절대 매입하면 안됩니다.

악재 3. 송전탑

분묘나 축사는 그래도 해결할 가능성이 있습니다만 송전탑은 한 번 설치되면 30년간 그 자리에 있을 수밖에 없어 큰 문제입니다. 송전탑이 들어선 땅의 주인은 임대수익을 받아 좋겠지만 주위 땅은 가치가 뚝 떨어지고 맙니다.

토지 3대 호재

호재 1. 개발지가 보이는 땅

개발지가 바로 눈에 보이는 땅이 있습니다. 도로를 닦는 현장이나 건물이 올라가는 공사현장이 보이는 땅은 같은 호재라도 주위 땅보다 가격이 더 오를 수 있습니다. 개발지 인근이라도 주위에 산이 있어 가로막혀 보이지 않는 땅은 가격 상승에 한계가 있지요. 매입할 때는 개발지가 보이는 땅과 안 보이는 땅의 가격 차이가 크지 않습니다. 조금 비싸더라도 개발 현장이 눈에 보이는 땅을 선택하기 바랍니다. 나중에 매각할 때는 훨씬 큰 시세 차익을 낼 수 있습니다.

호재 2. 깃발이 꽂혀있는 땅

깃발은 도로가 생긴다는 표시입니다. 깃발이 줄지어 꽂혀있는 걸 보면 그 방향으로 길이 난다는 표시로 이해하면 됩니다. 맹지에 깃발이 꽂혀

있다면 곧 길이 납니다. 차 한 대 지나갈 정도의 좁은 도로 양옆으로 깃발이 꽂혀있는 경우도 있습니다. 도로가 깃발이 있는 곳만큼 확장된다는 뜻입니다. 깃발을 볼 때는 도로공사를 위해 꽂아놓은 깃발인지 확인해야 합니다. 개인이 경계표시를 하기 위해 깃발을 꽂아두는 경우도 있으니 착각하면 곤란합니다.

호재 3. 혐오시설이 사라져 악재가 풀리는 땅

분묘나 축사, 송전탑 등 악재가 사라지면 바로 호재로 바뀝니다. 땅값을 누르던 악재가 사라졌으니 바로 시세를 회복할 수 있습니다.

그런데 사라질 수 있는 악재인지 아닌지는 어떻게 알 수 있을까요? 누구도 확답을 해줄 수는 없습니다. 다만 직접 가서 현황을 확인해보면 어림짐작은 할 수 있습니다. 예를 들어 축사가 있으면 찾아가 주인을 만나봅니다. 시설이 낙후되어있고 운영이 잘 안 되는 경우나 주인이 연로한데 뒤를 이을 사람이 없는 경우라면 그만둘 가능성이 높겠지요. 요즘은 축산업이 점차 대형화되며 소규모 축산농가가 줄어드는 추세입니다. 겉보기에 축사인데 실제로는 운영하지 않는 곳도 꽤 됩니다. 한 번 발걸음으로 고수익을 얻을 수 있다는 마음가짐으로 방문해야 합니다.

철탑은 한 번 들어서면 30년은 그 자리에서 버티는 악재 중에 악재입니다. 하지만 주위에 택지지구나 산업단지가 들어설 경우 지중화 작업을 통해 땅속으로 전선이 깔릴 가능성도 있습니다. 이럴 경우 철탑 때문에 억눌렸던 땅값은 바로 회복될 수 있습니다.

3대 악재 외에도 땅값에 영향을 미치는 악재는 다양합니다. 군사보호시설과 같은 개발제한지역도 악재라고 할 수 있습니다. 개발제한지역은 건축을 하기가 쉽지 않습니다. 그런데 요즘은 남북관계 분위기가 좋아지며 군사보호시설도 점차 풀리고 있습니다. 이런 경우는 호재라고 할 수 있지요.

동해나 서해 해안가 철조망도 비슷한 예입니다. 예전에는 경계를 위해 철조망을 쳐놨는데 점차 걷어내는 중입니다. 해안가를 따라 장벽처럼 쳐진 철조망이 사라지면 바닷가 전망이 그대로 살아납니다. 그러면서 철조망 뒤쪽 땅값이 상승하는 건 당연한 일이지요.

이처럼 땅값을 누르던 악재가 사라지는 곳을 눈여겨보시기 바랍니다.

3대 악재를 호재로 전환하기

악재가 사라지면 호재가 된다고 했지요. 앞서 말씀드린 3대 악재, 분묘와 축사, 송전탑이 있는 경우 바로 포기하지 말고 호재로 바뀔 수 있는지 가능성을 알아보면 의외의 투자수익을 거둘 수 있습니다.

무연고 분묘 해결하기

 알아두세요

분묘기지권이란?
우리나라는 남의 땅에 있는 묘도 법적으로 보호합니다.
- 토지소유자의 승낙을 얻어 설치한 분묘
- 토지소유자 승낙은 없었지만 20년 동안 공공연하게 분묘를 점유한 경우
- 자신 소유의 토지 분묘를 설치한 후, 이전 약정 없이 토지를 처분한 경우
분묘기지권은 이미 설치된 분묘인 경우만 주장할 수 있으며 새 분묘를 설치하거나 다른 용도로 사용할 수 없습니다. 존속기간은 권리자가 분묘를 돌보는 동안 계속됩니다.

일반 거래라면 계약 전에 매도자로부터 분묘를 옮긴다는 확약을 받습니다. 잔금을 치르기 전에 분묘를 이전하는 게 보통이지요. 그런데 경매로 낙찰받을 경우는 그렇지 못합니다.

이때는 묘를 관리하는 사람과 협의해서 해결해야 합니다. 분묘기지권이 있다면 내 마음대로 묘를 개장할 수 없습니다. 우선 원소유자를 찾아가 토지소유자의 승낙을 얻고 설치한 분묘인지 확인해야 합니다. 그렇지 않다면 시군 또는 구청장의 허가를 받아 해결할 수 있습니다.

승낙 없이 설치한 분묘나 무연고 묘는 정해진 법에 따라 신문에 3개월 이상 개장공고를 하면 개장허가를 받을 수 있습니다. 유골을 수습하여 화장장에서 화장하고, 무연고 납골당에 10년간 안치하면 됩니다.

축사가 있어도 매입을 고려해볼 수 있는 경우

내가 살 땅 주위에 축사가 있는데 하나뿐이라면 상황을 좀 더 알아볼 필요가 있습니다. 축사 운영자를 찾아가 이전이나 폐업 계획이 있는지 등을 알아보는 겁니다. 외딴 곳에 있는 단일 축사는 점차 줄어드는 추세이니 가능성이 없지 않습니다. 축사 운영자가 노령이라면 더더욱 그만둘 가능성이 있지요.

또한 주변이 개발예정지라면 축사가 있어도 매입을 고려해볼 수 있습니다. 개발로 인해 축사가 이전될 가능성이 높기 때문입니다. 축사 주인도 보상을 받고 나가기에 의외로 쉽게 풀릴 수 있습니다.

이럴 경우는 오히려 투자의 기회가 될 수도 있지요. 축사 때문에 낮은 가격으로 매입한 후 몇 년 지나 축사가 사라지면 제 가격을 받을 수 있으니까요.

송전탑을 이용한 역발상

최악의 악재이긴 하지만 역발상으로 방안을 찾을 수도 있습니다. 요즘은 민원이 많아 개발제한구역이나 농업진흥구역 같은 곳에 철탑을 세우는 추세입니다. 대도시와 가까운 곳에 도로와 잘 붙어있고 규모가 넓은 땅에 송전탑이 있다면 고려해볼 수도 있습니다.

철탑이 필요하거나 있어도 상관없는 업종도 있습니다. 전기가 많이 필요한 공장이나 물류창고 등이 그렇습니다. 땅의 입지나 형태가 아주 좋고 이런 업종에 적합하다면 싸게 매입해두는 것도 투자방법입니다.

초보자가
절대 사면 안 되는 땅 5가지

둘째마당을 마무리하면서 초보자들이 절대 사면 안 되는 땅을 정리해볼까요? 다시 한번 읽고 머릿속에 새겨두기 바랍니다.

토지투자의 고수들이 맹지를 매입하여 고수익을 냈다거나 임야를 개발하여 막대한 수익을 얻었다는 사례를 들으면 '나도 그럴 수 있지 않을까?' 하고 생각하실 겁니다. 초보 투자자들은 그런 행운은 없다고 생각하기 바랍니다. 초보 투자자라면 법에서 규제하거나 개발절차가 복잡하고 비용이 많이 드는 땅은 일단 피해야 합니다.

투자를 계속하다 보면 기회가 옵니다. 투자 초기부터 고난도의 땅을 매입하여 고생하다 손해를 보고 토지투자에 대해 회의감을 갖고 떠날 수 있습니다.

다음은 초보 투자자가 사면 안 되는 땅입니다.

1. 보전산지와 농업진흥구역 농지

국가에서 농지와 산림을 보호하기 위해 강력하게 규제하고 있는 용도지역은 투자 대상에서 아예 제외하셔야 합니다. 토지이용계획원을 열람하면 바로 확인할 수 있습니다.

2. 개발제한구역

자연환경보전지역, 문화재보호구역 등 개발이 제한된 땅은 피해야 합니다. 건축은 물론 개발 자체가 불가능한 곳이 대부분입니다. 역시 토지이용계획원을 보면 확인할 수 있습니다.

3. 맹지

맹지에 대해서는 사람마다 시각차가 큽니다. 투자 현장을 다니다 보면 맹지를 풀어 고수익을 얻었다는 사례를 자주 듣게 됩니다. 실제로 맹지를 풀기는 쉽지 않습니다. 쉽게 풀 수 있었다면 땅주인이 여지껏 맹지로 가지고 있다가 싸게 내놓지 않겠지요. 대박을 노리다 쪽박을 찰 수 있습니다. 현장답사를 하고 현황도로나 사도가 없는 맹지라면 바로 돌아서는 게 좋습니다.

4. 혐오시설이 주위에 있는 경우

축사나 송전탑, 철탑, 추모공원, 공동묘지, 쓰레기처리시설 등 사람들이 기피하는 혐오시설이 가까이 있다면 사지 말아야 합니다. 유일하게 축사의 경우는 고려해볼 수 있습니다. 축사가 이전하거나 문 닫을 수도 있기 때문이죠. 그것 또한 확인해봐야 합니다.

5. 등기부등본이 복잡한 토지

토지 등기부등본에 지분등기나 가압류, 예고등기 등이 올라 있다면 되도록 피해야 합니다. 부동산중개소나 매도자가 등기원인을 설명하고 별것 아니니 해결한다는 말을 곧이곧대로 믿으면 낭패를 볼 수 있습니다. 잔금을 치를 때까지 해결이 되지 않아 소유권을 얻지 못하는 경우가 생각보다 많으니 유의해야 합니다.

요즘은 앉아서도 인터넷으로 땅의 입지와 모양, 주변 환경을 파악할 수 있습니다. 게다가 대부분의 서류를 온라인으로 집에서 발급받을 수 있지요. 알면 알수록 시간과 비용을 대폭 줄일 수 있습니다. 오르는 토지를 손 빠르게 찾는 방법을 알아볼까요?

사기만 하면
오르는 토지
탐색하기

돈이 되는 뉴스 파악하는 법

정책 중심으로 뉴스를 보자

신문이나 방송은 부동산을 주요 섹션으로 다루고 매일 일정량의 기사를 게재합니다. 부동산투자를 하다 보면 싫든 좋든 관련 기사에 눈길이 가고 그러다 보면 자기도 모르게 영향을 받습니다. 그래서 뉴스를 읽는 안목이 필요합니다.

기자들은 은연중에 프레임을 설정하고 트렌드를 형성하고자 합니다. 일부 사례를 일반화시켜 전체적인 추세처럼 보이게 한다거나 아직 확정되지 않은 사업을 당장 실행될 것처럼 보도하기도 합니다. 예를 들면 남북화해 분위기가 고조되면 휴전선 지역의 땅값이 오르고 있다는 기사가 꼭 나옵니다. 이런 기사에 편승하여 접경지역 땅을 샀다가 장기간 묶인 분들이 더러 있습니다. 이런 트렌드성 기사는 주의해야 합니다.

정책관련 기사는 도움이 됩니다. 국가기관에서 부동산 정책이나 개발계획을 발표하면 언론은 이를 풀어서 정책이나 개발의 의미와 파장, 예상되는 문제나 앞으로 바뀌는 규정 등을 해설합니다. 정부발표는 공식적인 용어로 되어있어 이해하기 어려운데 언론의 해설기사를 보면 도움이 됩니다.

뉴스의 소스를 확인하자

또 하나 유의할 점이 언론매체가 광고로부터 자유롭지 않다는 것입니다. 따라서 건설사나 개발사의 의도가 반영될 가능성이 높습니다. 개발사가 제공한 내용을 약간 다듬어 내는 기사도 꽤 많습니다. 그래서 언론을 통해 나오는 뉴스는 팩트와 주장을 구분해서 읽어야 합니다.

기자들은 자극적인 이슈를 선호합니다. 그래서 부동산 가격이 상승 분위기이면 '급등'과 같이 눈길을 잡는 단어를 쓰고, 익명의 부동산중개사나 전문가의 말을 인용하여 마치 사실처럼 기사를 씁니다. 전문가 인터뷰가 익명이라면 일단 의심을 하는 게 좋습니다.

진짜 정보는 지역신문에서 찾자

투자에 도움이 되는 진짜 뉴스는 지역신문에서 찾을 수 있습니다. 지역신문은 지자체에서 하는 사업이나 개발 관련지역 현안 등을 꾸준히 다룹니다. 또한 사업이 지연되거나 변경되면 그때마다 기사가 나오니 새로 바뀐 정보를 빠르게 알 수 있습니다.

대규모 개발계획을 세우면 해당 지자체는 주민공청회를 개최하여 사업을 소개하고 의견을 듣습니다. 직접 참석하면 좋겠지만 그렇지 못할 경우 지역신문을 찾아보기 바랍니다. 지역주민의 관심이 큰 공청회라면 기자가 취재하여 기사화하곤 합니다.

예전에는 현장답사를 가면 지역신문을 챙겨왔습니다. 요즘은 지역신문도 인터넷 사이트를 운영하는 경우가 많아 앉아서 볼 수 있지요.

| 제주일보(www.jejunews.com) |

| 당진신문(www.idjnews.kr) |

인터넷 지역신문 첫 화면만 보더라도 지역 현안과 개발 진척사항, 주요 논쟁사항이나 분규 내용, 지역 분위기 등을 파악할 수 있는 창구라는 걸 알 수 있습니다.

어떤 책을 읽어야 하나요?

오래된 책도 도움이 된다

요즘은 투자에 앞서 공부를 하는 분이 많습니다. "토지투자를 시작하려는데 그 전에 어떤 책을 읽는 게 좋아요?"라는 질문을 많이 받습니다. 저는 당연히 제 책을 권합니다. 이제까지 10권을 썼는데 그중에서 《집 없어도 땅은 사라》를 권합니다. 제 책은 실전 투자 사례 위주입니다. 같은 제목으로 15년 전에 나온 책이 있는데 이 책도 비교하여 읽어보시길 권합니다.

사람들은 대개 신간을 선호하는데 예전 책도 의외로 도움이 됩니다. 당시 투자 분위기나 전망 등을 읽으며 이후 실제로는 어떻게 진행됐는지 비교해보면 토지투자에 대한 이해가 깊어집니다.

실전과 이론, 경매 등 다양하게 접하자

저는 전문가이지만 다른 사람의 책도 꾸준히 읽습니다. 다른 시각, 다른 관점도 알아야 내 투자의 장단점도 알 수 있기 때문입니다.

책으로 공부를 할 때는 반드시 서너 권 이상 보시는 것이 좋습니다. 예를 들어 경매 관련한 책으로는 《대박땅군 전은규의 당신의 땅을 가져라》, 《경매의 신》, 《부동산 경매 무작정 따라하기》 등을 권해드립니다. 이론이 많은 책, 실전 위주의 책 등 다양하게 접할수록 좋습니다. 그리고 어떤 책이든 한발 거리를 두고 봐야 합니다. 책을 쓰신 분들은 대개 그 분야에서 전문가로 꼽히는 분들입니다. 그분들의 시각과 관점, 투자 노하우가 당연히 도움될 것입니다. 하지만 미래는 늘 변하고 투자 노하우 역시 변한다는 걸 유념하셔야 합니다.

책 외에도 계속 업데이트해야 할 지식이 있습니다. 토지관련 법규나 관련 세제는 매년 조금씩 바뀝니다. 조항 자체가 아니라 시행령에 새로운 항목이 추가되는 경우도 있지요. 그러다 보니 담당 공무원도 모르는 경우도 있습니다. 이렇게 바뀌는 조항에 투자의 기회가 있다고 생각하고 꾸준히 업데이트해야 합니다.

토지 투자자라면
알아두어야 할 사이트

요즘은 인터넷으로 투자할 땅을 찾고 현황까지 확인할 수 있어 물건을 찾는 시간과 비용이 대폭 줄어들었지요. 그래서 토지 관련 인터넷 사이트를 자주 찾아 익숙하게 활용할 수 있어야 합니다. 특히 국가 공공기관에서 운영하는 사이트는 정기적으로 찾아보는 게 좋습니다.

제가 자주 이용하는 사이트는 다음과 같습니다.

토지이음(www.eum.go.kr)

토지 투자자들이 가장 많이 활용하는 사이트인 도시계획정보서비스와 토지이용규제정보서비스가 '토지이음'으로 통합되었습니다. 토지이음에서는 내가 투자할 땅과 관련한 토지이용계획, 토지 행위제한정보, 규제 등을 확인할 수 있습니다. 메뉴가 다양하니 수시로 찾아서 익숙해져야 합니다.

디스코(www.disco.re)

실시간으로 부동산 시세를 조회할 수 있는 사이트입니다. 스마트폰 어플도 있으니 현장에서도 바로 확인할 수 있지요. 등기부등본이나 토지건축물대장 등 토지거래 시 필요한 서류도 무료로 열람할 수 있습니다.

온비드(www.onbid.co.kr)

한국자산관리공사(캠코)가 국가, 지방자치단체, 공기업 등 공공기관 등
의 공매정보를 종합하여 인터넷을 통해 공매를 진행하는 공매포털시스
템입니다.

법원경매정보(www.courtauction.go.kr)

우리나라 법원에서 진행하는 경매에 대한 정보를 한눈에 볼 수 있는 사
이트입니다. 경매공고, 경매물건, 매각통계, 경매지식 등이 주메뉴이고
빠른 물건검색 서비스와 용도별 물건정보, 다수 관심물건, 경매절차 등
의 정보를 제공하고 있습니다.

산지정보시스템(www.forest.go.kr)

산지는 공공재로 후대를 위해 보전해야 한다는 인식이 확산되며 산지보전법이 강화되는 추세입니다. 임야를 매입할 경우 산림청에서 운영하는 산지정보시스템을 찾아 해당 산지에 대한 구분, 토양, 임상 정보 등을 확인해야 합니다.

이외에도 LH 한국주택토지공사에서 운영하는 씨:리얼(seereal.lh.or.kr)이나 밸류맵(www.valueupmap.com) 등도 자주 찾는 편입니다. 씨:리얼에서는 주로 토지이용계획을 열람하고 디스코나 밸류맵과 같은 사이트는 시세를 파악하는 용도로 이용합니다.

임야투자를 할 경우 한국임업진흥원에서 운용하는 임업정보다드림(gis.kofpi.or.kr) 사이트도 유용합니다. 임야의 경우 땅 경사도가 개발과 직접 관련이 있어 중요합니다. 임업정보다드림을 이용하면 평균 경사도를 확인할 수 있습니다.

이러한 사이트들을 즐겨찾기에 아래와 같이 카테고리를 나눠 정리해두면 편합니다.

1. 투자지역을 선정하기 위해 참고하는 사이트

국토부나 LH 한국주택토지공사와 같이 대규모 개발계획을 찾아볼 수 있는 사이트는 장기 투자처를 찾는 데 도움이 됩니다.

2. 투자전략을 세우기 위해 참고하는 사이트

관심지역 지자체나 관련부처 사이트, 대규모 개발프로젝트 홍보관 등은 구체적인 투자시기나 지역을 정하는 데 도움을 주는 곳들입니다. 경험상 진짜 호재정보는 지자체 홈페이지에서 많이 찾을 수 있습니다. 관심지역의 지자체 공시를 흘려 보지 말고 꼼꼼히 들여다보시기 바랍니다.

3. 경매·공매 사이트

온비드와 법원경매정보 등 경매 관련 사이트는 일주일에 두세 번 정기적으로 일정 시간을 할애하여 들여다보는 게 좋습니다. 가끔 생각날 때마다 찾는 방식으로는 좋은 물건을 만나기 어렵습니다.

4. 매물이나 시세를 파악할 수 있는 사이트

실시간 시세를 파악할 수 있는 사이트는 투자를 결정하기 전에 반드시 들러야 할 곳입니다. 대부분 PC뿐만 아니라 스마트폰 앱도 운용하고 있으니 현장답사에서도 유용하게 활용할 수 있습니다.

민간에서 운용하는 사이트는 각기 장단점이 있습니다. 예민한 사람은 메뉴의 배치나 인터페이스 등에도 민감하게 반응하지요. 자신의 취향과 투자전략에 따라 자주 가는 사이트를 정리해두고 활용하시기 바랍니다.

인터넷 조사도 고수가 있다

집에서 전국의 땅과 매물 정보를 한눈에 들여다볼 수 있는 시대입니다. 누구에게나 공평한 정보가 주어지죠. 그러나 사람마다 활용하는 수준에는 차이가 있습니다. 정보를 이해하고 활용하여 실제 투자와 연결 지을 수 있는 사람은 많지 않습니다. 같은 정보인데 왜 이런 차이가 날까요? 제 경우 경매정보 사이트에 올라온 토지경매물건을 보고 사이트 몇 곳을 다니면 현장에 가지 않아도 매물의 실제 현황과 투자 가치를 알 수 있습니다. 지난 15년간 현장을 다니며 쌓은 경험이 있기 때문입니다. 현장 경험이 없이 인터넷만으로 투자 가치를 판단하면 간혹 실수를 저지를 수 있습니다. 실제로 지인 중에 경매에 나온 땅을 지도만 보고 입찰했다가 손실을 본 경우가 있었습니다. 지도로 봤을 때는 네모반듯하고 도로 옆에 붙어있어 모양도 입지도 좋았을 뿐만 아니라 경매로 나왔기에 가격도 낮았지요. 인터넷 위성지도로 봐도 별 이상이 없어 보여 입찰을 했는데 나중에 보니 바로 뒤가 소를 키우는 축사였습니다. 그분이 현장답사까지는 아니더라도 로드뷰만 봤더라도 뒤에 있는 축사를 발견할

현장답사는 필수!

매물 현황을 인터넷 위성지도 서비스나 로드뷰로 확인하는 분이 많습니다. 그러나 실제로는 인터넷 지도로 확인해도 잘 드러나지 않는 경우가 많습니다. 대도시의 경우 인터넷 지도 업데이트가 수시로 되지만 지방은 1~2년 전 위성사진이나 로드뷰일 경우가 많기 때문입니다. 그래서 처음 투자를 하는 분들은 반드시 직접 현장답사를 해야 합니다.

수 있었을 것입니다. 그랬다면 입찰을 하지 않았겠지요.

나날이 인터넷으로 확인할 수 있는 정보가 다양하고 풍부해지는 건 사실입니다. 이를 100% 활용하기 위해서는 현장 경험이 필수라는 걸 명심해야 합니다. 최소 2~3년은 꼬박꼬박 현장답사를 나간다는 각오를 해야 합니다. 전문가와 함께 현장답사를 한다면 기간을 대폭 단축할 수 있을 겁니다.

토지투자
무작정 따라하기

025

포털 지도 활용법
– 앉아서 전국을 들여다본다

포털 다음이나 네이버, 구글 등의 지도 서비스를 활용하면 책상에 앉아서 현장에 대해 알아볼 수 있습니다. 위치는 물론이고 지적도, 용도지역이나 현재 공사 중인 도로와 철도 등 다양한 정보가 지도에 담겨있으니 지도 활용법을 익혀두어야 합니다.

원하는 포털의 지도 서비스를 선택한 후 검색창에 도로명 주소나 지번을 입력하면 됩니다.

출처: 카카오맵

포털에서 제공하는 지도 서비스는 대개 다섯 가지입니다.

- **일반 지도**: 주요 장소와 도로만 표시된 지도
- **위성지도**: 하늘에서 촬영한 지도
- **거리뷰**: 자동차가 지나는 도로에서 본 실제 모습
- **지형도**: 산과 등고선이 나타난 지도
- **지적편집도**: 지적도처럼 지번에 따라 구분된 지도

일반 지도는 비교적 간단하여 도로·철도망이나 저수지, 주요 장소 등을 한눈에 파악하기 쉬워 좋습니다. 위성지도는 산이나 논밭, 지형 등의 실제 모습을 보여주어 땅 주위 분위기를 알 수 있습니다. 최근에는 3D 위성사진까지 나와서 현장 모습을 파악하는 데 아주 유용합니다.

거리뷰는 도로에서 보는 현장 모습입니다. 지형도는 산악의 형세와 등고선이 나타나 있어 주위 지세를 파악하는 데 도움이 됩니다. 지적편집도는 지번에 따라 구분하여 보여주니 토지 투자자에게 아주 유용합니다.

|**거리뷰**|

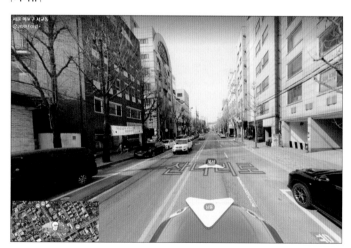

출처: 카카오맵

지번과 용도지역까지 한눈에 보는 지적편집도

지적편집도에는 지번과 경계뿐만 아니라 도로·철도, 국토계획과 개발지구, 용도 및 개발 등 토지투자에 필요한 기초정보가 나옵니다. 도로·철도의 경우 현재 공사 중인 도로나 철도는 물론이고 예정된 노선까지 나오니 투자에 참고하면 좋습니다.

| 지적편집도 |

출처: 카카오맵

단, 포털에서 제공하는 지도서비스를 이용할 때 주의할 점이 있습니다. 위성지도나 거리뷰 등의 데이터가 실시간이 아니라는 점을 유의해야 합니다. 지적도나 용도지역 등의 데이터 역시 해당 행정청에서 받은 자료를 바탕으로 작성한 것으로 역시 실시간 데이터가 아닙니다.

도시의 경우 위성지도나 거리뷰를 자주 업데이트하지만 지방의 경우는 1~2년 전 모습 그대로인 경우가 많습니다. 과거 사진이라는 점을 감안해야 합니다. 지적편집도의 데이터 역시 마찬가지입니다. 새로 변경된 부분이 반영되지 않았을 수 있으니 반드시 참고용으로만 활용해야 합니다.

지도 서비스 메뉴와 툴에 익숙해지기

포털 지도는 나날이 진화하고 있습니다. 지도에서 얻을 수 있는 정보를 최대한 활용하는 데 익숙해져야 합니다. 내가 살 땅만 보는 게 아니라 읍면까지의 거리나 교통, 주위 관광지, 대형 개발지와의 거리 등을 지도에서 알아낼 수 있습니다.

지도 서비스에는 사용자 도구가 있습니다. 거리 재기나 면적 재기, 반경 재기 등의 도구를 이용해서 내가 살 땅의 정보를 직접 알아보는 겁니다. 또한 지도마다 식당이나 주유소, 쇼핑 등의 부가정보를 제공하고 있습니다. 어떤 시설이 어디에 몰려있는지 파악하면 현장에 가기 전에 이미 어느 정도 답을 가지고 가는 셈입니다.

제가 강조하는 역세권 반경 1km, 3km 법칙을 적용하는 데도 도움이 됩니다. 지도를 이용해 반경 원을 그리고 미리 매입 가능한 땅을 선별하는 겁니다.

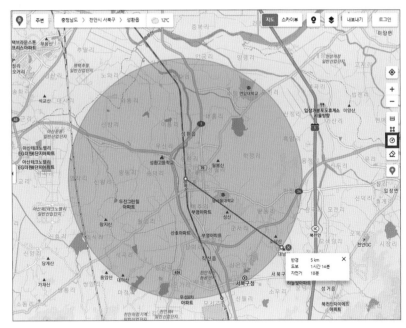

출처: 카카오맵

내가 작성한 지도 정보 활용하기

 알아두세요

내보내기 활용 방법

1. 지도 화면을 내보내기 메뉴를 이용해 저장
2. 클라우드에 저장
3. 현장답사를 할 때 스마트폰에서 다운로드하여 참고

지도 서비스 화면 메뉴에 '내보내기' 메뉴가 있습니다. 거리 재기 등 내게 필요한 정보를 화면에 표시한 후 저장해두면 나중에 두고두고 쓸 수 있는 자료가 됩니다.

또한 현장답사를 할 때 유용하게 활용할 수 있습니다. 현장에서 스마트폰으로 지도 서비스를 이용할 수도 있지만 아무래도 화면이 작습니다. 지도 서비스로 미리 자료를 받아둔 다음 클라우드 서비스를 이용해 현장해서 활용하면 편리합니다.

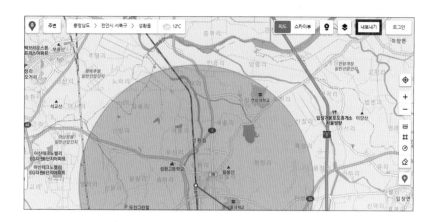

지도 활용에 익숙해지면 직접 가서 겪을 수 있는 시행착오를 대폭 줄일 수 있습니다. 시간과 비용을 아낄 수 있으니 여러 기능을 숙지하시기 바랍니다.

카카오맵으로 거리 재기

① 카카오맵 지도 화면에서 우측 도구 메뉴 중 '거리 재기' 도구를 클릭하세요.

② 시작하는 곳을 마우스로 클릭하고 도착지를 한 번 더 클릭하면 해당 거리가 자동으로
계산됩니다.

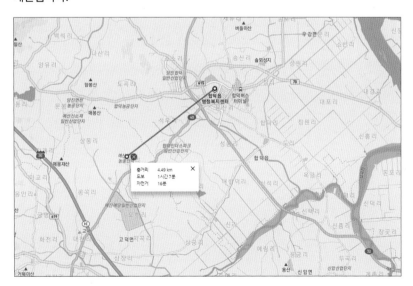

토지 관련서류 완벽 분석
- 등기사항전부증명서

등기사항전부증명서는 토지나 건물의 소재지와 면적, 지목(토지), 소유권 변동 과정, 소유권을 제한하는 제한물권 등이 기록되어있는 공적 장부입니다. 흔히 등기부등본이라고도 부릅니다.

우리나라는 토지와 건물의 등기부를 각각 따로 관리합니다. 그래서 '등기사항전부증명서-토지', '등기사항전부증명서-건물' 이렇게 표시되어 나옵니다.

집합건물은 예외입니다. 아파트나 연립주택 같은 집합건물은 하나의 등기부에 건물과 토지를 동시에 기재합니다. 그래서 아파트는 집합건물 등기사항전부증명서 하나만 보면 됩니다.

등기사항전부증명서는 과거에는 등기소를 찾아가 발급받았지만 지금은 인터넷을 이용해 집에서도 받을 수 있습니다. 대법원 인터넷등기소 홈페이지(www.iros.go.kr)에 로그인한 후 상단의 부동산 등기 열람/발급 신청 메뉴로 들어가면 됩니다. 이때 말소사항까지 포함하면 지난 등기 이력까지 나오니 참고하기 바랍니다.

등기사항전부증명서(말소사항 포함)
- 토지 -

고유번호 2241-2016-▨▨▨▨

[토지] 제주특별자치도 서귀포시 대정읍 ▨▨▨ ▨▨-▨

【 표 제 부 】		(토지의 표시)			
표시번호	접　수	소 재 지 번	지　목	면　적	등기원인 및 기타사항
1	2016년3월2일	제주특별자치도 서귀포시 대정읍 ▨▨▨ ▨▨-▨	임야	806㎡	분할로 인하여 제주특별자치도 서귀포시 대정읍 ▨▨▨ ▨▨-▨
2	2019년3월11일	제주특별자치도 서귀포시 대정읍 ▨▨▨ ▨▨-▨	임야	406㎡	분할로 인하여 임야 400㎡를 제주특별자치도 서귀포시 대정읍 ▨▨▨ ▨▨-▨▨

【 갑 　 구 】		(소유권에 관한 사항)		
순위번호	등 기 목 적	접　수	등 기 원 인	권리자 및 기타사항
1 (전 7)	소유권일부이전	2016년1월26일 제50▨▨호	2016년1월25일 매매	공유자 지분 3732분의 400 정▨▨ 71▨▨▨▨-******* 울산광역시 동구 녹수12길 ▨, ▨▨▨ 4▨▨▨ (전하동, ▨▨▨▨) 거래가액 금93,000,000원
2 (전 8)	전6번농업회사법인 유한회사바른지분93 3분의833 중 일부(3732분의407) 이전	2016년1월26일 제50▨▨호	2016년1월25일 매매	공유자 지분 3732분의 407 최▨▨ 83▨▨▨-******* 서울특별시 금천구 시흥대로51길 ▨▨, ▨▨ ▨▨▨▨호 (시흥동, ▨▨▨▨▨▨) 거래가액 금94,500,000원
3 (전 9)	전6번농업회사법인 유한회사바른지분12 44분의975 중 일부(3732분의407) 이전	2016년1월26일 제50▨▨호	2016년1월24일 매매	공유자 지분 3732분의 407 박▨▨ 91▨▨▨-******* 전라북도 부안군 상서면 봉은길 ▨▨ 거래가액 금94,500,000원
4	전6번농업회사법인	2016년1월26일	2016년1월24일	공유자

열람일시 : 2021년05월11일 11시12분00초

1/3

등기사항전부증명서(말소사항 포함)
- 건물 -

고유번호 1148-1996-▨▨▨▨▨

[건물] 서울특별시 강동구 고덕동 ▨▨▨-▨

【 표 제 부 】		（ 건물의 표시 ）		
표시번호	접 수	소재지번 및 건물번호	건 물 내 역	등기원인 및 기타사항
1 (전 1)	1988년10월12일	서울특별시 강동구 고덕동 ▨▨▨-▨	벽돌조 평슬래브지붕 2층 단독주택 1층 82.49㎡ 2층 82.49㎡ 지층 82.49㎡ (지층 주택 64.43㎡ 대피소 18.06㎡)	도면편철장 7책255장
				부동산등기법 제177조의 6 제1항의 규정에 의하여 2001년 06월 09일 전산이기
2		서울특별시 강동구 고덕동 ▨▨▨-▨ [도로명주소] 서울특별시 강동구 고덕로83길 ▨▨▨▨	벽돌조 평슬래브지붕 2층 단독주택 1층 82.49㎡ 2층 82.49㎡ 지층 82.49㎡ (지층 주택 64.43㎡ 대피소 18.06㎡)	도로명주소 2012년7월11일 등기 도면편철장 7책255장

【 갑 구 】		（ 소유권에 관한 사항 ）		
순위번호	등 기 목 적	접 수	등 기 원 인	권리자 및 기타사항
1 (전 1)	소유권보존	1988년10월12일 제181▨▨▨호		소유자 이▨▨ 50▨▨▨▨-******* 서울 강동구 고덕동 ▨▨▨-▨
				부동산등기법 제177조의 6 제1항의 규정에 의하여 2001년 06월 09일 전산이기
2	가압류	2005년3월16일 제14▨▨▨호	2005년3월11일 서울동부지방법 원의 가압류	청구금액 금1,000,000,000원 채권자 주식회사리젬 서울 서초구 서초동 ▨▨▨-▨

열람일시 : 2021년05월11일 11시09분02초

1/3

등기사항전부증명서(말소사항 포함)
- 집합건물 -

고유번호 2401-2020-

[집합건물] 서울특별시 강동구 고덕동

【 표 제 부 】 (1동의 건물의 표시)			
표시번호	접 수	소재지번,건물명칭 및 번호	건 물 내 역	등기원인 및 기타사항
1	2020년6월25일	서울특별시 강동구 고덕동 [도로명주소] 서울특별시 강동구 고덕토	철근콘크리트구조 (철근)콘크리트평지붕 20층 공동주택(아파트) 1층 50.412㎡ 2층 171.902㎡ 3층 171.902㎡ 4층 171.902㎡ 5층 171.902㎡ 6층 171.902㎡ 7층 171.902㎡ 8층 171.902㎡ 9층 171.902㎡ 10층 171.902㎡ 11층 171.902㎡ 12층 171.902㎡ 13층 171.902㎡ 14층 171.902㎡ 15층 171.902㎡ 16층 171.902㎡ 17층 171.902㎡ 18층 171.902㎡ 19층 171.902㎡ 20층 171.902㎡	도시및주거환경정비사업시 행으로 인하여 등기

(대지권의 목적인 토지의 표시)				
표시번호	소 재 지 번	지 목	면 적	등기원인 및 기타사항
1	1. 서울특별시 강동구 고덕동	대	159408㎡	2020년6월25일 등기
	2. 서울특별시 강동구 고덕동	대	48452.3㎡	

열람일시 : 2021년05월11일 11시14분40초

1/4

등기사항전부증명서를 보는 법

표제부

토지의 현황정보를 표시합니다. 등기 원인별로 면적과 지목, 지적 재조사, 분할 등 변화과정이 나타납니다. 여기서 실제 현황과 등기된 지목이 일치하는지 확인합니다.

갑구

소유권 관련 사항을 표기합니다. 순위번호와 등기목적, 접수일, 등기원인과 권리자 및 기타사항으로 나눠집니다. 토지의 소유 이력이 순서대로 표시되는데 가장 마지막 소유자가 현재 소유자입니다. 단독 소유일 경우는 소유자, 공동 소유일 경우는 공유자라고 나오고 공유지분이 표시됩니다.

소유권 분쟁이 있을 경우 '소유권이전금지 가등기', '소유권이전금지 가처분', '가압류', '압류', '경매기입등기' 등의 내용이 갑구에 표기됩니다. 소유권 이외에 이런 권리가 표기되었다면 유의하세요. 잔금 치르기 전에 이런 권리들을 말끔히 정리해야 합니다. 매매 시 등기사항전부증명서의 소유자가 실제 거래하는 당사자인지 확인하는 건 당연하겠지요.

을구

소유권 이외의 권리가 기록되는 란입니다. 근저당권, 전세권, 지상권, 지역권 등 소유권 이외의 권리사항과 말소 정보까지 빠짐없이 기록되어 있습니다. 대개 대출을 받아 생기는 근저당권, 개인 간 빌린 돈이나 공사대금 등을 상환하지 못해 걸리는 가압류나 유치권, 점유권 또는 국세 등 세금을 체납하여 생긴 채권 등이 여기에 나타납니다. 이들 권리 또한 일자별 순서대로 표기되며 통상 앞에 있는 권리가 우선이지만 반드시 그런 건 아닙니다. 경매 시 뒤에 있는 권리가 앞순위 권리보다 우선 적용되는 경우도 있지요. 그래서 경매 시 을구의 권리관계를 파악하는 권리분석이 아주 중요합니다.

토지(임야)대장

토지(임야)대장에는 토지의 현황과 변동내역이 기록되어 있습니다. 토지 소재·지번·지목·면적·사유·변동일자·변동원인·주소·소유자 성명 또는 명칭·개별공시지가를 확인할 수 있습니다. 만일 공동소유자가 있을 경우 공유자에 대한 정보를 담은 '공유지 연명부'가 함께 붙습니다. 공유자가 여럿이더라도 한 번에 알 수 있습니다.

토지매매 시 토지 등기사항전부증명서와 함께 토지(임야)대장을 보고 토지의 소유자와 지목, 면적 등이 일치하는지 확인해야 합니다. 토지 등기사항전부증명서와 토지(임야)대장의 내용이 서로 다를 경우 토지(임야)대장의 기재 내용을 따른다는 점을 유의하세요.

땅을 사서 필지를 분할하면 새로운 지번을 붙이고 새로운 토지(임야)대장을 만듭니다. 그리고 변동사항 등을 정리해 표기해두지요. 땅의 이력서나 마찬가지입니다.

토지(임야)대장은 시·군·구청에 직접 가거나 주민센터에서 팩스민원을 신청하여 발급받습니다. 온라인에서는 정부대표 포털 '정부24(www.gov.kr)'를 이용합니다. 첫 화면의 자주 찾는 서비스 항목에 토지(임야)대장 신청 메뉴가 있습니다. 다량입력 서비스를 택하면 한 번에 10건까지 신청이 가능하니 시간을 절약할 수 있지요. 토지(임야)대장은 제목만 토지와 임야로 나뉜다고 생각하면 됩니다. 발급방식이나 내용은 동일합니다.

지적도

토지 필지별로 경계를 그어놓은 지도입니다. 지적도에는 토지의 위치나 형질, 소유권과 면적, 지목, 지번이 함께 표시됩니다. 지적도 역시 정부

24 홈페이지에서 신청 및 열람 가능합니다.

지적도 상단에는 축척이 표시되어 있습니다. 실제보다 축소한 비율을 알려줍니다. 전답과 대지는 대부분 1:1,200이고 임야는 1:6,000입니다. 이 축척 기준으로 지적도에 표시되는 실제 면적은 동서로 500m, 남북으로 400m 규모로 200,000㎡입니다.

요즘은 인터넷 지도 서비스가 위성사진 등으로 실제 현장모습을 보여주고 지적편집도까지 띄워주니 가지 않고 판단하는 경우가 많습니다. 하지만 인터넷 지도 역시 실제 현황을 그대로 보여주지 않습니다. 게다가 앞서 말했듯이 1~2년 전 사진일 수도 있습니다. 그래서 현장답사를 해

야 하며 그때 지적도를 반드시 지참해야 합니다.

지방, 특히 시골 땅은 대개 지적도와 현황이 일치하지 않는 경우가 많습니다. 지목과 달리 사용하는 토지도 많고 현황도로나 사도 등 지적도에 없는 도로가 있을 수도 있습니다. 지적도를 확인하고 미심쩍으면 매입을 결정하기 전에 중간 측량을 하는 게 좋습니다. 매매 후 측량을 했을 때 현황과 지적도가 달라 분쟁이 일어나면 지적도가 기준이 됩니다.

지적도는 땅 소재지와 상관없이 전국 시·군·구청과 읍·면·동 주민센터에서 발급받을 수 있습니다. 온라인에서는 '정부24'에서 발급받을 수 있습니다. 열람만 할 경우라면 토지이음 홈페이지를 이용하면 좋습니다.

토지이용계획확인원

토지이용계획확인원에는 개별 필지별로 토지의 용도지역, 용도지구, 용도구역, 도시계획시설, 도시계획사업과 입안내용, 규제와 저촉여부 등이 모두 나와있습니다. 토지이음 홈페이지에서 지번이나 주소만 입력하면 무료로 열람할 수 있습니다. 온라인 발급은 정부24에서 가능합니다. 직접 신청은 전국 시·군·구청에서 할 수 있으며 읍·면·동 주민센터에서 팩스, 민원우편, 전화 신청 등으로 발급받을 수 있습니다.

토지이용계획확인원에서 유의하여 볼 사항은 '지역지구 등 지정여부' 항목입니다. '국토의 계획 및 이용에 관한 법률에 따른 지역·지구 등'과 '다른 법령 등에 따른 지역·지구 등'으로 나뉘어 있습니다. 이 항목에서 내가 살 땅의 용도와 나아가 개발가능 여부, 건폐율과 용적률 등을 알 수 있습니다.

소재지	서울특별시 마포구 ▨▨▨		
지목	대 ❓	면적	543.4 ㎡
개별공시지가(㎡당)	7,004,000원 (2020/01) 연도별보기		
지역지구등 지정여부	「국토의 계획 및 이용에 관한 법률」에 따른 지역·지구등	제2종일반주거지역	
	다른 법령 등에 따른 지역·지구등	가축사육제한구역<가축분뇨의 관리 및 이용에 관한 법률>, 대공방어협조구역<군사기지 및 군사시설 보호법>, 과밀억제권역<수도권정비계획법>	
「토지이용규제 기본법 시행령」 제9조 제4항 각 호에 해당되는 사항			

내용을 클릭하면 용어 설명과 함께 관련법 조항이 팝업 창으로 뜹니다. 아주 편리하게 되어있지요.

지역지구 등 지정여부 란 밑에 '토지이용규제 기본법 시행령 제9조 제4항 각호에 해당하는 사항' 란이 있습니다. 관련 조항은 이렇습니다.

> 토지이용규제 기본법 시행령 제9조 제4항: 법 제10조 제1항 제3호에서 '대통령령으로 정하는 사항'이란 다음 각호의 사항을 말한다.(개정 2013. 3. 23.)
> 1. '국토의 이용 및 계획에 관한 법률' 제117조에 따라 지정된 토지거래계약에 관한 허가구역
> 2. 그 밖에 일반 국민에게 그 지정내용을 알릴 필요가 있는 사항으로서 국토교통부령으로 정하는 사항(전문개정 2009. 8. 5.)

복잡해 보입니다. 간단히 말해서 토지에 적용되는 시행령이라는 뜻입니다. 시행령 역시 규제에 준하니 유의해야 합니다.

초보 투자자들에게는 용어가 낯설 수도 있습니다. 법이나 규제조항도 무척 많으니 '이걸 다 알아야 하나.' 하는 마음에 엄두가 나지 않을 겁니다. 국가에서 정한 법과 규제에 더해서 지자체 조례로 더 강화하거나 완화하는 경우가 있으니 더더욱 그렇게 느낄 수 있습니다. 하지만 실제 물건을 한두 번 접하고 의미를 알아가면 생각보다 쉽게 익힐 수 있습니다.

등기사항전부증명서 출력하기

① 대한민국 법원 인터넷등기소(www.iros.go.kr) 메인화면의 '부동산 등기' 메뉴에서
상단의 '열람하기' 메뉴를 선택합니다.

② 주소 입력 후 검색을 클릭하면 해당 토지 검색 결과가 나옵니다.

③ '선택' 메뉴를 클릭하면 '등기기록 유형을 선택하세요' 란이 나옵니다. '전부' 또는 '일부'를 선택한 후 오른쪽 하단 '다음' 메뉴를 클릭합니다.

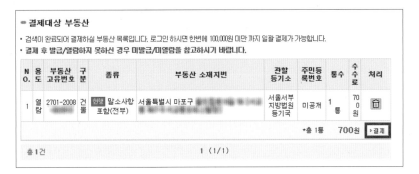

④ '주민등록번호 공개여부 검증' 란이 나옵니다. 공개여부에서 '특정인공개', '미공개' 중 선택을 한 후 오른쪽 하단 '다음' 메뉴를 클릭합니다.

⑤ 결제화면이 나오고 '결제'를 클릭하면 열람비용 700원을 어떻게 결제할지 결제방식을 묻습니다. 원하는 방식으로 결제하면 등기사항전부증명서가 팝업 창으로 뜹니다.

토지투자
무작정 따라하기

027

토지이음 홈페이지 활용법

토지이용규제와 도시계획 서비스가 토지이음 홈페이지로 통합되었습니다. 토지 투자자라면 반드시 숙지하고 활용해야 할 사이트입니다. PC와 스마트폰 앱으로도 이용 가능합니다. 즉, 현장답사에서 즉시 활용할 수 있다는 뜻이지요. 토지이음에서 확인할 수 있는 정보는 토지이용계획, 규제법령집, 규제안내서, 고시정보 등입니다.

| 토지e음 | 토지이용계획 | 도시계획 | 규제안내서 | 고시정보 | 정보마당 | 처음오셨나요? | 글자크기 + - |

토지이용계획

토지이음 첫 화면에서 주소나 지번을 입력하면 해당 토지의 '토지이용계획확인원' 내용이 표시됩니다. 토지의 소재지와 지목, 면적과 개별공시지 등을 확인할 수 있습니다. 개별공시지가 연도별 보기를 택하면 매년 공시지가 변동사항까지 알 수 있지요. 해당 토지의 땅값 추세를 간접적으로 알아볼 수 있는 자료입니다.

다음은 용도지역과 시행령에 따른 사항 그리고 지적도와 지역·지구 등안에서의 행위제한내용 등이 기재되어 있습니다.

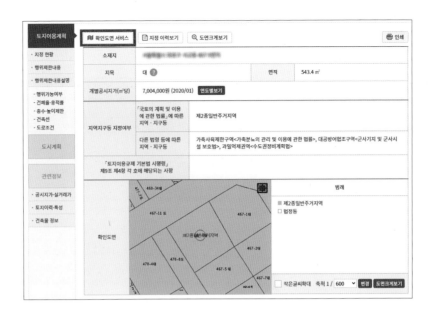

지적도는 '확인도면 서비스'를 클릭하면 크게 표시됩니다.

지적도 하단에 '지역·지구 등 안에서의 행위제한내용'을 보면 지정된 용도지역, 용도지구, 용도구역에 따른 행위제한내용을 확인할 수 있습니다. 오른쪽 새창보기를 클릭하면 해당 규제법령집도 볼 수 있습니다.

지적도 하단 오른쪽에 '행위제한내용 설명'의 '행위가능여부'를 클릭하면 건축물 리스트와 해당 토지에 건축물을 지을 수 있는지 가능 여부가 표시됩니다.

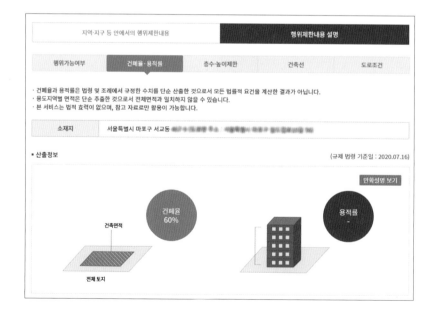

지역·지구 등 안에서의 행위제한내용		행위제한내용 설명		
행위가능여부	건폐율·용적률	층수·높이제한	건축선	도로조건

시설물 또는 토지이용행위 검색　해당 토지에 건축을 하거나 이용하고자 하는 토지이용행위를 입력해 주세요.

예) 단독주택, 아파트　　　　　　　　　　　　　　　검색　취소　자주 찾는 시설물

건축법 별표에 따른 시설물		가능여부 보기	해당 필지에 지정된 「국토의 계획 및 이용에 관한 법률」에 따른 지역·지구
대분류	시설물		제2종일반주거지역
- 단독주택			
	단독주택	Q	△
	다중주택	Q	△
	다가구주택	Q	△
	공관	Q	△

행위가능여부 옆의 건폐율·용적률을 누르면 해당 토지의 용도지역과 시행령에 따른 용적률과 건폐율을 알 수 있습니다.

규제법령집

토지이용계획의 하단 메뉴인 '규제법령집'에서 시도, 시군구, 지역·지구명을 입력하면 해당 용도지역, 용도지구, 용도구역에 따른 행위제한이나 건폐율을 확인할 수 있습니다. 특정 지번의 규제법령은 토지이용계획 지적도 하단의 행위제한내용 새창보기를 활용하면 편리합니다.

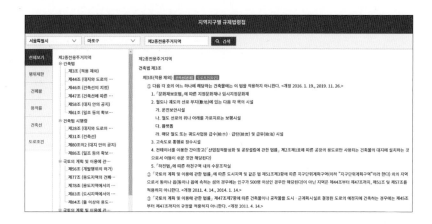

도시계획

도시계획에는 도시계획도와 개발행위허가 필지도, 지구단위계획규제도가 표시됩니다.

규제안내서

토지 관련 규제를 한눈에 볼 수 있는 곳입니다. 모두 볼 필요는 없겠지요. 내가 필요한 항목을 찾아서 검색하면 됩니다.

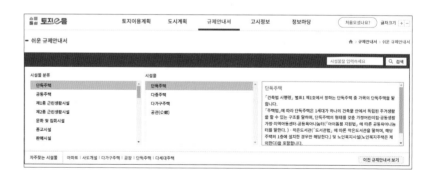

고시정보

정부 및 지자체 토지 관련 고시가 모두 올라옵니다. 내가 관심있는 지역의 고시를 한눈에 열람할 수 있습니다. 고시제목과 지역, 고시일, 고시기관에 따라 검색할 수 있으니 원하는 정보가 있을 만한 고시를 검색하는데 유용합니다.

이 땅의 적정 가격은 얼마일까?

크로스체크로 가격 알아내기

아파트는 시세를 비교적 정확히 알 수 있습니다. 국토부 실거래가 공개
시스템 홈페이지(rt.molit.go.kr)나 KB리브온 홈페이지(onland.kbstar.com)
에서 검색하면 비슷한 아파트가 최근 얼마에 거래됐는지 바로 알 수 있
지요. 파는 사람이나 사는 사람이 시세를 알고 있으니 거래하기가 편합
니다.

토지는 같은 지역이라도 입지 조건이 다르고 형태도 다릅니다. 그래서 가격도 들쭉날쭉합니다. 거래도 자주 일어나는 편이 아니지요. 그러니 매도인이나 부동산중개소의 말만 믿고 계약을 했다가 낭패를 보기도 합니다.

대체 이 땅의 적정 가격은 얼마일까?

토지 투자자들이 늘 부딪히는 의문입니다. 사실 땅값을 속 시원히 제시해줄 사람은 없습니다. 스스로 찾아내서 결정을 해야 합니다. 방법은 크로스체크입니다.

> **토지 적정 가격 크로스체크**
> 1. 거래가 파악하기
> 2. 경매 낙찰가 파악하기
> 3. 매물 가격 파악하기

먼저 해당 지역의 비슷한 땅이 최근 얼마에 거래됐는지 알아봐야 합니다. 국토부 실거래가 공개시스템이나 KB리브온 홈페이지는 이를 파악하는 데 유용합니다. 다만 땅은 아파트처럼 규격화되어 있지 않으니 비슷한 땅의 거래가만 보고 바로 내가 살 땅의 가격을 결정할 수 없습니다. 거래된 땅과 내 땅은 크기나 입지, 도로여건 등이 다르기 때문에 약간의 차이가 있을 수 있기 때문이지요. 그래서 거래된 땅을 인터넷 지도상에서 확인하고 내가 살 땅과 비교해야 합니다. 내가 살 땅과 거래된 땅을 양쪽에 놓고 플러스 요인과 마이너스 요인을 하나하나 체크하면 내 땅의 가격을 대충 산정할 수 있습니다.

경매 낙찰가를 알아보는 것도 필요합니다. 내가 살 땅 주위의 경매 낙찰

가격을 알면 최저가를 파악하는 데 도움이 됩니다. 하지만 이 또한 맹신하면 곤란합니다. 입지가 아주 좋거나 경쟁이 치열하면 오히려 정상적인 매매가보다 낙찰가가 높은 경우도 간혹 있으니까요.

실거래가나 경매 낙찰가의 단점은 대개 몇 달 정도의 시간차가 있다는 겁니다. 토지 가격은 시세변동이 크지 않지만 해당 지역에 개발호재나 악재가 있어 변동폭이 커지면 과거 거래만으로 가격을 결정하기 어렵습니다.

그래서 디스코 홈페이지(www.disco.re) 등 시세조회 사이트에서 주위 비슷한 땅이 얼마에 매물로 나왔는지 알아보는 것 또한 필요합니다. 물론 매물로 나온 가격대로 실제 체결된다고 단정할 수는 없습니다. 그러나 과거 실거래가와 경매 낙찰가, 현재 매물가를 종합하여 내 땅과 비교하고 플러스, 마이너스 요인를 적용하면 적정한 가격대가 나올 것입니다.

역산으로 가격 추정하기

한 가지 더 유용한 방법은 주위의 확실한 시세를 참고하여 역산을 하는 겁니다. 이를테면 주위에 아파트나 공장, 건물 등 가격이 확실한 땅값과 내 땅을 비교하는 겁니다. 내 땅은 대개 논밭이겠지요. 이 논밭이 대지가 될 경우 드는 비용을 추산하면 적정 매입가를 산출할 수 있습니다.

토지 가격을 산정하는 것은 쉽지 않은 일이지만 이렇게 몇 차례 하다 보면 자기 나름의 감이 생깁니다. 무엇이든 처음이 어려운 법이지요. 실제로 경험을 몇 번 하면 실거래가와 추이만 봐도 내 땅의 적정 가격이 절로 마음속에 잡힐 겁니다.

현지부동산을 이용하여 시세 파악하기

크로스체크를 하거나 역산을 해서 가격대를 좁혔다고 해도 딱 들어맞는 건 아닙니다. 투자를 하기 전에 반드시 실제 현장에 가서 시세를 확인해야 합니다. 개발지에 가면 부동산중개소가 널려있다고 해도 과언이 아니지요.

부동산중개소는 현지인이 운영하는 오래된 곳이 좋습니다. 개발호재를 타고 들어온 뜨내기 부동산중개소는 일정 기간 영업을 하다 거래가 뜸해지면 사라집니다. 시세 추이도 오히려 투자자보다 모르는 경우도 많습니다.

부동산중개소를 이용해 시세를 파악하는 방법은 매도와 매수를 각기 물어보는 겁니다. 현지 부동산중개소에 들러 내가 살 땅과 비슷한 조건의 토지를 팔겠다고 문의하고 인근 다른 부동산중개소에 가서는 비슷한 토지를 사겠다고 문의하는 것이지요. 이러면 비슷한 물건의 매도가와 매수가를 알 수 있습니다. 두 가격은 약간의 차이가 있을 수 있는데 중간값을 택하면 됩니다.

역산으로 토지 가격 산출하기

내가 살 땅이 논 1,000평이라고 할 때 적정 가격은 얼마일까요? 마침 주위에 집을 지은 대지가 1평당 30만 원에 거래되고 있다고 가정해보죠. 내 땅인 논의 지목을 건물을 지을 수 있는 대지로 바꾸어 매각할 때 받을 수 있는 금액에서 그때까지 들어가는 비용을 하나씩 차감해보면 됩니다.

① 건물을 지을 수 있는 대지가 1평당 30만 원이니 만일 내 논이 대지가 되면 1,000평 × 30만 원 = 3억 원이 됩니다.

 알아두세요

농지보전부담금 산정하기
정부는 농지를 보전하고 관리하기 위해 다른 용도로 전용할 경우 부담금을 부과합니다. 농지보전부담금은 공시지가의 30%, 1㎡당 최대 5만 원입니다.

② 논을 대지로 지목을 바꾸려면 농지보전부담금을 내야 합니다. 농지보전부담금을 산출하려면 우선 내가 살 논의 공시지가를 파악해야 합니다. 공시지가를 알려면 국토교통부에서 운영하는 '부동산공시가격알리미(www.realtyprice.kr)' 사이트에 접속하여 검색하면 됩니다.
내가 살 논의 공시지가를 1평당 5만 원이라고 가정하면 총 5천만 원이 됩니다. 농지보전부담금은 공시지가의 30%입니다. 이 논을 대지로 전용하려면 1,500만 원의 농지보전부담금을 내야 합니다.

③ 논을 대지로 만들려면 형질을 변경해야 합니다. 논은 평지보다 낮으니 흙을 붓는 성토 작업이 필요합니다. 약 1,500만 원 든다고 가정해보죠.

④ 여기에 땅을 매매할 때 들어가는 제세금도 계산해야 합니다.
최종 매각대금에서 이처럼 비용을 하나씩 차감하면 다음과 같은 계산식이 나옵니다.

> 대지로 전환되었을 때 받을 수 있는 가격 – 논을 대지로 만드는 비용(농지보전부담금 + 형질변경비용) – 취득세 등 제세금 – 보유세 – 매각 시 예상 양도세 – 목표 수익 = 적정 매입가격

토지 사는 데
얼마의 돈이 필요할까?

투자금은 얼마가 필요할까?

1천만 원만 있으면 충분히 토지투자가 가능합니다. "에이, 아주 특별한 경우나 그렇겠죠. 아니면 쓸모없는 땅 아니에요?" 서울 땅 한 평 값도 안 되는 돈으로 토지를 산다면 대부분 이렇게 반응합니다. 하지만 실제로 수도권에서 2~3시간만 벗어나면 소액투자가 가능한 땅들이 있습니다. 충청도 남쪽이나 전라도 지역은 투자 가치가 있으면서도 1천만 원으로 살 수 있는 땅이 적지 않습니다.

출처: 마이옥션

이 물건은 대지 경매물건으로 1,181만 원에 낙찰되었습니다.

출처: 마이옥션

이 물건 역시 대지 경매물건입니다. 감정가가 6,600만 원이고 최저가 3,251만 7천 원에서 시작합니다. 입찰보증금 325만 원만 있으면 참여할 수 있지요. 내가 가진 자금이 3천만 원밖에 없다고 해도 도전할 수 있습니다. 모자라는 부분은 경락잔금대출을 받으면 됩니다.

소액 투자자라면 경매를 활용하라

급매물을 소개받거나 인맥을 통해서 1천만~3천만 원대 매물을 만날 수도 있습니다. 하지만 초보가 1천만 원으로 직접 매매를 성사시키기는 쉽지 않습니다. 땅은 소액 매물대가 거의 없기 때문입니다. 있다면 맹지나 농림지일 가능성이 높습니다.

제 경우는 16년간 토지투자를 하며 쌓아온 부동산중개소 인맥이 형성되어 있어 매물이 나오는 경우 우선적으로 소개받습니다. 작은 자투리 땅도 지주를 설득하여 매입하기도 하고 큰 땅은 필지를 분할하여 매입하곤 합니다. 초보의 경우는 소개받을 수 있는 인맥이나 필지분할 노하우가 없으니 아무래도 힘들겠지요. 그래서 소액 투자자라면 우선 경매나 공매를 통해 토지투자에 입문해보시기를 권합니다.

경매사이트나 공매를 진행하는 온비드에서 지속적으로 물건을 찾다 보면 기회가 옵니다. 요즘은 경매와 공매 물건을 동시에 볼 수 있는 무료사이트도 많습니다. 무료이지만 투자에 필요한 요소는 충분히 검토할 수 있습니다.

경매와 공매사이트 물건을 검색할 때 유의할 점은 일주일에 2~3회 1~2시간 꾸준히 찾아봐야 한다는 겁니다. 가끔 생각날 때 검색해서는 좋은 물건을 만나기 어렵습니다.

요즘은 경매가 대중화되어 경쟁률이 치열합니다. 그래서 낙찰받기가 쉽지 않습니다. 여러 차례 떨어지면 실망할 수밖에 없습니다. 입찰하기 위해 드는 비용이나 시간이 아까워지기도 하지요. 하지만 대개 10~20회 꾸준히 입찰하다 보면 거짓말처럼 낙찰을 받게 됩니다. 그러면 그간의 노력을 모두 보상받을 수 있습니다.

경매와 공매는 경락대출을 많이 받을 수 있다는 장점이 있습니다. 최대 80%까지 받을 수 있으니 소액으로도 충분히 가능합니다.

대출은 토지투자의 지렛대

경매나 공매로 낙찰받으면 투자금 이상의 대출을 받을 수 있습니다. 1천만 원이 투자원금이라면 2~3천만 원 대출을 받을 수 있는 거죠. 물론 경매나 공매로 낙찰받았다면 시세보다 싸게 매입했다는 뜻일 겁니다. 그래도 대출이 투자원금보다 많으면 불안해하곤 합니다.

대출 자체에 부담을 느끼거나 꺼리는 분들도 있습니다. 대출이 많으면 "그게 내 땅이냐? 은행 땅이지."라며 연세가 많은 분들은 부정적으로 보기도 합니다. 또 대출이자를 계속 내야 하니 부담을 느끼기도 하죠.

투자금 1억 원을 보유한 투자자의 입장에서 생각해보죠. 1억 원 전액을 들여 땅을 사고 대출을 받지 않을 수 있습니다. 아니면 다섯 곳의 3천만 원짜리 땅을 각각 2천만 원의 실투자금과 1천만 원의 대출을 받아 살 수도 있습니다.

3년 후 땅값이 동일하게 20% 상승했다고 가정하면 첫 번째 경우 1억 원을 들여 산 땅은 1억 2천만 원이 됩니다. 두 번째 경우 3천만 원을 들여 산 땅은 3,600만 원이 됩니다. 다섯 곳이니 3,600만 원 × 5 = 1억 8천만 원입니다. 여기서 대출금 5천만 원(1천만 원 × 5)을 제해야 합니다. 그러면 1억 3천만 원(1억 8천만 원 − 5천만 원)입니다. 계산상으로 1천만 원 수익이 늘어납니다. 그런데 여기에 대출에 따른 제비용과 이자를 제해야 합니다. 연 6% 이자를 적용할 경우 총 대출금 5천만 원의 이자는 매년 300만 원입니다. 3년이면 900만 원이지요.

"수익이 1천만 원 더 났다지만 대출비용을 제하면 비슷한 게 아닌가요?"라고 물으실 겁니다. 그런데 여기에 다른 변수가 하나 더 있습니다. 바로 양도소득세입니다.

분산투자를 하면 양도세 구간 금액이 낮아집니다. 그래서 큰 금액으로 땅 한 곳을 사는 것보다 3~4개 분산해서 살 경우 매각 시 양도소득세가 10% 이상 낮아집니다. 결국 줄어든 양도세만큼 수익이 늘어나게 됩니다. 토지투자를 할 때 대출은 거의 반드시 따라온다고 생각해야 합니다. 특히 요즘과 같이 금리가 낮을 경우 대출을 적극 활용하면 투자수익률을 높일 수가 있지요. 다만 대출을 관리하는 지혜가 필요합니다.

토지대출은 어디서 받을까?

토지대출은 대개 땅이 있는 지역의 은행을 통해 받습니다. 이를테면 부안의 땅을 사면 부안읍에 있는 금융기관을 이용합니다. 서울이나 수도권 지역의 은행들은 특별한 경우를 제외하고는 수도권 이외의 토지를 취급하지 않는 경우가 많습니다.

또한 각 지역의 은행도 제1금융권은 토지대출에 소극적입니다. 그래서 새마을금고나 상호신용금고 등을 이용하는 경우가 많고 이 경우 금리도 1~2% 비쌉니다. 토지대출을 받는 기간은 대개 7일에서 15일 정도 걸리니 자금 운용을 할 때 참고해야 합니다.

토지대출은 얼마나 나올까?

대출은 얼마나 나올까 궁금해하실 겁니다. 토지대출은 제1금융권의 경우 감정가의 60% 정도가 보통입니다. 제2금융권은 80%까지 주는 곳도 있지요. 그런데 본인이 하기에 따라 대출금의 규모도 달라질 수 있습니다.

아파트의 경우는 시세가 거의 확실하여 어느 은행을 가든 대출한도가 비슷합니다. 토지는 약간 다릅니다. 토지의 경우 감정가 대비하여 대출한도가 정해집니다. 그런데 감정가 자체가 들쭉날쭉합니다.

토지는 형태나 입지가 다양합니다. 게다가 감정하는 사람에 따라 가중치가 다를 수 있지요. 감정가를 높게 받을 수 있다면 대출금액이 달라질 수 있다는 뜻이지요.

경매나 공매의 경우는 비교적 수월합니다. 경매나 공매에 오른 물건은 이미 감정을 마친 물건이기 때문입니다. 감정가 대비 최대 80%까지 경락대출을 받을 수 있으니 사전에 이를 감안하여 입찰할 수 있지요. 하지만 일반 매매로 직접 매입을 할 때는 사전에 얼마나 대출을 받을 수 있는지 미리 따져봐야 합니다.

신용관리도 수익률에 한몫한다

투자를 할 때는 대출금과 예상 기간동안 지불해야 하는 이자를 포함해서 비용으로 산정해야 합니다.

토지를 담보로 대출을 받지만 대출받는 사람의 신용도 또한 대출규모나 이자에 영향을 미칩니다. 신용등급이 낮으면 당연히 이자율이 높아지죠. 1% 차이라도 몇 년이 지나면 꽤 큰 돈입니다. 그러니 평소 신용등급을 관리해야 합니다. 주거래은행을 정하고 신용관리를 하는 게 좋습니다. 은행은 농협을 추천합니다. 농협은 전국 지방 곳곳에 거래점이 있어 지방 땅을 담보로 대출받는 데 유리합니다.

대출은 얼마나 받는 게 좋을까?

요즘과 같이 저금리가 유지된다면 적정 대출규모는 투자금 대비 80% 정도입니다. 최대 투자금 대비 100%라고 생각하면 됩니다. 투자금보다 대출이 많은 경우는 권하지 않습니다.

투자금이 3천만 원이라면 2~3천만 원 정도 대출을 활용하는 거죠. "경락잔금대출 80%를 활용하라면서요."라고 의문을 제기하실 수 있겠네요. 경매는 매입할 때부터 이미 시세보다 낮게 삽니다. 그러니 낙찰받은 후 바로 매각해도 일정 수익을 낼 수 있지요. 하지만 일반 매매로 토지를 매입할 경우 시세 차익을 거둘 때까지 3~5년이 걸립니다. 그 기간 동안의 대출이자는 고스란히 비용이 됩니다.

가능하다면 제1금융권 대출을 받는 게 좋습니다. 제2금융권은 대출한도가 높지만 이자도 더 높습니다. "이자 1~2% 차이 정도는 괜찮지 않나요?"라고 생각하면 오산입니다. 토지는 최소 2~3년에서 최장 10년 이상

보유해야 할 수도 있습니다. 1% 차이가 별게 아닌 듯 싶지만 장기간 쌓이면 금액이 적잖게 차이 납니다.

꼼꼼하게 챙겨야 할 제세금과 기타 비용

취득세 등 제세금

취득세 등 제세금을 미리 염두에 두지 않으면 예상했던 수익률과 차이가 날 수 있습니다.

토지와 전답, 과수원의 과세율이 다르나 계산은 아주 간단합니다.

1) 토지

토지는 주택보다 취득세가 높은 편입니다.

> 취득세 4% + 농어촌특별세 0.2% + 지방교육세 0.4% = 총 4.6%

2) 전답, 과수원

전과 답, 과수원 등 농지의 경우는 토지보다 약간 낮습니다.

> 취득세 3% + 농어촌특별세 0.2% + 지방교육세 0.2% = 총 3.4%

거래가격이 1억 원일 경우의 취득세 등 제세금을 계산해볼까요? 토지라면 '1억 원 × 4.6% = 460만 원'입니다. 간단하죠? 농지의 경우는 3.4%를 적용하니 340만 원이겠죠.

토지 취득세는 취득한 날로부터 60일 이내에 신고를 하고 납부해야 합니다.

인지세

인지세도 거래가격에 따라 금액이 다릅니다.

거래가격	인지세
1천만 원 초과~3천만 원 이하	2만 원
3천만 원 초과~5천만 원 이하	4만 원
5천만 원 초과~1억 원 이하	7만 원
1억 원 초과~10억 원 이하	15만 원
10억 원 초과	30만 원

국민주택채권 매입 및 할인

국민주택채권은 정부가 국민주택사업에 필요한 자금을 조달하고자 주택건설촉진법에 의해 부동산을 사는 이에게 의무적으로 매입하도록 하고 있습니다. 국세청 기준시가나 시가표준액에 따라 일정비율 매입해야 하는데 보통 등기과정에서 매입 후 바로 할인하여 매각합니다. 법무사를 통할 경우 등기 당일 할인율을 기준으로 계산하여 비용을 청구합니다.

부동산중개수수료

토지의 경우 중개수수료는 법적으로 매매금액의 0.9% 이하에서 상호간 협의 하에 하도록 되어 있습니다. 하지만 거래금액이 작아서 수수료 금액이 얼마되지 않을 경우 그보다 더 달라고 하는 경우가 있습니다. 저는 공인중개사에게 수수료를 충분히 주는 편입니다. 토지는 주택이나 아파트와 달리 거래를 성사시키기까지 공인중개사도 품을 많이 팔아야 합니다. 땅이 있는 곳까지 왔다 갔다 하는 것도 만만치 않지요. 또한 땅을 한 번 사고 마는 게 아닌 이상 공인중개사와 좋은 관계를 맺어두는 것이 여러모로 좋습니다.

이외에도 농취증 수수료나 대법원수입증지 등 제증명발급비용과 관련한 소소한 비용이 있습니다.

경매, 매력적이고 효과적인 땅투자 방법

투자 안목을 길러주는 토지경매

마음에 드는 땅을 찾는 것은 쉽지 않습니다. 경매는 일종의 온라인 시장을 형성하고 있습니다. 전국의 모든 경매 토지 매물을 검색해볼 수 있기에 자신에게 맞는 물건을 고를 수 있지요. 경락잔금대출이 가능하기 때문에 일반 매매보다 자금을 융통하기가 수월하고, 감정평가사라는 전문가를 통해 한 번 걸러진 객관적인 정보를 전달받는 장점도 있습니다.

경매·공매·급매 투자 유형별 장단점

일반 매매는 내가 원하는 땅을 살 수 있다는 게 장점입니다. 스스로 노력해서 찾아낸 땅을 매입한 후 가치가 올라 수익을 내면 무척 뿌듯합니다. 그러기 위해서는 손품, 발품을 많이 팔아야 하죠. 좋은 땅을 찾기까지 시간이 걸리고 막상 찾은 땅도 가격이 만만치 않은 경우가 대부분입니다. 그러다 보니 경매나 공매, 급매에 관심을 갖는 분들이 많습니다. 세 가지모두 시세보다 저렴하게 살 수 있다는 장점이 있습니다. 또한 각각 단점도 있지요.

투자 유형별로 장단점을 정리하면 다음과 같습니다.

	경매	공매	급매
장점	1. 감정가 오류로 저렴하게 취득 가능 2. 비교적 용이한 대출 3. 가격 결정을 매수자가 할 수 있음	1. 감정가 오류로 저렴하게 취득 가능 2. 초기 투자자본이 가장 적음 3. 시간적, 공간적 제약에서 자유로움(온라인 입찰 가능)	1. 시세 대비 저렴하게 매입 가능 2. 경매·공매에 비해 빨리 소유권을 이전할 수 있음
단점	1. 경매 대중화로 인한 경쟁률 증가 2. 소유권 이전까지 시간이 걸림 3. 권리분석 실패 시 피해 볼 수 있음 4. 입찰 시 소요시간 및 이동거리의 제약	1. 경매에 비해 부동산 매물이 적음 2. 소유권 이전까지 시간이 걸림 3. 강제집행 절차가 없으므로 명도 소송의 가능성 있음	1. 아는 사람들 사이에서만 정보공유가 진행됨 2. 물건을 구하기 어려움
성격	법률적 집행절차 (법원 주관)	행정처분절차 (자산관리공사 주관)	일반 매매절차 (개인 주관)

소액투자에 유리한 경·공매

경매와 공매는 소액으로 투자가 가능하다는 게 최대 장점입니다. 내게 맞는 물건을 찾아 입찰하면 되니까요. 대출도 낙찰가의 80%까지 받을 수 있습니다. 토지의 경우 대출은 감정가에 따라 좌우되는데 경매나 공매 시 이미 감정평가를 마친 상태이니 얼마나 대출을 받을 수 있는지 미리 알 수 있습니다.

경매와 공매투자는 감정가 오류로 시세보다 싸게 땅을 취득할 수 있다는 장점도 있습니다. 감정가 오류란 감정 시점이 6개월 전이라 실제 입찰시점에서 볼 때 그동안의 지가 상승분이 반영되지 않은 경우를 말합니다. 6개월 전 감정가격이니 현재 시세보다 낮게 평가되어있는 경우가 많지요.

경·공매의 단점

경매의 경우 인기 지역은 경쟁이 치열합니다. 주택에 비해 상대적으로 덜하지만 토지경매도 점차 낙찰 확률이 떨어지고 있습니다. 지방까지 가는 현장답사를 꼬박꼬박 병행해야 한다는 걸 감안하면 적잖은 노력이 필요하다는 뜻이지요. 공매는 매물이 적다는 것이 단점입니다.

또한 권리분석에 실패하여 뜻하지 않은 손실을 볼 위험도 있습니다. 권리분석이란 토지에 얽힌 각종 권리와 이해관계를 파악하는 걸 말합니다. 물건에 따라 경매를 받은 낙찰자가 부담해야 할 채권이 있을 수도 있습니다. 권리분석을 잘못하여 낙찰을 받고도 포기하여 입찰보증금을 날리는 경우도 가끔 벌어집니다.

만날 기회가 없는 급매

급매는 말 그대로 급하게 매각하는 겁니다. 부동산중개소는 급매물이 나오면 자신이 아는, 매입할 여력이 있는 지인에게 우선적으로 추천합니다. 심지어 부동산중개소에서 직접 매입을 하는 경우도 있지요.

급매라고 하지만 해당 지역에 대해 알지 못한다면 정말 시세가격보다 낮은지, 다른 하자가 있는지 파악할 길이 없습니다. 그래서 급매물을 얻기 위해서는 자신의 관심지역을 꾸준히 찾아 부동산중개소와 인적 네트워크를 쌓아두는 노력이 필요합니다. 급매물이 나왔을 때 주위 시세와 입지 분석에 대해 이미 알고 있다면 바로 투자를 결정할 수 있으니까요.

토지투자
무작정 따라하기

031

토지 경·공매 핵심정리

경매와 공매는 유사하면서도 약간의 차이가 있습니다.

| 경매와 공매의 차이 |

	경매	공매
입찰방법	관할법원에서 해당기일 현장입찰	온비드(전자입찰 홈페이지)를 통해 입찰
명도	법원 주체로 인도명령제도 있음	매수자가 개별 소송이나 합의를 통해 명도
입찰보증금	최저가의 10%	입찰가의 10%
저감률	유찰 시 법원에 따라 20~30%	유찰 시 10%
재입찰	유찰 시 통상 한 달 뒤 재입찰	유찰 시 통상 일주일 뒤 재입찰
유찰횟수	제한 없음	최초가격에서 50%까지 떨어질 경우 진행 중지. 협의에 따라 매각예정가격 결정
잔금 납부기간	4주	1천만 원 미만: 일주일 1천만 원 이상: 8주
항고 여부	이해관계인이 절차 불복할 경우 낙찰대금 10% 공탁 후 항고할 수 있음	항고제도 인정하지 않음

✏️ **알아두세요** ────

인도명령제도의 유·무가 무슨 뜻 일까요?

인도명령제도는 대항력이 없거나 권원이 없는 점유자를 강제로 내 보낼 수 있는 제도입니다. 경매의 경우 인도명령제도가 있지만 공 매는 매수자가 개별 소송이나 합 의를 통해 명도를 받아야 합니다. 공매는 국가에서 체납세금을 거 둘 목적으로 강제처분하는 것이 기에 체납자를 강제로 내보낼 수 있는 법률 근거가 없습니다. 따라 서 주택공매를 할 때 인도명령제 도가 없다는 사실을 유념해야 합 니다. 토지공매의 경우는 그다지 문제가 되지 않습니다. 살고 있는 사람이 없는 농지나 임야라면 인 도명령제도가 없다 해도 명도받 는 데 어려움이 없습니다.

소액으로 투자할 수 있는 경매

경매는 작은 금액으로도 투자를 할 수 있다는 게 장점입니다. 시세보다 낮은 가격으로 땅을 매입할 수 있고 경락대출을 80%까지 받을 수 있으니 이를 활용하면 적은 종잣돈도 최대한 활용할 수 있지요.

그럼에도 부담을 느끼는 분들이 있습니다. 대개 다음과 같은 이유입니다.

- 경쟁이 치열해서 낙찰 가능성 낮음
- 현지답사에 대한 부담감
- 명도에 대한 부담감

이는 토지경매와 주택경매를 혼동하기 때문에 오는 막연한 부담감입니다. 실제로 막상 토지경매를 해보면 "이렇게 쉬운 거였어?" 하는 분들이 많습니다. 토지경매 투자자가 늘고 있다지만 아직까지는 주택경매보다 경쟁률이 훨씬 낮습니다. 공매는 더 낮아서 경쟁자가 한두 명에 불과한 경우도 있습니다.

현지답사 역시 부담을 가질 이유가 없습니다. 주택경매처럼 살고 있는 사람을 찾아가 집을 보여달라고 할 필요가 없지요. 경매 대상이 대개 논밭 등 땅이니 직접 찾아갈 열의만 있으면 됩니다.

명도에 대한 부감담도 거의 없습니다. 주택경매는 낙찰을 받은 후 거주자를 내보내야 합니다. 원주인이나 세입자가 이사비용을 요구하는 등 버틸 때도 있습니다. 그러면 명도소송을 통해 공권력의 힘을 빌어야 합니다.

토지경매는 살고 있는 사람이 없으니 낙찰받으면 끝입니다. 낙찰받은 후에도 신경 쓸 게 없습니다. 대개 논밭이기에 이미 이전에 경작하는 분들이 있습니다. 계속해서 맡기면 됩니다.

하지만 실제로는 투자 가치가 있는 좋은 물건을 찾기가 쉽지 않습니다. 전문가들은 인터넷에서 손품을 팔라고 합니다만 초보 투자자가 사이트에 올라온 경매물건을 보고 투자 가치를 판단하기는 쉽지 않습니다.

그렇다고 낙담하지 마세요. 몇 번 경험이 쌓이면 안목이 생깁니다. 경험이 축적될 때까지 하면 됩니다.

경매의 가장 큰 장점은 감정가

경매가 단지 대출이 가능하고 가격 경쟁력이 있다는 장점만 있는 것은 아닙니다. 경매의 가장 큰 장점은 바로 '감정가'입니다. 감정가는 토지를 감정한 가격입니다. 보통 토지가 경매로 나오면 감정평가회사에서 토지를 감정하지요. 토지경매의 감정가는 경매가 개시되기 4~6개월 전에 책정됩니다. 지가가 하루가 다르게 오르는 지역에 투자할 때는 적어도 4개월 전 시점의 시세가 반영된 감정가가 현재 시세보다 훨씬 낮으니 경매가 유리할 수 있습니다.

실전 토지경매 과정

① 경매정보 사이트에서 물건 찾기

경매가 진행 중인 물건의 정보는 법원경매정보(www.courtauction.go.kr)에서 확인할 수 있습니다. 하지만 대개는 스피드옥션, 굿옥션 등의 사설 경매사이트를 이용합니다. 이러한 곳은 유료지만 경매는 물론 공매 물건정보까지 제공하고 나름 권리분석까지 해놓아 물건에 대한 정보를 보다 쉽게 파악할 수 있습니다. 하지만 초보자라면 무료 사이트로도 충분한 정보를 얻을 수 있습니다. 법원경매정보 사이트를 기준으로 토지 경매정보를 알아봅시다.

| 법원경매정보 사이트 |

물건 검색은 날짜를 정해서 최소 일주일에 한두 번 1~2시간씩 꾸준히 하는 게 좋습니다. "시간 될 때 한 번에 몰아서 해야지." 하면 좋은 물건을 찾을 수 없습니다. 경매에 익숙해질 때까지는 짧더라도 꾸준히 검색하는 게 좋습니다.

관심물건 선정하기

전국 곳곳의 토지 물건이 경매로 올라옵니다. 그래도 자신의 관심지역 위주로 물건을 선정하는 게 좋습니다. 관심지역은 평소 꾸준히 정보를 업데이트하고 있는 곳이니 시세나 입지 등을 바로 파악할 수 있으니까요.

물건상세검색 메뉴에서 원하는 관심지역을 입력하고, 용도의 분류는 '토지'를 체크한 후 확인을 누르세요.

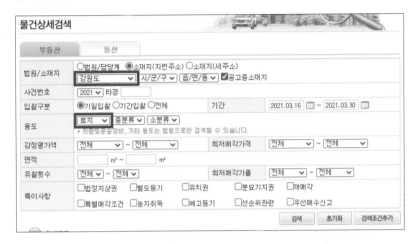

진행 중인 경매물건들이 나열됩니다.

☐	의정부지방법원 2019타경	1 임야	강원도 철원군 서면 와수리 [토지 임야 321㎡ 1/2 심●● 지분전부] 강원도 철원군 서면 와수리 [토지 임야 693㎡ 1/2 심●● 지분전부]	1.일괄매각 2.농지취득자격증명원필요 (농지취득자격증명원 미제출시 매수보증금 반환하지 않음)	11,628,000 8,140,000 (70%)	경매5계 2021.03.16 유찰 1회
☐	의정부지방법원 2019타경	1 기타	강원도 철원군 동송읍 상노리 [토지 공장용지 2314㎡] 강원도 철원군 동송읍 상노로 (에이동) [건물 일반철골구조 샌드위치판넬지붕 단층공장 1층 745.2㎡(공장)] 강원도 철원군 동송읍 상노로 (비동) [건물 일반철골구조 샌드위치판넬지붕 단층기숙사 및 사무실 1층 173.98㎡(기숙사,사무실)]	일괄매각. 제시외 건물 포함	375,496,440 375,496,440 (100%)	경매5계 2021.03.16 신건
☐	의정부지방법원 2020타경	1 전답	강원도 철원군 근남면 잠곡리 [토지 전 8198㎡]	농지취득자격증명원 제출을 요함(미제출시 보증금 미반환)	286,930,000 140,596,000 (49%)	경매16계 2021.03.17 유찰 2회
☐	의정부지방법원 2020타경	1 전답	강원도 철원군 근남면 풍암리 [토지 답 2965㎡ 윤●● 소유의 2965분의 228.07 지분전부] 강원도 철원군 근남면 풍암리 [토지 답 2535㎡ 윤●● 소유의 2535분의 195 지분전부] 강원도 철원군 근남면 풍암리 [토지 답 4362㎡ 윤●● 소유의 4362분의 335.53 지분전부]	일괄매각 농지취득자격증명원 제출을 요함(미제출시 보증금 미반환)	18,293,940 8,964,000 (48%)	경매16계 2021.03.17 유찰 2회

② **권리분석하기**

수많은 물건을 일일이 다 검색하고 확인하려면 시간이 꽤 걸립니다. 그래서 일단 권리 분석을 해서 옥석을 가려내는 작업이 필요합니다.

유료 경매정보 사이트에서는 등기권리를 한눈에 볼 수 있는 서비스를 제공합니다. 여기에 간단한 권리분석까지 제공하는 곳도 있지요. 이를 참고하여 물건을 가려냅니다.

경매로 나오는 물건의 등기부등본에는 가압류, 압류, 근저당 등 여러 가지 권리가 설정되어 있습니다. 이런 권리들은 등기부등본에 기재된 일정 시점의 권리를 기준으로 낙찰을 받을 경우 말소되는 권리와 낙찰자가 인수해야 할 권리로 나뉩니다. 그 권리를 기준권리라고 합니다.

간단히 말해 권리분석은 낙찰 후 인수해야 할 권리가 있는지 확인하는 과정입니다. 인수를 한다는 건 낙찰자가 따로 돈을 더 내야 한다는 뜻입니다. 입찰가 외에 추가로 돈이 드는 만큼 주의해야 합니다. 이렇듯 권리분석을 하면 상당수의 물건이 걸러집니다.

권리분석을 통과한 물건은 좀더 자세히 알아봐야겠지요? 이때 우선순위를 두면 효율적입니다.

> **1단계**: 포털 지도 서비스로 물건의 입지 확인
> **2단계**: 감정가와 시세 비교(지목과 용도 등 확인)
> **3단계**: 권리분석 확인

1단계: 포털 지도 서비스로 물건의 입지 확인

포털 지도 서비스 확인만으로도 많은 물건을 걸러낼 수 있습니다. 위치는 물론 위성사진과 로드맵으로 대략의 주위 현황도 알 수 있지요. 축사나 철탑과 같은 기피시설이 있는지, 도로 현황은 어떤지 지도를 보고 파악하면 시간과 노력을 상당히 절약할 수 있습니다. 경매정보 사이트에는 이런 내용이 적혀있지 않습니다.

한두 차례 유찰되어 입찰가가 낮아지면 자기도 모르게 여러 가지 주위 현황을 파악해 보지 않은 채 입찰하는 경우가 있습니다. 제 주위에서도 워낙 가격이 싸서 일단 낙찰 받고 현장을 가보니 옆에 축사가 있어 낭패를 본 사례가 있었지요.

2단계: 감정가와 시세 비교

지도를 통해 별다른 특이점이 없다면 그다음에는 감정가가 제대로 매겨졌는지 확인

해야 합니다. 경매에 올라올 때 감정가가 매겨집니다만 이는 참고사항일 뿐입니다. 직접 시세를 확인해야 합니다.

앞서 말씀드렸듯이 토지의 가격은 딱히 정하기 어렵습니다. 도로 하나를 사이에 두고도 시세와 감정가 차이가 들쭉날쭉합니다. 토지의 입지나 형태, 지목과 용도에 따라 차이가 있습니다. 우선 실시간 시세조회 사이트를 이용해 물건 주위 땅의 시세를 파악하고 해당 물건의 입지와 조건을 감안하여 감정가가 적정한지 파악합니다.

3단계: 권리분석 확인

이렇게 두 단계에 걸쳐 물건을 걸러낸 후 본격적인 권리분석에 들어갑니다. 경매정보 사이트에서 제공한 권리분석을 다시 한번 꼼꼼히 검토하는 겁니다. 경매정보 사이트의 권리분석도 오류가 있을 수 있습니다. 유료 사이트라고 해서 권리분석 오류에 대한 책임을 지지 않습니다. 반드시 자신이 직접 검토해야 합니다.

등기부등본을 직접 확인하고 지상권이나 유치권, 당해세 등 기준권리에 앞서는 권리나 낙찰자가 해결해야 할 권리가 있는지 확인합니다.

초보자는 권리분석을 한 후 주위 전문가에게 한번 확인을 하는 게 좋습니다. 권리분석이 틀리면 낙찰을 받고도 포기해야 할 수도 있으니까요. 권리분석에 실패하여 입찰보증금을 날리는 경우가 적지 않으니 제대로 확인해야 합니다.

③ 관심물건 현장답사와 인적 네트워크 쌓기

권리분석을 통해 관심물건을 확정하면 현장답사를 합니다. 현장답사는 사실 귀찮은 일이지요. 더군다나 지방까지 가야 합니다. 제법 경매를 했다고 하는 사람도 "이건 딱 보면 알아."라며 자신의 경험을 믿고 현장답사를 건너뛰어 낭패를 보기도 합니다. 제아무리 고수라도 현장을 직접 보지 않으면 알 수 없습니다.

관심물건이 있는 지역을 파악한다는 목적으로 동선을 짜서 충분한 시간을 가지고 현장답사를 하면 좋습니다. 내가 낙찰을 받는다 해도 팔 때는 현지 부동산중개소를 거쳐야 합니다. 미리 인맥을 만든다는 생각으로 부동산중개소도 들러봅니다. 물건에 대해 알아보는 동시에 부동산중개소를 들러 인적 네트워크를 쌓고 지역도 살피며 직접 매입할 땅이 있는지도 알아보는 거죠.

④ **입찰하기**

경매는 해당 기일에 관할법원에 가서 직접 입찰해야 합니다. 작은 소도시의 경우 관할법원이 꽤 멀리 떨어져있는 경우가 많습니다. 부안의 경우 정읍법원으로 가야 하고 김제는 전주법원에서 입찰하죠. 관할법원을 확인한 후 가서 입찰합니다.

그러니 약간의 요령이 필요합니다. 대개 월요일이나 화요일 경매법정이 열리는데 지방까지 가야 하니 직장인이 직접 참여하기는 어렵습니다. 매번 월차를 내고 갈 수는 없지요.

저는 해당 지역 법무사를 많이 활용하였습니다. 입찰서류를 작성하여 밀봉한 뒤 법원 앞에 있는 법무사에게 대신 입찰을 부탁하는 겁니다. 대개 10만 원에서 많게는 30만 원까지 비용이 듭니다. 낙찰을 못 받으면 그냥 날리는 돈이긴 합니다만 부동산중개소 수수료를 생각하면 감당하지 못할 비용은 아닙니다.

⑤ **낙찰을 받으면**

토지경매는 주택경매와 달리 낙찰 후에 할 게 없습니다. 제날짜에 잔금을 납부하면 끝납니다. 단, 낙찰을 받은 땅이 농지라면 매각허가결정을 받기 3일 전까지 농지취득자격증명서를 제출해야 합니다.

농지취득자격증명서를 발급받는 데는 3~5일 걸립니다. 매각허가결정까지 7일이 걸리니 서둘러야 합니다. 실제로 제가 아는 지인 중에 농지취득자격증명서를 제시간에 제출하지 못해 낙찰을 받고도 등기를 하지 못해 낭패를 본 경우가 있었습니다. 낙찰이 무효가 되고 입찰보증금만 날리고 말았지요.

알아두세요

농지취득자격증명서

농지를 취득할 수 있는 자격을 증명하는 서류로, 농지가 있는 시군구청 주민센터 혹인 민원24 홈페이지에서 발급받을 수 있습니다. 이때 농지의 면적이 1,000㎡ 이상이라면 농업경영계획서를 첨부해야 하는데 어디까지나 계획이니 당장 농지 경영 의사가 없어도 신청이 가능합니다.

권리분석 좀 더 자세히 알아보기

알아두세요

말소기준이 되는 권리 5
말소기준이 되는 권리는 다섯 가지로 (근)저당권, (가)압류, 경매개시결정, 담보가등기, 선순위전세권입니다.

경매의 시작과 끝은 권리분석이라고 해도 과언이 아닙니다. 권리분석을 하기 위해선 흔히 말소기준권리라고도 부르는 기준권리를 파악해야 합니다. 경매 낙찰이 되면 기준권리 이후에 등기설정된 권리들은 소멸됩니다. 낙찰자와 아무 상관이 없죠. 그러나 기준권리 이전에 설정된 권리들은 낙찰자가 인수해야 합니다. 등기부등본을 말끔하게 정리하기 위해 추가로 돈을 내야 한다는 뜻입니다.

등기사항전부증명서(말소사항 포함)
- 토지 -

고유번호 1241-2011-▨▨▨▨

[토지] 인천광역시 중구 운북동 ▨▨▨-▨

【 표 제 부 】	(토지의 표시)				
표시번호	접 수	소 재 지 번	지 목	면 적	등기원인 및 기타사항
1	2011년12월21일	인천광역시 중구 운북동 ▨▨▨-▨	대	330.6㎡	토지개발사업시행으로 인하여 등기

【 갑 　 구 】	(소유권에 관한 사항)			
순위번호	등 기 목 적	접 수	등 기 원 인	권리자 및 기타사항
1	소유권보존	2011년12월21일 제48▨▨호		소유자 인천광역시도시개발공사 124771-0001551 인천광역시 남동구 만수동 ▨▨▨
1-1	1번등기명의인표시 변경	2014년3월10일 제95▨▨호	2011년12월28일 상호변경	인천광역시도시개발공사의 성명(명칭) 인천도시공사
1-2	1번등기명의인표시 변경	2014년3월10일 제96▨▨호	2014년1월7일 도로명주소	인천도시공사의 주소 인천광역시 남동구 인주대로▨▨▨ (만수동)
2	소유권이전	2014년3월10일 제95▨▨호	2014년3월10일 신탁	수탁자 ▨▨▨▨신탁주식회사 ▨▨▨▨-▨▨▨▨▨▨▨ 서울특별시 강남구 테헤란로▨ (▨▨동 ▨▨▨)
	신탁			신탁원부 제2014-206호
3	소유권이전	2014년8월4일 제32▨▨호	2014년8월4일 신탁재산의귀속	소유자 인천도시공사 124771-0001551 인천광역시 남동구 ▨▨▨▨(▨▨동)
	2번 신탁등기말소		신탁재산의귀속	
4	소유권이전	2014년8월4일 제32▨▨호	2014년8월4일 매매	소유자 ▨▨▨개발주식회사 ▨▨▨-▨▨▨▨▨▨▨ 인천광역시 중구 ▨▨▨▨▨ 거래가액 금212,218,087원

〈이하 갑구 생략〉

【 을 구 】	(소유권 이외의 권리에 관한 사항)			
순위번호	등 기 목 적	접 수	등 기 원 인	권리자 및 기타사항
1	근저당권설정	2014년8월4일 제32○○호	2014년8월4일 설정계약	채권최고액 금138,000,000원 채무자 최○○ 서울특별시 서초구 방배로 ○○○, ○○○ (방배동, ○○○○아파트) 근저당권자 주식회사한국외환은행 110111-0672538 서울특별시 중구 을지로 66(을지로2가) (인천국제공항지점)
2	지상권설정	2014년8월4일 제32○○호	2014년8월4일 설정계약	목 적 건물 기타 공작물이나 수목의 소유 범 위 토지의 전부 존속기간 2014년 8월 4일부터 만 30년으로 한다. 지 료 없음 지상권자 주식회사한국외환은행

[토지] 인천광역시 중구 운북동 ○○○-○

순위번호	등 기 목 적	접 수	등 기 원 인	권리자 및 기타사항
				110111-0672538 서울특별시 중구 을지로 66(을지로2가)
3	1번근저당권설정등기말소	2016년3월17일 제40○○호	2016년3월17일 해지	
4	2번지상권설정등기말소	2016년3월17일 제40○○호	2016년3월17일 해지	
5	근저당권설정	2016년3월17일 제4○○○호	2016년3월17일 설정계약	채권최고액 금120,000,000원 채무자 임○○ 서울특별시 강남구 도산대로81길 ○○ (청담동) 근저당권자 주식회사하나은행 110111-0672538 서울특별시 중구 을지로 66(을지로2가) (부평지점)
6	지상권설정	2016년3월17일 제40○○호	2016년3월17일 설정계약	목 적 건물 기타 공작물이나 수목의 소유 범 위 토지외전부 존속기간 2016년 3월 17일부터 30년으로 한다 지 료 없음 지상권자 주식회사하나은행 110111-0672538 서울특별시 중구 을지로 66(을지로2가)
7	5번근저당권설정등기말소	2018년2월23일 제65○○호	2018년2월23일 해지	
8	6번지상권설정등기말소	2018년2월23일 제65○○호	2018년2월23일	
9	근저당권설정	2018년2월23일 제66○○호	2018년2월23일 설정계약	채권최고액 금120,000,000원 채무자 하○○ 서울특별시 관악구 남부순환로 ○○○, ○○○○ (봉천동, ○○○○○○○) 근저당권자 ○○○○○새마을금고 131144-○○○○○○○○ 경기도 성남시 수정구 산성대로 ○○○(단대동)
10	지상권설정	2018년2월23일 제66○○호	2018년2월23일 설정계약	목 적 건물 기타 공작물이나 수목의 소유 범 위 토지의 전부 존속기간 2018년2월23일부터 만30년 지 료 없음

― 말소기준권리

등기부등본에 권리들이 일자별로 설정되어 있습니다. 경매가 끝나고 낙찰대금을 치르면 기준권리를 포함하여 이후 모든 권리가 사라집니다. 기준권리 앞에 있는 건 남아있겠죠. 그 권리들은 낙찰자가 인수하여 해결해야 합니다.

기준권리 이후에 설정된 권리 중에서도 소멸되지 않는 권리들이 있습니다. 권리분석에 실패하는 이유가 이를 간과하기 때문입니다. 기준권리보다 나중에 설정됐지만 순위에 관계 없이 언제나 인수되는 권리는 다음 네 가지가 대표적입니다.

- **예고등기**: 등기부등본에 오른 등기사항이 말소 또는 회복을 위한 소송이 진행되고 있음을 알리는 법원의 경고입니다.
- **가처분등기**: 소유자가 마음대로 부동산을 처분할 수 없도록 등기부등본에 설정한 등기사항입니다.
- **유치권**: 해당 물건을 공사한 업체가 공사대금을 받기 위해 점유하고 있음을 알리는 등기사항입니다.
- **(법정)지상권**: 건물주인과 땅주인이 다를 때 생기는 권리입니다.

이외에도 미상임차인, 선순위 가등기, 대지권 미등기 등의 권리는 말소기준권리 이후에도 인수해야 할 경우가 있습니다. 이런 물건을 경매에서는 '특수물건'이라고 합니다. 이 경우 보통 권리관계 해결이 어렵습니다. 초보자들은 일단 피하는 게 좋겠지요.

앞의 등기부등본을 살펴보면 세 번째 사진의 을구 9번이 말소기준권리이며 별도로 인수할 권리는 없습니다. 등기상 깨끗한 매물이기 때문에 낙찰받기 좋은 물건이라고 할 수 있습니다.

토지투자의 기본은 현장조사입니다. 첫발은 과감하게 내디뎌야 합니다. 가장 좋은 공부는 실전입니다. 소액이라도 땅을 매입하면서부터 자기만의 노하우가 생겨납니다. 이번 마당을 따라가며 현장답사 전 준비하기부터 현장 확인사항까지 익혀보세요.

넷째
마당

토지 현장조사의
필수 매뉴얼

현장답사 전 준비해야 할 사항들

동선과 시간계획 짜기

지방 현장답사는 시간과 비용이 듭니다. 수도권 사는 분이 충남을 다녀
오는 경우 주말 교통량을 감안하면 오가는 시간만 3~4시간 걸리죠. 봄,
가을 관광 시즌에는 길에서 대여섯 시간을 보낼 수도 있습니다.

저는 시간과 비용을 절약하기 위해 여러 현장을 묶어서 다녀옵니다. 토
요일 새벽에 일어나서 아침에 현장에 도착해 식사를 하고 답사에 나섭
니다. 시간을 효율적으로 사용할 수 있도록 부동산중개소 관계자와도
미리 약속을 하면 주말에도 나와줄 때가 있습니다. 현장과 현장 간의 동
선도 미리 생각해 둡니다.

현장답사를 갈 때는 현지에서 하루 숙박합니다. 한창 투자를 할 때는 찜
질방이나 차에서 잔 적도 있습니다. 그렇게 효율적으로 현장을 돌아보
면 남들이 한두 달 돌아볼 현장을 이틀 만에 다녀올 수 있습니다.

인터넷을 활용해 친숙해지기

현장답사 전에 해당 토지에 대해 알아볼 사항은 모두 파악해야 합니다.

토지이음의 토지이용규제정보와 포털 인터넷지도, 토지 등기사항전부증명서, 토지대장, 지적도 등 온라인을 활용해 미리 자료를 검토하고 확인해야 할 사항을 간단한 리스트로 메모합니다. 메모는 지적도에 해두는 게 좋습니다.

포털 뉴스 검색란에 해당 지역을 검색해보는 것도 필요합니다. 산불이나 홍수, 분쟁 등 관련 뉴스를 알면 투자판단에 참고가 될 것입니다.

사전 자료를 검토하다 보면 은연중에 판단이 섭니다. 이렇듯 70~80% 의사결정을 한 후 현장답사를 통해 실제 눈으로 확인하고 마무리를 지어야 합니다. 판단은 빨리 내리는 게 좋습니다. 현장답사를 다녀온 뒤에도 이럴까 저럴까 망설이는 건 시간낭비입니다.

답사 도구는 완벽하게 준비

과거에는 지도와 지적도, 나침반이 필수였습니다. 지금은 스마트폰 앱에서 지적도와 방위, 지도를 볼 수 있으니 편리하지요. 그러나 단점도 있습니다. 스마트폰은 화면이 작습니다. '태블릿PC나 노트북을 가져가면 되지 않을까?'라고 생각하실지 모르겠는데 실제로는 지도와 지적도가더 유용합니다.

스마트폰이나 태블릿PC는 인터넷접속이 끊기거나 배터리가 다 될 수도 있습니다. 게다가 일일이 검색하는 것도 의외로 번거롭습니다. 현장에는 차분히 앉아서 검색할 곳이 많지 않습니다. 걸어서 논둑길과 산길을 다니다 보면 휴대하기 편한 지도와 지적도를 많이 사용하게 됩니다. 저도 노트북과 태블릿PC를 가져가지만 예비용일 뿐입니다.

- **답사서류**: 토지 등기사항전부증명서, 토지대장
- **답사도구**: 지도(1/50,000), 지적도, 나침반, 스마트폰, 태블릿PC 또는 노트북, 망원경, 카메라, 드론, 등산스틱, 등산화, 챙모자, 우산, 일회용 비닐 비옷, 삽, 연필, 줄자, 물과 사탕이나 초코바 등의 간식

카메라와 드론은 큰 도움이 됩니다. 카메라는 스마트폰을 많이 활용하죠. 파노라마 기능이 있어서 전체 부지를 담을 수 있습니다. 하지만 멀리 떨어진 곳을 찍을 때는 망원렌즈가 달린 자동카메라가 좋습니다. 드론은 하늘에서 찍은 현장을 보며 주변 지형은 물론 숨겨진 분묘나 기피시설도 확인할 수 있어 유용합니다.

삽도 트렁크에 실어두기 바랍니다. 큰 삽이 부담스러우면 접어서 쓰는 야전삽이라도 좋습니다. 때로는 땅을 파서 지반을 확인해야 할 때도 있기 때문입니다.

다니다 보면 식사 때를 놓칠 수가 있습니다. 허기져서 힘이 떨어지면 아무래도 다 그만두고 돌아가고 싶어집니다. 초코바나 사탕, 비스킷 등 간식도 챙기세요.

계절별 답사 장비 갖추기

답사과정이 순탄해야 의사결정도 느낌에 좌우되지 않고 내릴 수 있습니다. 현장에서 갖은 고생을 하면 아무래도 마음이 내키지 않는 거죠. 사람인 이상 답사에서 느낀 감정도 투자의 요소로 작용합니다. 즐겁고 기분 좋게 답사를 하면 왠지 땅과 맞는다는 기분이 드는 거죠.

논밭이나 임야를 보러 가는 길이니 간편한 복장과 등산화는 기본입니다. 서류나 장비를 넣는 가벼운 배낭이나 옆으로 매는 배낭도 준비해야

합니다. 자동차 트렁크에 등산스틱 두 개와 등산화, 챙모자, 우산, 비옷은 기본으로 넣고 다니는 게 좋습니다.

겨울 답사 준비물

겨울에는 방한복장을 잘 갖추어야 합니다. 산길을 오른다면 스틱도 준비해야 하지요. 자동차는 사륜구동이 좋습니다. 답사지가 비포장 현황 도로 산길이라면 일반 승용차로 갔다가 낭패를 볼 수도 있습니다.

여름 답사 준비물

여름에는 챙이 넓은 모자와 팔토시, 선크림, 모기기피제 등이 필요합니다. 덥지만 팔목까지 내려오는 긴소매 겉옷도 준비해야 합니다. 숲에 들어가면 한낮에도 그늘에 모기가 있기 때문입니다. 여름에도 스틱은 필수입니다. 임야를 다니다 보면 뱀을 만날 수 있으니 조심하세요.

봄·가을 답사 준비물

봄·가을철 답사복장은 밝은 복장이 좋습니다. 말벌은 검은 단색 복장에 더욱 민감하다고 합니다. 여성은 너무 진하게 화장하지 않는 게 좋습니다. 벌이나 벌레들이 모일 수 있습니다.

프로처럼 현장답사하는 법

지적도가 기준이다

현황도로가 있는데 지적도에는 나오지 않는 경우는 아주 흔합니다. 그러니 현장답사를 통해 지적도와 현황이 얼마나 일치하는지 확인해야 합니다. 포털의 인터넷 지도 위성사진과 지적편집도, 관공서에서 발급받은 지적도를 함께 비교하며 현장의 땅 모양과 정확한 경계선을 파악해 둬야 합니다.

시골뿐만 아니라 지방 읍이나 면, 소도시의 경우에도 지적도와 현황이 다른 경우가 많습니다. 건물이 옆땅을 침범하거나 반대로 옆집이 밀고 들어온 경우도 있습니다. 그래서 집이나 땅을 산 후 뒤늦게 분쟁이 일어나기도 합니다. 소송이라도 일어나면 법원에서 판단하는 기준은 현황이 아니라 지적도입니다. 현장답사에서 지적도는 반드시 확인해야 합니다.

지적도를 메모장으로 활용하라

현장답사의 필수품인 지적도 뒷면을 메모장으로 활용하면 좋습니다. 특이사항과 장단점을 구분하여 현장답사 중 눈에 띄는 점들을 연필로 기록합니다. 기록할 상황이 되지 않으면 스마트폰 녹음기능을 활용하였다가 나중에 정리하는 방법도 있습니다.

사람은 가장 크고 뚜렷한 사항만 기억하고 그 외의 것들은 금방 잊어버리는 경향이 있습니다. 한두 곳 현장을 다니는 게 아니니 바로바로 기록하거나 녹음한 후 정리하면 꼼꼼하게 분석할 수 있습니다.

매입할 때는 겨울과 이른 봄에 답사하라

겨울과 이른 봄이 현장답사 최적의 시기입니다. 수풀이 없어 시야가 훤히 드러나며 땅의 본모습이 보이기 때문입니다. 반대로 매각할 때는 가을에 현장답사를 하는 게 좋습니다. 풍경이 아름다우면 아무래도 토지에 대한 느낌도 좋아지겠지요. 좋은 기분이 긍정적인 결정으로 이어질 가능성이 높습니다.

부동산중개소와 지역주민의 말을 경청하라

부동산중개소에서는 장점만 말합니다. 단점의 경우도 간단히 해결할 수 있는 것만 말해줍니다. 물론 오랫동안 알고 지내서 믿을 수 있는 부동산중개소라면 그러지 않을 테지만 그래도 모르는 겁니다.

지역주민을 만나 이야기를 들을 때도 있습니다. 그 또한 반만 믿어야 합니다. 그분의 관점이기 때문입니다. 마을사람과 화목하지 않은 사람은 아주 부정적으로 말할 수도 있습니다. 외지인이 땅 사는 것 자체를 거부하여 무뚝뚝하게 대하는 경우도 있겠지요.

부동산중개소나 마을주민이 말할 때는 주의 깊게 듣습니다. 사투리가 심해서 잘 알아듣지 못하면 되물어서 무슨 내용인지 확인하세요. 군이 부정적인 반박을 하거나 토지의 부정적인 측면을 지적할 필요는 없습니다. 의문이 가는 사항만 물어보면 됩니다. 부동산중개소나 마을주민의 말은 우선 잘 경청하고 장단점을 기록해둡니다.

현장답사 체크리스트 만들기

부동산중개소에서 말하지 않은 단점은 본인이 찾아야 합니다. 단점은 본인이 작성한 체크리스트를 가지고 파악하면 됩니다. 부동산중개소에서 말하지 않은 점들은 어딘가 하자가 있을 수 있으니 유의하여 살펴야 합니다.

체크리스트에 다음 내용을 포함하면 유용합니다. 적어도 현장답사에서 호갱취급을 당하지 않을 수 있습니다.

1. 도로 상황

현장으로 가면서 고속도로 IC로부터의 거리, 읍이나 면으로부터의 거리 등 도로상황을 파악합니다. 또한 대중교통의 유무와 현장 진입도로의 실제 폭과 포장상태 등 도로관련 사항을 점검합니다. 특이점은 메모해 두세요.

2. 기반시설

건물을 세울 계획이거나 그런 용도로 매각할 생각이라면 전기와 상하수도, 도로 등 기반시설을 점검합니다. 내가 건물을 짓는다는 가정을 하고 살펴보면 불편하거나 부족한 점이 눈에 뜨일 겁니다. 전기를 멀리서 끌어와야 한다면 전봇대를 많이 세워야 할 수도 있습니다. 지하수를 파야 한다면 어디로 파야 하는지 알아두는 것이 좋습니다. 이렇게 이용자 입장에서 하나하나 검검합니다. 요즘 전화는 놓지 않지만 인터넷선은 필수입니다. 또한 스마트폰 데이터통신 상태도 확인합니다.

3. 지반과 토질

지반이 암석층인지 흙인지 살펴봅니다. 흙도 형질이 다르니 개발자 입장에서 판단해보세요. 암석층이거나 지반이 무를 경우 토목공사비가 올라가겠지요.

4. 토지성형 비용 예상

땅의 모양이나 입지에 따라 흙을 붓거나 깎는 작업이 필요할 수 있습니다. 그럴 경우 들어갈 비용을 대략 추산해봐야 합니다. 진입도로가 폭이 좁은 현황도로일 경우 넓히는 비용도 포함됩니다.

5. 배수

배수 여부도 중요한 점검사항입니다. 시골 땅에는 건천이 많습니다. 평소에는 말라붙어서 그냥 불필요한 도랑 같아 보이지만 장마철이나 비가 많이 오면 물이 철철 흐르지요. 천의 기능을 상실한 구거가 있는지도 알아봅니다. 그 외 장마철이나 홍수, 태풍 때 물길이 어디로 흐르는 지도 마을주민 등으로부터 들어두는 게 좋습니다.

6. 토지 경사도

밭이나 임야일 경우 토지의 경사도를 봅니다. 토지 경사도가 25도 이상이 넘으면 아무것도 할 수 없습니다. 지자체에 따라서 기준이 25도보다 낮을 수도 있습니다. 이와 함께 산사태 가능성도 염두에 두어야 합니다. 전원주택지에 장마철이나 태풍 때 산사태 사고가 난 예가 적잖습니다.

7. 지역 특성과 마을 분위기

지역 산업이나 특산물 등도 메모해두어야 할 사항입니다. 토지를 매각할 때 어떤 사람이 매수할 수 있을지 파악하는 데 도움이 됩니다. 또한 내 땅 주변의 토지들은 어떤 형태로 이용하는지도 적어둡니다. 같은 농지라도 논과 밭으로 쓰는지, 비닐하우스를 이용한 특용작물을 재배하는지 등에 따라 내 땅의 가치도 달라집니다.

마을의 분위기 또한 기록해두면 좋습니다. 마을 집들의 상태나 밀집도, 폐가 존재 여부, 분위기 등을 적어두면 나중에 기억을 떠올릴 때 좋습니다.

8. 혐오시설

혐오시설 존재 여부의 중요성은 누누이 강조했습니다. 이미 온라인으로 살펴봤겠지만 현장답사할 때 다시 한 번 확인해야 합니다. 저는 드론으로 주위를 살펴 분묘나 축사가 있는지 확인해봅니다. 또한 들어갈 때 동선과 나올 때 동선을 달리합니다. 내가 간 길과 다른 길에 혹시라도 혐오시설이 있는지 알 수 있는 방법입니다.

갑과 을이 바뀌는 가계약금

계약을 하기 전까지는 매수자가 갑입니다. 부동산중개소로부터 갖은 조언을 들을 수 있지요. 계약을 하는 순간부터는 을이 됩니다. 현장답사를 하면서 가계약이라도 하라는 말을 들을 겁니다. 대개 가계약금은 마음이 바뀌면 바로 돌려준다고 말하죠. 하지만 돌려받기 쉽지 않습니다. 본인의 판단이 섰다면 바로 가계약을 하는 것도 좋습니다. 하지만 조금이라도 미심쩍은 부분이 있다면 꾹 참고 돌아와야 합니다.

현지 부동산중개소
200% 활용하기

토지투자의 인적 자산을 만들자

매물정보를 얻는 방법은 크게 경·공매 사이트 등 인터넷 탐색과 지인
그리고 현지 부동산중개소로 나눌 수 있습니다. 경·공매 사이트에는 경
매나 공매물건만 있습니다. 지인이 소개한 땅은 오히려 조심해야 합니
다. 전문가가 아닌 지인 또한 누군가로부터 의뢰를 받고 좋은 점만 설명
하기 때문입니다.

현지 부동산중개소는 전문가라고 할 수 있습니다. 그렇다고 모두 전문
가는 아닙니다. 뜨내기부동산일 수도 있고 이제 막 시작한 곳일 수도 있
습니다. 현지 부동산공인중개사 중에서도 전문가를 찾아 인적 네트워크
를 쌓는다면 토지투자의 든든한 자산이 될 수 있습니다.

1층 부동산중개소를 순회하자

앞서 토지투자에 앞서 대상지역부터 선정한다고 했습니다. 순서를 다시
한번 기억해볼까요?

매물정보를 얻기 위해서는 매입 대상지역의 부동산중개소를 찾아야 합니다. 이때는 건물 1층에 있는 부동산중개소를 선택합니다. 1층에 있는 부동산중개소는 오랫동안 그 자리에서 주위 매물을 거래하는 곳일 가능성이 높습니다.

개발호재가 있는 지역을 가면 부동산중개소가 난립하는데 2~3층에 있는 경우도 있습니다. 이런 곳은 '떴다방'이거나 뜨내기부동산일 가능성이 높습니다. 개발호재가 있어 영업을 하러 왔다가 1층 사무실 구하기가 어렵고 임대료도 비싸니 대신 2층을 임대하여 잘 꾸며놓고 영업을 하는 것이죠. 이런 부동산 중에는 강남부동산, 서울부동산 등의 간판을 걸고 서울 유수의 부동산중개소 지사라고 소개하기도 합니다.

토지 매도자들은 현지인들이 대부분입니다. 또 현지인으로부터 사는 게 가장 수익이 좋습니다. 이미 외지인이 매입했다가 다시 내놓는 경우는 그만큼 가격이 올랐다고 봐야 합니다. 우리는 현지인이 1차로 내놓는 매물을 사야 합니다.

한곳에서 오래 영업한 1층에 있는 부동산중개소는 현지인들과의 교류가 많고 매물도 먼저 확보합니다. 지방은 한 다리 건너면 모두 아는 사람이라고 해도 과언이 아닙니다. 좁은 지역사회에서는 아무래도 아는 사람에게 매물을 내놓게 마련이지요. 그래서 1층에 있는 경력 10년 이상의 부동산중개소를 찾아 순회하는 게 좋습니다.

읍 중심 부동산, 면 소재지 부동산 두 곳을 공략하라

지방 부동산중개소를 찾을 때는 시청이나 군청, 구청 근처에 있는 큰 부

알아두세요

떴다방이란?

떴다방은 기획부동산과 또 다릅니다. 주로 개발호재가 발표되면 일시에 몰려들어 미리 땅을 선점하여 매입하고 뒤늦게 매물을 찾아온 이들에게 비싸게 넘기는 방식으로 수익을 챙깁니다. 심지어 팔았다가 시세가 떨어지면 되사서 다시 비싸게 파는 수법을 여러 차례 반복하기도 합니다. 당장이라도 시세가 오를 듯 현란한 설명으로 가계약을 서두르면 일단 의심해보시기 바랍니다.

진짜 원주민 부동산일까?

사람들이 1층에 있는 오래된 현지주민 부동산을 선호하니 원주민 부동산, 토박이 부동산이라는 간판을 내건 부동산중개소가 많습니다. 다른 명칭을 쓰더라도 괄호 치고 (원주민 운영) 이렇게 써놓습니다. 이럴 경우 진짜 현지인이 운영하는 부동산인지 그냥 현지인을 고용한 떴다방인지 그 자리에서는 알 수가 없습니다. 하지만 인근 1층 부동산중개소를 두세 곳 더 돌아다니면 어떤 곳이 진짜 원주민이 오랫동안 운영했는지 알 수 있습니다. 근처에 있는 오래된 슈퍼나 상점에 물어보는 것도 좋은 방법입니다.

동산중개소와 면 소재지 부동산 두 곳을 동시에 찾는 게 좋습니다. 군청 근처 부동산중개소는 군 지역 전체에 걸쳐 매물을 알 수 있고 규모가 큰 매물도 종종 만날 수 있습니다.

면 소재지 부동산중개소는 토지의 이력이나 현지 시세추이 등 분위기를 정확하게 알 수 있다는 장점이 있습니다. 특히 매각할 때는 두 곳에 동시에 내놓는 게 빨리 팔 수 있는 방법입니다.

지방 현지 부동산중개소는 대개 한두 사람이 영업합니다. 게다가 현장이 멀리 떨어져있어 함께 동행하기 어렵습니다. 그래서 시세 파악이나 매물 현황 정도를 알아보러 온 사람에게는 매물을 보여주지 않는 경우가 많습니다. 매입의사가 어느 정도 있다고 해도 처음에는 지번만 알려주고 맙니다. 자주 찾아 안면을 쌓으면 동행할 수 있을 겁니다.

부동산중개소와 인적 네트워크 쌓기

깔끔한 거래로 신뢰 쌓기

인적 네트워크를 쌓기 위해서 일부러 다가갈 필요는 없습니다. 거래를 통해 신뢰를 쌓아간다는 마음가짐으로 임하는 게 좋습니다. 부동산중개소 입장에서 보면 거래를 깔끔하게 매듭짓고 수고한 대가를 충분히 보상해주는 손님에게 마음이 기울게 마련입니다.

수고한 대가 인정하기

토지나 주택이나 어느 부동산중개소를 가더라도 수수료 이야기는 먼저 하지 않습니다. 계약 단계에서 법정 최고 수수료를 부르지요. 지방 부동산중개소는 토지 거래의 경우에 그 이상을 요구하기도 합니다. 그래서 마찰을 빚는 경우도 있습니다.

토지 거래를 할 때 중개수수료를 주택 매매처럼 생각하면 안됩니다. 토지 거래는 매매 자체가 많지 않고 손님을 데리고 현장답사를 하는 데 시간이 꽤 듭니다. 땅이 있는 곳까지 자동차로 손님과 가는 데만 20~30분 걸리고 오랜 시간 현장답사에 동행해야 합니다.

저는 이런 점을 감안해서 무리한 요구가 아니라면 흔쾌히 지불합니다. 이렇게 하면 다른 매물이 나올 때 제게 연락이 올 가능성이 높습니다.

스마트한 인상 남기기

토지투자에 대해 너무 모르는 초보처럼 보이는 건 좋지 않습니다. 부동산중개소 입장에서는 하나하나 납득시켜야 하고 성사 가능성도 낮다고 여길 것입니다. 그렇다고 전문 투자자처럼 이것저것 아는 척하는 것은 오히려 반감을 살 수 있습니다. 투기꾼처럼 보이면 그리 좋은 인상을 주지 않을 겁니다. 필요한 사항만 묻고 확인하여 신뢰할 수 있는 거래상대라는 인상을 남기면 향후 좋은 매물이 나오거나 매각할 때 도움이 될 것입니다.

사계절 토지투자 포인트

겨울이 토지투자의 적기

"날 좀 풀리면 다녀야죠." 토지투자에 이제 막 뛰어든 분에게 현장답사의 중요성을 이야기하니 봄이 되어 따뜻해지면 다니겠다고 합니다. 처음 토지투자를 하는 분들은 대부분 그럴 겁니다. 한겨울 추운 날씨에 지방의 휑한 논밭이나 산을 보러 다닐 엄두가 나지 않는 거죠.

그러나 토지투자의 적기는 겨울입니다. 그 이유는 다음과 같습니다.

> 1. 매물이 많다.
> 2. 경쟁자가 적다.
> 3. 땅의 상황을 정확하게 파악할 수 있다.

"겨울에 매물이 많다니요? 특별한 이유라도 있나요?" 하며 의아해하실 겁니다. 토지투자 대상은 대개 논이나 밭, 임야입니다. 농지가 대부분이라는 뜻이지요.

농지의 소유주들은 가을까지 농사를 짓고 난 뒤 땅을 팔려는 속성이 있습니다. 그래서 겨울에 토지 매물이 많습니다. 반대로 봄이 되면 매물이 줄어듭니다. 겨울에 팔려고 내놓은 땅을 거둬서 다시 농사를 짓는 겁니다.

또한 겨울에는 경쟁자가 적습니다. 날이 춥기에 현장답사를 다니기 쉽지 않기 때문이죠. 눈이라도 오면 더더욱 움츠러듭니다. 모두 따뜻한 봄날을 기다리는 거죠.

땅의 상황을 정확하게 파악할 수 있다는 것도 매우 중요한 사항입니다. 봄·여름·가을에는 땅에 농작물이 자라거나 주위 수풀과 숲이 무성하여 모양을 확실하게 파악하기 어렵습니다. 겨울에 가면 나뭇잎이 모두 떨어지고 땅 본연의 모습이 확실히 드러나죠. 그러면 숲에 가려진 묘지나 농막, 철탑 같은 기피시설도 드러납니다.

겨울 투자로 남보다 한발 앞서 가기

겨울 투자가 유리한 점은 가격에 있습니다. 봄이 되면 개발업자들이 땅을 매입하려 합니다. 봄에 땅을 매입하여 공사를 시작해야 가을에 끝낼 수 있습니다. 건설을 하는 사람들은 겨울 공사를 대체로 꺼립니다. 해가 짧고 추운 데다 공사비용도 늘어나기 때문입니다. 이렇듯 개발업자의 수요가 있기에 봄에는 가격이 오를 가능성이 높습니다.

이런 경향을 감안하여 겨울에 미리 투자하면 봄철 가격 상승분을 바로 얻을 수 있다는 장점이 있습니다. 추가로 얻을 수 있는 수익은 개발업자가 건물이나 시설을 완공한 가을 이후에 발생합니다. 내가 산 땅이 아니더라도 주위에 건물이나 시설이 들어서면 영향을 받아 땅값이 상승합니다.

답사하기는 좋지만 투자에는 부적합한 봄·가을

봄·가을은 답사하기에 딱 좋은 날씨입니다. 하지만 투자의 관점에서는 추천하고 싶지 않은 시기입니다. 날씨가 따뜻한 봄에는 토지 답사를 다니는 사람들이 늘어납니다. 그런데 오히려 매물은 줄어듭니다. 그 이유는 토지투자의 매입대상이 논이나 밭이기 때문입니다. 땅 주인은 대개 봄에 경작에 들어가니 한 해 농사를 마친 늦가을이나 겨울에 매도할 생각으로 미루고자 합니다. 매수자는 줄고 매물은 줄어드니 매도자 우위의 시장이 형성되는 셈이죠.

가을 투자를 추천하지 않는 이유는 건설 공정과 관련이 있습니다. 건설업자는 봄에 공사를 시작하여 겨울이 오기 전에 끝내고자 합니다. 그래서 대부분의 건물이 가을에 준공을 합니다. 건물이 완성되면 주위 땅값도 어느 정도 영향을 받아 올라갑니다. 같은 땅이라도 여름보다 가을이 더 비싸질 수 있다는 뜻입니다.

봄·가을은 답사하기에는 좋은 계절입니다만 이런 이유로 투자를 결정하기에는 적절한 시기가 아니라고 할 수 있습니다.

겨울철 현장답사 포인트

겨울철 현장답사는 길이 좋지 않아 위험할 수도 있습니다. 되도록 사륜구동 자동차를 이용하시는 게 좋습니다. 도시는 바로 제설작업이 이뤄지지만 지방, 특히 외딴길은 제설작업이 제대로 되어있지 않아 위험할 수 있습니다.

겨울 현장답사 포인트는 눈입니다. 눈이 오면 다들 현장답사를 미루는데 오히려 눈이 오면 여러 가지를 확인할 수 있어 좋습니다. 특히 전원주택지를 찾는 분들은 눈이 얼마나 쌓이는지, 한 번 쌓이면 얼마나 오래가는지 유의해서 확인해야 합니다. 도시와 달리 지방 전원주택지 도로에 쌓인 눈은 본인이 치워야 합니다.

지도만 보고 남향이라고 간과했다가 낭패를 볼 수 있습니다. 앞산에 가려 그림자가 지면 쌓인 눈이 녹지 않고 얼어버립니다. 강원도와 같이 산이 많은 지역은 남향임에도 봄까지 얼어있는 땅도 있습니다. 그림자가 도로를 오래도록 가린다면 투자를 재고해봐야 합니다.

겨울 현장답사를 할 때 또 한 가지 주의할 점은 축사입니다. 날이 추운 겨울에는 축사에서 나는 냄새가 멀리까지 퍼지지 않습니다. 실제로 겨울에 땅을 매입했다가 여름에 가서 인근 축사에서 풍기는 악취에 기겁을 한 적이 있습니다. 위성사진이나 지도에는 나와있지 않은 축사가 뒤쪽에 숨어 있었던 겁니다. 겨울에 땅을 매입할 때는 반드시 주위까지 돌아보고 축사가 있는지 확인해야 합니다.

여름철 현장답사 포인트

여름에는 장마철이나 비가 온 뒤 현장답사를 가야 합니다. 지형이나 입지에 따라 물이 잘 빠지는 땅이 있고 오래도록 질척거리는 땅이 있습니다. 배수가 잘 되지 않는 땅은 지반이 약할 가능성이 높습니다. 개발하기 어렵고 비용이 더 들 수 있지요. 그러니 비 온 뒤에 답사를 해서 확인해 두어야 합니다.

여름에는 수풀이 무성합니다. 그래서 겨울과 전망이 다릅니다. 수풀에 가려진 혐오시설이 있더라도 눈에 띄지 않습니다. 그러니 더욱 꼼꼼히 살펴야 합니다.

알면서도 속는 기획부동산

처음부터 밑지는 매매

기획부동산을 통해 땅을 사면 손해를 볼 수밖에 없습니다. 왜 그럴까요? 애초에 그렇게 구조가 짜여있기 때문입니다.

기획부동산은 대개 강남의 좋은 사무실을 사용하고 직원도 수십 명에 이릅니다. 운영비를 제하고 수익을 내려면 싼 땅을 비싸게 팔아야 합니다. 그래서 맹지나 산중턱에 있는 대규모 면적의 땅을 싸게 매입하여 팝니다. 그러고는 이를 팔며 지분을 주는 겁니다. 이른바 '지분 쪼개기'로 매매하는 거죠.

절차상 하자 없는 정상적인 거래입니다. 하지만 쓸모없는 땅 지분을 비싸게 샀기에 팔 수가 없습니다.

알고도 속는다?

기획부동산은 고객상담지침서가 있습니다. 의심 많은 사람, 잘 믿는 사람, 주부, 전문직 등 유형별로 응대 매뉴얼이 있나 봅니다. 상담을 하면 아주 친절하게 설명하고, 나중에는 직위가 높은 사람까지 나와서 상담해줍니다. 그러면 무척 대접받는 기분이 들지요.

강남 한복판의 번듯한 사무실에서 세련된 직원들을 대하다 보면 절로 신뢰가 갑니다. 그래서 어딘가 미심쩍으면서도 자기도 모르게 계약을 하곤 합니다. 제게 상담을 온 분들 가운데 10명 중 3~4명은 이런 기획부동산에 당한 물건을 들고 오십니다. 안타까운 일이죠.

기획부동산이 애초에 등장할 때는 완전한 사기꾼들이 아니었습니다. 대규모 땅을 선매수해서 필지를 나누어 팔아 적정한 수익을 얻고자 하는 부동산을 기획부동산이라고 불렀지요. 그런데 이렇게 해서는 많은 수익을 내기가 어렵습니다. 점차 팔지도 못하는 값싼 땅을 비싸게, 그것도 지분으로 팔아 막대한 차익을 거두려는 사기판으로 변질된 것이 현실입니다.

사기 치는 기획부동산 판별법

강남에 호화로운 인테리어 시설을 갖추고 직원 수십 명을 두고 있다면 일단 의심해봐야 합니다. 사무실은 강남인데 취급하는 물건이 제주도, 강원도 등지의 땅이라면 더더욱 조심해야 합니다. 요즘은 현장에 지사가 있다며 회사 조직도 보여줍니다.

기획부동산이 제시하는 갖가지 호재에 휘둘리지 말고 내가 살 땅의 지번을 알려달라고 하시기 바랍니다. 사기 치는 기획부동산은 절대 지번을 알려주지 않습니다. 지번도 알려주지 않고 가계약금 100만~200만 원을 걸도록 교묘하게 유도합니다.

가계약을 하면 물건을 알려주는데 무척 규모가 클 겁니다. 1만~2만 평 넓이의 땅에 내가 매입한 만큼의 지분을 준다고 말합니다. 그 경우 100% 기획부동산이라고 생각하면 됩니다.

쓸모없는 땅을 지분으로 가지고 있으니 팔 수가 없습니다. 5천만 원을 투자했다면 몇 년을 가지고 있다가 역시 지분을 공유하고 버티고 있는 누군가에게 싸게 넘겨야 합니다. 그렇게 해서 손해를 보고 나오기만 해도 다행입니다. 아예 거래를 못해 그냥 들고 있는 경우가 대부분이죠.

기획부동산을 역이용하기

기획부동산이 아예 없는 거짓말을 하는 게 아닙니다. 대부분 사실입니다. 대개 배후에 안 보이는 물주가 있습니다. 이들은 자금력이 풍부하고 정보력도 뛰어납니다. 그래서 개발계획을 아주 구체적으로 알아냅니다. 저도 기획부동산이 진행한 브리핑에 몇 번 가본 적이 있습니다. 그린벨트 해제 예정지역에 대한 정보를 알려주며 토목설계도까지 보여주더군요. 대체 어떻게 입수했는지 놀라게 되는 정보도 있었습니다.

저도 혹해서 계약을 할까 생각해볼 정도였지요. 꾹 참고 돌아와 살펴보았습니다. 개발계획이나 투자지역은 좋은데 막상 기획부동산이 제시한 땅은 하자가 있거나 시세보다 훨씬 비쌌습니다.

혹여 지인의 손에 이끌려 기획부동산을 방문했다면 정보는 얻고 실제 매매는 현지 토박이 부동산을 찾아가 하시기 바랍니다.

시간이 흐른 후 땅의 쓰임새가 바뀌어 가격이 상승할 것이라는 예상과 기대감에 우리는 토지투자를 합니다. 그렇다고 매입하고 나서 시간이 가기만 기다릴 수는 없습니다. 최소한 땅의 가치를 유지하거나 나아가 상승시킴으로써 수익을 극대화하려는 노력이 필요합니다. 이번 마당에서는 매입 이후 땅을 활용하고 가치를 상승시키는 방법에 대해 다루겠습니다.

토지투자 무작정 따라하기

다섯째
마당

내 땅 제대로
활용하는 전략

시세 차익에 +α를 더하라

땅은 한번 매입하면 거의 신경 쓸 필요가 없습니다. 그게 토지투자의 장점이지요. 처음부터 건물을 지을 목적이 아니라면 토지는 되도록 그대로 두었다가 시세 차익을 받고 매각하는 게 가장 좋습니다. 따로 비용을 들일 이유가 없습니다. 개발호재와 입지 등을 따져 낮은 가격에 토지를 매입했다면 일단 수익을 확보한 셈입니다. 나머지는 시간에 맡기면 됩니다.

그런데 적극적으로 관리해야 하는 땅도 있습니다. 그대로 두면 비사업용 토지가 되어 양도세 부담이 늘어나는 경우가 그런 경우이지요. 땅에 얽힌 악재로 인해 제값을 받지 못할 때도 적극적으로 나서서 문제를 해결해야 합니다. 시간에 맡겨두는 것만으로는 목표 수익을 얻지 못할 수도 있으니까요.

토지 투자자는 시세 차익에 +α의 수익을 낼 수 있는 방법을 부단히 연구해야 합니다. 크게 네 가지 관점에서 접근할 수 있습니다.

1. 절세를 통해 수익률 올리기
2. 땅을 다듬어 가치를 올리기
3. 땅에 얽힌 악재를 해결하여 가치를 올리기
4. 건물을 지어 가치를 올리기

1. 절세를 통해 수익률 올리기

토지 관련세금은 대표적으로 취득세, 재산세, 양도세가 있습니다. 이 중 절세할 수 있는 부분은 재산세와 양도세입니다. 비사업용 토지는 사업용 토지보다 양도세를 10% 이상 더 내야 합니다. 사업용 토지와 비사업용 토지를 나누는 기준은 '지목대로 사용하는가' 여부입니다.

논밭과 같은 농지를 경작하지 않고 두면 비사업용 토지 기준으로 양도세를 내야 합니다. 그래서 농지은행에 위탁하는 겁니다. 8년간 위탁하면 사업용 토지와 같은 세율을 적용받습니다.

재산세의 경우 무허가 건축물이 있는 토지나 나대지, 잡종지는 종합합산과세토지로 분류되어 세율이 높은 편입니다. 이런 경우 새로 건축을 한다거나 주차장 등으로 활용하여 사업용 토지로 바꾸는 방법을 검토해야 합니다.

시골주택은 무허가 건물인 경우가 많습니다. 지목은 대지인데 건물 등기가 안 되어 있으니 나대지나 마찬가지이죠. 제가 아는 분이 산업단지 인근의 폐가를 싸게 매입한 적이 있습니다. 그리고 건물을 철거하여 창고를 짓고 임대하였지요. 창고임대료 수익을 꾸준히 올렸는데 몇 년 후 주변 산업단지의 영향으로 땅값도 크게 올랐습니다. 물론 대지였던 땅을 사업용으로 활용하며 절세효과도 누렸습니다. '시세 차익+α'의 좋은 예라고 할 수 있습니다.

2. 땅을 다듬어 가치 올리기

땅의 모양은 갖가지입니다. 농지의 경우는 네모반듯한 땅을 찾기가 더 어렵습니다. 경우에 따라서는 세모꼴 땅을 매입할 때도 있습니다. 땅이 평지보다 꺼져있거나 솟은 경우도 다반사입니다. 이런 이유로 가격이 저렴한 땅을 매입하여 모양을 예쁘게 만들면 가치를 높일 수 있습니다. 저는 이것을 땅을 성형한다고 합니다.

땅을 성형하는 방법은 여러 가지입니다.

- 성토 또는 절토, 복토하기
- 필지를 합치거나 분할하기
- 이웃 땅을 매입하여 합치기

꺼진 땅은 흙을 부어 돋우는 성토를 하면 됩니다. 반대로 솟은 땅은 깎아서 평지를 만드는 절토작업을 하죠. 무른 땅은 한바탕 뒤집어 단단하게 복토하면 싸게 매입한 땅도 시세대로 받을 수 있습니다. 땅의 모양이 좋지 않으면 예쁘게 만드는 방법을 연구해야 합니다.

대규모 개발이 예정된 지역이라면 굳이 내가 성형할 필요가 없습니다. 어차피 이웃 토지와 함께 매각할 가능성이 높으니까요. 그렇지 않은 경우라면 성형을 검토해야 합니다. 예상보다 높은 수익을 기대할 수 있다면 주저할 이유가 없지요.

3. 땅에 얽힌 악재를 해결하여 가치 올리기

분묘와 축사, 송전탑 등 대표적인 악재도 경우에 따라 호재로 바뀔 수 있습니다. 악재가 사라지는 것 자체가 호재이니까요. 악재를 해결할 때 상상력과 창의력을 발휘하면 의외의 해결책을 얻을 수 있습니다.

분묘의 경우를 예로 들어보면 묘지 주위로 나무를 심거나 울타리를 치면 됩니다. 그러면 눈에 보이지 않지요. 이렇게 간단한 방법으로도 분묘라는 악재를 해결하고 땅값을 회복시킬 수 있습니다.

내가 산 땅 옆에 폐가가 있는 경우도 있습니다. 허물어져가는 폐가가 눈에 띄면 내 땅도 제값을 받기 어렵습니다. 이때는 폐가 주인을 만나 지자체를 통해 멸실지원금을 받을 수 있도록 도와줄 수 있습니다. 음산한 폐가가 사라지면 내 땅의 가치는 물론 주위 땅값도 더불어 상승합니다. 집주인 역시 멸실지원금을 받아서 자기 돈을 들이지 않고 지가 상승의 혜택을 누릴 수 있으니 윈윈 게임이 됩니다.

4. 건물을 지어 가치 올리기

입지에 따라 건물을 지을 경우 +α 수익이 극대화될 수 있습니다. 예를 들어 논밭을 지목변경하여 공장부지, 창고부지로 활용하면 가치가 상승합니다. 다만, 주위 환경이나 조건이 맞아야 합니다. 수요가 없는데 주택이나 창고부지를 지었다가 오히려 손해를 볼 수도 있지요.

건물을 올리는 건 '시세 차익+α'를 확실히 기대할 수 있을 때 해야 합니다. 그 이유는 건물이 들어서면 완성된 땅이 되어 더이상의 수익을 기대하기가 어렵기 때문입니다. 오히려 건물이 감가상각되어 결과적으로 손실을 볼 수도 있습니다.

또한 건물을 지으면 매수자를 제한하는 결과를 가져옵니다. 빈 땅과 전원주택이 있는 땅의 경우를 예로 들어보죠. 전원주택을 아무리 잘 지었더라도 사람마다 취향이 다르니 매수자 입장에서는 어딘가 부족함을 느낄 것입니다. 이미 완성된 집을 사는 것과 땅을 사서 내가 직접 짓는 비용이 같다면 대개 후자를 택합니다. 그렇기에 전원주택 매물은 들인 비용보다 낮게 평가되곤 합니다. 매도자 입장에서 보면 기껏 전원주택을 지었는데 건물가치를 인정 못 받고 파는 셈입니다.

농지투자부터 관리까지

등기이전의 필수조건, 농지취득자격증명서

"농지는 아무나 살 수 있는 게 아닐 텐데? 농사를 직접 짓지 않으면 무척 까다롭다고."

논밭이나 과수원 등을 매입할 때 주위 나이 든 분들이 하는 조언입니다. 예전에는 경자유전의 원칙에 따라 도시민이 농지를 구입하기가 쉽지 않았습니다. 게다가 투기 목적으로 농지를 구입하려는 게 아니냐며 고깝게 보는 시선도 있었지요.

이제는 크게 걱정하지 않으셔도 됩니다. 지금은 법과 제도가 바뀌어가고 있습니다. 경자유전의 원칙이 있지만 농촌이 나날이 고령화되고 경작자가 줄어드는 현실을 반영하여 도시민의 농지취득 문턱도 낮아지는 추세입니다.

농지를 취득하려면 우선 농지취득자격증명서를 받아야 합니다. 흔히 줄여서 '농취증'이라고 하는데요. 농지 등기이전을 신청할 때 반드시 필요한 서류입니다. 농지가 있는 해당 지자체 면사무소에 가서 농지취득자격증명서를 작성하여 신청하면 발급받을 수 있습니다. 이때 농업경영계획서도 첨부해야 합니다.

농취증 발급은 3~5일 정도 걸립니다. 하지만 담당자가 마음만 먹으면

당일 발급받을 수도 있습니다. 미리 전화를 하고 외지에서 간다고 사정
을 설명하면 편의를 봐주기도 합니다. 지자체까지 갈 시간이 없을 경우
약간의 비용을 들여 법무사를 통해 농취증을 발급받을 수도 있습니다.
법무사를 이용할 경우 대개 5만~10만 원 정도의 금액을 청구하는데 이
보다 낮거나 높은 경우도 있습니다. 더 간편하게는 1천 원 정도의 수수
료를 들여 온라인으로 발급 가능합니다.

| 농업경영계획서 |

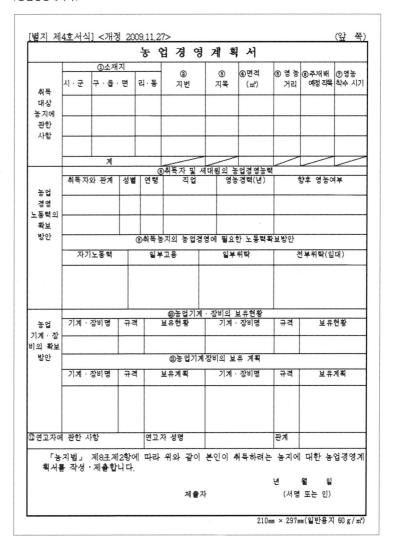

[별지 제3호서식] <개정 2009.11.27>   (앞 쪽)

농지취득자격증명신청서

접 수 *	. . . 제 호	처리기간
처 리 *	. . . 제 호	4일 (농업경영계획서를 작성하지 아 니 하는 경우에는 2일)

농 지 취득자 (신청인)	①성명 (명칭)		②주민등록번호 (법인등록번호)		⑥취득자의 구분			
	③주소				농업 인	신 규 영농	주말·체 험영농	법인 등
	④연락처		⑤전화번호				○	

취 득 농 지 의 표 시	⑦소 재 지				⑧지번	⑨지목	⑩면적 (㎡)	⑪농지구분		
	시·군	구·읍·면	리·동					진흥 구역	보호 구역	진흥 지역 밖
										○

⑫취득원인	부동산 매매

⑬취득목적	농업경영		주말·체 험영농	○	농지전용		시험·연구·실습용 등	

「농지법」 제8조제2항 및 같은 법 시행령 제7조제1항에 따라 위와 같이 농지취득자격증명의 발급을 신청
합니다.

농지취득자(신청인)   2020 년 00 월 00 일
(서명 또는 인)

시장·구청장·읍장·면장 귀하

신청인(대표자) 제출서류	담당 공무원 확인사항	수수료

구
비
서
류
 	
1. 별지 제2호서식의 농지취득인정서(법 제6조제2항제2호에 해당하는
   경우에 한합니다)
2. 별지 제4호서식의 농업경영계획서(농지를 농업경영 목적으로 취득하는
   경우에 한합니다)
3. 농지임대차계약서 또는 농지사용대차계약서(농업경영을 하지 아니
   하는 자가 취득하려는 농지의 면적이 영 제7조제2항제5호 각 목의
   어느 하나에 해당하지 아니하는 경우에 한합니다)
4. 농지전용허가(다른 법률에 따라 농지전용허가가 의제되는 인가 또
   는 승인 등을 포함합니다)를 받거나 농지전용신고를 한 사실을 입증
   하는 서류(농지를 전용목적으로 취득하는 경우에 한합니다)
	법인등기부등본	「농지법 시행
		령」 제74조에
		따름

210㎜ × 297㎜(일반용지 60 g / ㎡(재활용품))

경매로 농지를 매입할 때 주의사항

매각허가결정 전에 농취증을 발급받아 두어야 합니다. 농지취득자격증명서는 어렵지 않
게 받을 수 있습니다. 하지만 발급받는 데 3~5일 걸린다는 점을 유념해야 합니다. 경매로
농지를 낙찰받으면 매각허가가 나기 3일 전에 농취증을 제출해야 합니다. 매각허가 결정
까지는 7일이 걸리니 4일 안에 농취증을 받아서 제출해야 하지요. 정상적인 절차라면 낙
찰받자마자 농취증부터 신청해도 빠듯합니다.

하루 이틀 늦어도 괜찮을 것이라 생각하기 쉽지만 그렇지 않습니다. 경매는 공적절차입니다. 제출기한 내 서류를 내지 못하면 낙찰이 취소되고 입찰보증금을 날립니다. 경매로 농지를 낙찰받으면 반드시 법원을 나오는 즉시 농취증을 받으러 가야 합니다.

농지를 원상복구해야 하는 상황

농취증을 받는 과정에서 주의해야 할 점이 있습니다. 등기에 농지로 되어있는데 실제로는 그렇지 않은 경우가 종종 있습니다. 그러면 농취증을 받기가 좀 까다로워집니다.

농취증을 발급하기 전 지자체 담당자가 현장 실사를 나옵니다. 그런데 현장을 농지로 사용하지 않고 있으면 원상복구를 요구할 겁니다. 그냥 노는 땅으로 있다면 원상복구가 어렵지 않을 텐데 무허가건축물이나 컨테이너가 있으면 난감해집니다.

이런 경우에도 대개 언제까지 원상복구를 하겠다는 약속을 하면 농취증을 내줍니다. "일단 약속하고 나중 일은 나중에 알아서……"라고 쉽게 생각하면 곤란합니다. 약속 기한에 맞춰 실사를 하고 그때까지 복구가 되어있지 않으면 과태료를 부과합니다. 그러니 농지에 투자할 때는 원상복구비용도 매입비용에 포함시켜야 합니다.

지자체에 따라서는 원상복구를 한 다음 농취증을 발급하겠다는 곳도 있습니다. 이러면 원상복구를 할 때까지 등기이전을 할 수가 없습니다. 현재 농지로 사용하고 있지 않은 땅을 매입할 때는 돌다리도 두드린다는 심정으로 미리 지자체에 농취증 발급을 상담해야 합니다.

직접 농사짓기 어렵다면 농지은행에 위탁한다

농취증을 받기 위해서는 농업경영계획서를 제출해야 합니다. "농업경영계획서라니? 내가 어떻게 농사를 지어?" 하며 당황하는 분도 있을 겁니다. 자경이 어려우면 농지은행에 위탁한다고 하면 됩니다.

농지은행은 한국농어촌공사가 설립한 기관입니다. 전국 농지매입과 매도, 임대차 등의 사업을 하고 있습니다. 도시민도 농지를 매입하여 농지은행에 위탁하는 방식으로 비교적 쉽게 농지를 매입할 수 있게 된 것이지요.

법적으로 제한된 개인 간의 농지임대차

농지를 위탁하면 농지은행이 경작을 원하는 임차인에게 빌려줍니다. 여러분이 일일이 임차인을 구하러 다닐 필요가 없습니다. 사실 원칙적으로 여러분이 개인에게 빌려줄 수도 없습니다. 개인 간의 농지임대차는 법적으로 제한하고 있기 때문이지요.

"무슨 소리예요? 우리 아버지는 시골 논밭을 아는 분에게 임대해주고 있는데요?"라고 하는 분도 계실 텐데요. 1996년 이전에 취득한 농지는 개인과 개인 사이에 임대차가 가능합니다만 그 이후 취득한 농지는 불가능합니다.

농지은행에 위탁하면 좋은 점이 세제혜택입니다. 원칙상 농지는 재촌자경을 해야 합니다. 그렇지 않고 땅을 놀리면 갖가지 제약을 받습니다. 농지로 활용하겠다고 약속하고 취득한 것이니 휴경지로 놔두면 이행강제금이 나올 수도 있습니다.

관계법령에서 인정하는 재촌자경은 다음과 같습니다.

- 재촌: 연접한 시·군·구 또는 농지로부터 직선거리 30km 이내에 있는 지역에 사실상 거주하는 자
- 자경: 농지에서 농작업의 2분의 1 이상을 본인이 직접 하는 것

알아두세요

농지은행 위탁의 절세 효과

재촌자경을 인정받지 못하면 나중에 양도할 때 '비사업용 토지 양도세 중과세'가 부과됩니다. 양도세 누진세율 6~42%에 비사업용 토지로 10% 중과세가 붙으면 16~52% 누진세율이 적용되는 겁니다. 그런데 농지은행에 위탁하면 사업용 토지로 인정받습니다. 위탁 후 8년이 지나면 10% 중과세가 사라집니다. 또한 재산세 분리과세 대상이 되어 세율 0.07%를 적용받을 수 있습니다.

재촌자경으로 8년 이상 보유하면 양도소득세를 감면받을 수 있습니다. 그러나 이때도 농업 외 사업소득합계가 연 3,700만 원 이상이면 농업이 주 생계수단이 아니라고 보고 자경으로 인정하지 않습니다. 이런 경우에도 농지은행에 8년 이상 위탁한 후 양도하면 사업용 토지로 인정하여 감면받을 수 있습니다.

농지은행에 위탁하기 전 꼭 알아둘 것들

농지은행에 위탁하는 과정은 어렵지 않습니다. 농지은행 통합포털 (www.fbp.or.kr)을 찾아서 위탁에 관련한 사항을 확인하고 온라인으로 신청하면 됩니다. 로그인한 후 안내절차에 따라 서류를 제출하고 심사와 승인을 받으면 됩니다. 과정 중에 궁금한 것은 전화로 상담하면 자세히 알려줍니다.

위탁수수료는 임대차료의 5%이며 임대 시세는 본인이 책정할 수 있습니다. 지역마다 농지은행에서 정한 기본 시세가 있으니 이를 참고하여 정하면 됩니다.

다만 임대기간이 최소 5년 이상이고 재계약하는 경우 3년 이상 계약을 해야 합니다. 중간에 매각을 할 경우 남은 임대기간의 임대료 총액의 20%를 배상금으로 지불해야 한다는 걸 명심해야 합니다.

> **농지은행 위탁 신청 서류**
> - 신분증 사본
> - 주민등록등본
> - 해당 농지 등기부등본
> - 부동산종합증명서

주말농장으로 활용할까?

농지 규모가 1,000㎡ 미만이면 주말농장으로 활용하는 방법도 있습니다. 이 경우 농취증을 신청할 때 주말·체험영농 목적으로 발급받으면 됩니다.

주말농장은 아무래도 도시에서 가까이 있는 곳이 좋겠지요. 주말이나 체험영농을 운영할 때는 수익에 너무 연연하지 않는 게 좋습니다. 여러분의 목적은 땅의 가치를 유지하고 일정 기간이 지난 후 투자 수익을 얻는 데 있다는 점을 잊지 말아야 합니다.

대도시와 가깝고 접근성이 뛰어난 경우가 아니라면 주말농장으로 수익을 올리기 쉽지 않습니다. 임대수익이 낮더라도 여러 사람이 와서 경작을 하고 활발하게 활용하도록 싸게 내놓는 게 좋습니다.

흙을 덮는 성토와 깎는 절토

땅을 사서 성형을 하는 이유

땅 위에 흙을 부어 돋우는 걸 성토라고 합니다. 반대로 땅을 깎아서 평지로 만드는 건 절토입니다. 땅을 매입했는데 주위 땅보다 낮아서 푹 꺼져 있으면 흙을 부어 성토를 해야 합니다. 반대로 언덕이나 비탈 같은 지형이라면 절토를 통해 다듬어 편평한 농지나 대지로 만드는 거죠.

처음 투자하는 초보자들은 땅을 완제품으로 생각하는 경향이 있습니다. 그래서 사고 난 다음 시간과 비용을 들여 뭔가를 더 해야 한다면 주저합니다. "그럴 필요없는 땅을 사면 되잖아요. 왜 굳이 그런 땅을 사서 고생을 하죠?"라고 말하는 분도 있지요.

이유는 성토나 절토를 해야 하는 땅이 대개 주위 시세보다 싸기 때문입니다. 심지어 시세의 절반가에 나오는 경우도 있습니다. 그런 땅도 성토나 절토를 하면 주위 시세만큼 회복되곤 합니다. 땅 성형에 들어가는 비용을 감안해도 수익이 훨씬 높게 나올 수 있습니다.

토지투자를 하려면 성토나 절토에 익숙해져야 합니다. 땅은 공장에서 만든 제품처럼 규격이 정해져있지 않습니다. 매입 후 보다 나은 땅으로 만드는 노력을 하는 건 당연하다고 미리 마음을 먹으면 편합니다.

성토 비용 계산하기

성토비용을 계산할 때 루베라는 단어를 씁니다. 1루베는 1㎥입니다. 가로와 세로를 곱하면 면적이 나오지요. 거기에 높이를 곱하면 ㎥가 나옵니다. 1㎥를 1루베라고 생각하면 됩니다. 그러면 1천 평 땅에 1m 성토를 한다고 가정해보죠. 총 몇 루베인지 계산해볼까요?

$$1,000 \times 3.3 \times 1m = 3,300㎥(루베)$$

성토할 때 대개 25톤 트럭을 동원합니다. 25톤 트럭은 1회 12루베 정도의 흙을 싣습니다. 그러면 275회를 운반해야겠지요. 흙 가격은 대개의 경우 트럭 한 대에 5만 원 내외 정도로 잡습니다. 흙이 풍부하고 이동거리가 짧다면 좀 더 저렴할 수 있고 멀다면 비용이 더 나갈 수도 있습니다.

$$3,300루베 \div 12루베 = 275 \times 5만 원 = 1,375만 원$$

여기에 중장비를 동원하여 흙을 다지는 작업이 필요합니다. 중장비는 대개 하루 50만 원 정도 비용을 지불해야 합니다.
이렇게 하면 대략의 성토비용을 계산할 수 있을 겁니다.

성토와 절토 중 선택한다면?

아는 분이 성토와 절토에 대한 상담을 해온 적이 있습니다. 이천에 임야를 사기 위해 여러 차례 답사한 후 최종적으로 두 곳으로 대상을 좁혔답니다. 그런데 공교롭게도 한 곳은 땅을 깎는 절토작업이 필요했고 다른 한 곳은 땅을 메우는 성토작업을 해야 한다는 겁니다.

두 땅은 가격과 규모가 비슷했습니다. 그럴 경우 당연히 절토를 해야 하는 땅을 선택하는 게 낫습니다. 절토를 하면 흙이 나옵니다. 그 흙을 원하는 사람에게 팔면 절토비용을 상당히 줄일 수 있습니다. 성토는 흙을 사서 메워야 하니 흙 구입비용까지 추가로 계산해야 합니다.

간척사업이 활발한 지역은 흙이 귀하기에 돈이 되기도 합니다. 반면 강원도 같이 산이 많은 곳은 남은 흙을 처리하느라 애를 먹기도 합니다. 다른 조건이 같다면 성토와 절토에 드는 비용을 따져 유리한 쪽을 선택하시기 바랍니다.

성토·절토 작업할 때 주의해야 할 사항

알아두세요

복토

복토는 땅을 파고 다시 메우는 걸 말합니다. 연못처럼 오랫동안 물에 잠긴 땅은 바닥이 무릅니다. 그래서 땅을 파고 자갈을 채운 후 마른 흙으로 채우는 복토작업을 하는 경우도 있습니다. 논을 밭으로 만들 때도 진흙 같은 논바닥 흙을 걷어내고 밭작물 경작에 알맞은 흙을 깔기도 합니다.

내 땅이라고 마음대로 성토를 하거나 절토할 수는 없습니다. 국토계획 및 이용에 관한 법률에 의하면 50cm 이상을 성토 또는 절토할 경우 관할청에 신고해야 합니다. 신고하지 않고 성토나 절토를 할 경우 원상복구를 해야 할 수도 있습니다. 원상복구를 하지 않고 버티면 과태료까지 물게 됩니다.

신고 여부를 떠나서 상식적으로 판단해야 합니다. 내 땅과 이웃한 남의 땅은 서로 연결되어 있습니다. 내가 땅을 깎거나 돋워서 남의 땅에 피해를 주는 경우 당연히 문제가 됩니다. 예를 들어 절토를 했는데 비가 많이 내려 토양이 유실되어 이웃 땅에 피해를 줄 수도 있습니다. 그러면 피해를 입은 사람이 바로 민원을 제기하겠죠.

특히 농지의 경우 규정이 예민합니다. 성토와 절토의 개발행위허가 기준에 따르면 농지의 형질을 변경하고자 성토 또는 절토를 할 경우 이웃 농지의 관개, 배수, 통풍 등 농작업에 피해를 주지 않아야 합니다. 인근 농작물에 피해를 줄 수 있는 부적합한 토석이나 골재를 사용할 수도 없습니다.

합필·분할로
땅 모양을 예쁘게 만들자

합치고 나누면 가치가 상승한다

합필은 2필지 이상의 토지를 1필지로 만드는 것입니다. 반대로 분할은 1필지의 토지를 나눠서 2필지 이상으로 만드는 것이죠. 합필은 소유자가 동일하고 땅의 지목도 같아야 가능합니다. 지목이 서로 다르다면 형질변경을 해서 동일하게 맞춰야 합니다.

땅을 살 때 1필지만 사는 경우는 드뭅니다. 겉보기에는 한 덩어리라도 지적도를 보면 1~2필지인 경우가 많습니다. 그래서 합필과 분할이 필요합니다.

예를 들어 도로변 땅을 매입했는데 500평, 300평, 100평으로 각각의 면적이 다르다고 가정해보죠. 100평 땅은 도로와 떨어져있으니 맹지입니다. 이러면 제값을 받지 못하죠. 결국 세 땅을 합쳐서 팔아야 한다는 결론이 나옵니다. 그러면 사는 이에게 부담이 될 수도 있지요.

	100평
500평	300평
도로	

합필을 한 후 분할하면 각기 300평인 세 덩어리의 땅이 도로와 접하게 됩니다. 땅 모양도 예뻐지고 모든 땅이 골고루 제값을 받을 수 있습니다. 사는 이로서도 300평 한 덩어리만 사면 되니 부담이 없습니다.

합필·분할로 윈윈 게임을 즐긴다

합필·분할은 소유자가 동일해야 한다고 했습니다. 그런데 내 땅만으로는 도저히 모양이 나오지 않는다면 어떻게 해야 할까요?

|세모 모양의 땅 둘을 합필하여 네모로 만든 땅의 예|

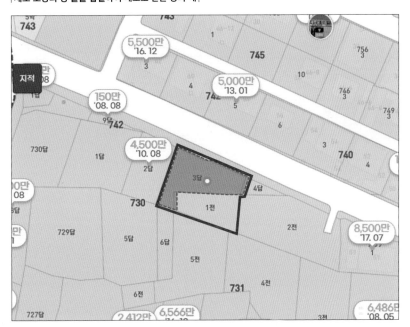

출처: 디스코

실제 사례를 들어보겠습니다. 개발호재가 많은 지역에 1천 평 정도 되는 삼각형 모양의 땅입니다. 주변 시세는 평당 40만 원에 거래되고 있었으나 매물로 나온 땅은 삼각형이라 평당 30만 원이었습니다. 가격이 저렴해 지인 둘과 셋이서 공동투자를 하였습니다.

그런데 삼각형 땅이라 나누기가 애매합니다. 어떻게 나눠도 모양이 나오지 않습니다. 그럴 줄 알면서도 왜 투자를 했을까요? 지적도를 보니 옆 땅도 삼각형 모양이었고 둘을 합치면 직사각형의 땅으로 만들 수 있기 때문이었습니다.

땅을 매입한 후 옆 땅의 주인을 찾아가 서로의 땅을 교환하기로 했습니다. 즉 내가 산 땅과 옆 땅과 겹치는 부분을 합필한 후 필지분할한 것입니다. 그렇게 하여 사각형으로 바뀐 땅을 균등하게 분배하였고 땅값은 시세를 회복했습니다. 옆 땅의 주인 역시 마찬가지로 시세가 올랐지요. 모두가 이익인 윈윈 게임이었습니다.

이웃 땅 사서 합치기

제가 운영하는 인터넷 카페 회원분이 상속받은 땅을 상담해왔습니다. 모양이 이상해서 있으나 마나 한 땅인데 어떻게 하면 좋겠냐는 문의였습니다. 정말 이상한 모양의 땅이었습니다. 기다란 직사각형 두 땅 사이에 가느다랗게 마치 도로처럼 생긴 땅이었지요. 홍성 국도가에 있는 땅이었는데 충남도청 이전으로 일대 땅값이 오르고 있어 그대로 두긴 아까웠습니다.

양쪽 땅의 소유자를 살펴보니 성씨가 같았습니다. 한 가족이 나눠서 소유하고 있었던 것이죠. 지적도를 보니 옆 땅의 소유자가 회원분의 땅을 사면 좋을 듯했습니다. 그래서 함께 지주들을 찾아가 매입 의사를 타진

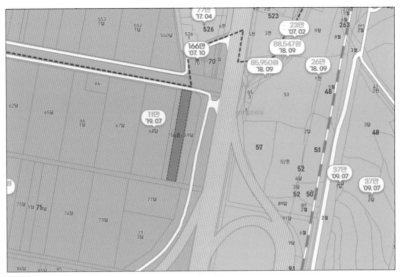

출처: 디스코

했지요. 그런데 한쪽 지주가 사정이 좋지 않아 오히려 땅을 매각할 생각을 하고 있었습니다.

카페 회원분은 땅을 매각하러 갔다가 오히려 사야 되는 상황이 되자 부담스러워하였습니다. 저는 투자 가치가 있으니 매수를 권유했고 그분은 며칠 고민하다 한쪽 땅을 사서 네모 반듯하게 합쳤습니다. 6개월 후 그 땅의 가격은 50% 상승했습니다.

원활한 매매를 위해 분할할 때도 있다

다음 그림과 같이 도로와 붙은 땅이 있습니다. 논밭은 대개 규모가 크니 500평이라고 가정해보지요. 그런데 땅을 사는 사람들은 대개 100~300평 정도를 원합니다. 사용하기에 적당한 규모의 땅이라야 제값 받고 쉽게 매각할 수 있기 때문입니다.

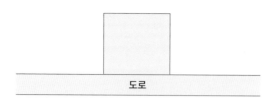

땅은 도로와 접해있어야 가치가 있습니다. 그래서 이 땅을 세로로 분할 하면 너무 길쭉한 모양의 이상한 땅이 됩니다. 이럴 경우는 다음과 같이 분할합니다.

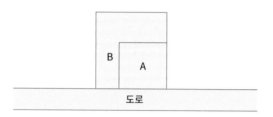

이러면 두 땅의 면적이 매각하기 쉬운 면적이 됩니다. B땅은 뒤에 있기 는 하지만 진입도로가 있으니 건축을 하는 데 아무런 하자가 없습니다. A땅은 좀 더 비싸게 받고 뒤의 땅은 가격을 약간 낮추어 내놓으면 됩니 다. 사는 이에 따라 가격이 낮은 B땅을 선호하는 경우도 있으니까요. 이 렇게 쪼개 팔면 500평 큰 땅을 가격 낮추어 파는 것보다 수익이 더 높습 니다.

지적도에 갇히지 말자

두 차례나 유찰된 경매물건이 있었습니다. 땅은 300평이었는데 도로에 인접해있었고 주변에 호재도 많았습니다. 문제는 지분경매라는 점이었 습니다. 두 사람이 땅을 각기 1/2씩 소유하고 있었는데 그중 한 사람의 지분만 경매로 나온 겁니다.

보통의 경우 지분경매는 기피합니다. 낙찰받아도 다른 지분을 공유한 사람의 동의가 있지 않는 한 재산권 행사를 하는 데 제약을 받기 때문입니다. 지적도를 보고 땅의 모양을 유심히 살펴본 저는 과감히 입찰하여 낙찰받았습니다. 그리고 1/2지분을 가진 다른 지주를 찾아갔지요. 필지 분할을 제안한 겁니다. 땅을 그림의 점선과 같이 분할하여 네모지고 반듯한 땅을 양보했습니다. 당연히 지주는 승낙했지요.

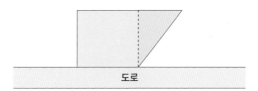

저는 모양은 나쁘지만 도로에 붙어있고 건축을 할 수 있는 땅을 소유할 수 있었습니다. 두 번의 유찰로 낮은 가격에 샀기 때문에 모양은 예쁘지 않아도 필지분할로 시세를 회복할 수 있었기에 저도 이익이었습니다. 다음의 예도 필지를 분할한 예입니다. 가로로 분할하고 도로에 더 많이 접한 아래쪽 땅을 양보했지만 역시 서로 이익인 분할이었습니다.

| 실제 토지분할의 예 |

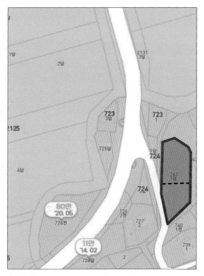

출처: 디스코

맹지 탈출하는 3가지 방법

맹지라고 다 같은 맹지가 아니다

진입할 도로가 없는 땅을 맹지라고 합니다. 도로가 없으면 건축을 할 수 없습니다. 허가 자체가 나오지 않지요. 맹지는 다른 땅에 둘러싸여 있으니 활용할 방법이 극히 제한된 땅이고 그리기에 주위 시세에 비해 가격이 절반 정도에 불과합니다.

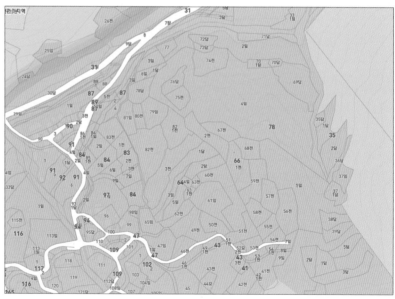

출처: 디스코

이 지적도에서 도로가 없는 땅은 모두 맹지입니다.

처음 토지투자를 하는 분이라면 맹지를 피하라고 누누이 강조합니다. 그럼에도 의외로 초보 투자자들이 맹지를 매입하여 곤란을 겪는 경우가 많습니다. 그 이유가 주위 시세보다 가격이 턱없이 낮으니 덥석 계약부터 하기 때문입니다. "평당 몇 만 원이라고? 이건 거저야. 다른 사람이 채가기 전에 사야 돼."라며 계약을 서두릅니다. 그리고 수년을 보유한 다음 눈물을 머금고 헐값에 팔곤 하죠. 맹지를 매입하여 고생한 사람은 이후 절대 쳐다보지 않습니다.

하지만 맹지라고 다 같은 맹지가 아닙니다. 맹지로 보일 뿐 실제 맹지가 아닌 경우도 있고 약간 손을 보면 맹지에서 벗어날 수 있는 땅도 있습니다. 그래서 어느 정도 토지투자에 익숙한 분들께는 맹지도 눈여겨보라고 권합니다. 맹지를 사서 도로를 확보하면 주위 시세대로만 받아도 2~3배 수익이 날 수 있습니다.

길을 내고, 맹지를 매입한다

맹지투자의 핵심은 간단합니다. 도로가 없다는 문제를 해결한 후에 맹지를 매입하면 됩니다.

쉽게 문제가 풀리는 때도 있습니다. 지적도상 맹지로 보이지만 위성 사진이나 현장답사를 통해 확인하면 현황도로가 나있는 경우가 그런 경우인데요. 현황도로는 지적도에는 나오지 않지만 실제로는 존재하는 도로입니다. 동네 사람들이 농사를 짓거나 통행을 하기 위해 낸 도로인 경우가 대부분입니다. 지방에는 지적도나 도로대장에 표시되지 않은 현황도로가 꽤 많습니다. 그래서 지적도만 믿지 말고 인터넷 포털 위성지도로 확인하거나 현장답사를 해봐야 합니다.

현황도로가 있는 경우 대개는 건축이 가능합니다. 그렇다고 안심하고 매입하면 안 됩니다. 토지를 매입하는 목적은 개발이나 건축을 하기 위함입니다. 현황도로가 있을 경우 대체로 허가가 납니다. 그런데 지자체에 따라 내주지 않는 경우도 있습니다. 그러므로 땅을 매입하기 전에 해당 지자체 건축과에 전화해서 "현황도로가 있는데 건축물을 세울 수 있나요?"라고 확인을 하고 계약을 진행해야 합니다.

반대로 지적도 상에 도로가 있는데 가서 보니 맹지인 경우가 있습니다. 지적도에 '도'로 표시는 되어 있는데 아직 나지 않은 경우입니다. 이 경우 초보자들은 맹지라고 오해하고 계약을 포기하기 쉬운데 한 번 더 따져보기 바랍니다.

지적도에 도로로 표시되어 있다면 언제든 도로를 낼 수 있다는 뜻입니다. 내가 도로를 내면 됩니다. 도로 내는 비용은 생각보다 크지 않습니다. 또 인접 토지 주인들을 설득하여 공동으로 도로를 내서 비용을 절약할 수도 있습니다. 투자금이 올라가겠지만 맹지에서 벗어나 거둘 수 있는 수익과 비교하여 결정하면 됩니다.

맹지를 탈출하자!

맹지를 탈출하는 방법은 세 가지입니다. 첫 번째는 도로와 내 땅 사이에 있는 토지를 매입하는 방법인데요. 도로와 내 땅 사이에 도로를 낼 만큼만 사는 겁니다. 이는 가장 손쉽고 확실한 방법인데 추가 비용이 든다는 단점이 있습니다.

두 번째는 인접한 토지 주인이 팔 생각이 없을 경우 토지사용승낙서를 받아 도로를 내는 방법입니다. 이 방법은 시일이 좀 걸린다는 단점이 있습니다. 토지사용승낙서를 받아 도로를 만들고 내 땅에 건축물을 지어 사용승인을 받으면 도로가 난 토지 소유자라고 하더라도 마음대로 길을 막을 수 없습니다. 토지의 지목이 도로로 바뀌기 때문입니다. 그러니 반대로 내가 토지사용승낙서를 써줄 경우 신중하게 생각해야 합니다.

토지사용승낙서를 받기 위해서는 대가를 지불해야 합니다. 인접 토지의 주인과 협의를 해서 정하는데 턱없이 높이 부를 경우 깨끗하게 포기하는 게 좋습니다. 내 땅이 맹지에서 벗어나서 얻는 수익과 토지사용을 위해 드는 비용을 비교하면 쉽게 적정 가격을 추산할 수 있을 겁니다. 토지사용의 대가는 매년 지불하거나 한꺼번에 지불하는 방식으로 정합니다.

토지사용승낙서와 헷갈릴 수 있는 게 '주위토지통행권'입니다. 이는 도로가 없어 내 땅에 들어갈 수 없을 때 남의 땅을 이용할 수 있는 민법상의 권리입니다. 경우에 따라서는 사용대금을 치르고 이용해야 합니다. 주위토지통행권을 내세워 도로를 만들 수는 없으니 반드시 토지사용승낙서를 받아야 합니다.

세 번째가 구거(도랑)를 이용하여 도로를 내는 방법입니다. 논이나 밭, 임야의 지적도를 보면 구거라고 표시된 지목이 있습니다. 쉽게 말해 물이 흐르는 작은 개울이지요. 그중에는 늘 물이 흐르는 곳도 있고 평소에는 말라 있다가 여름 호우기 때 잠시 물이 흐르는 건천도 있습니다. 구거는 나라 땅입니다. 이를 매입하거나 구거점용허가를 받아 도로를 내고 지자체에 기부체납하는 방식으로 맹지를 탈출하는 방법도 있습니다.

저는 해결 난이도에 따라 맹지를 A, B, C 등급으로 나눕니다.

맹지의 등급	
A	기존 도로에서 가까워서 토지사용승낙서를 한 사람에게 받으면 되는데 땅이 여러 필지로 나뉘어 있고 각기 주인이 달라서 선택권이 많은 경우 구거(도랑)가 있는 경우
B	기존 도로에서 가까우면서 내 땅과 도로 사이에 있는 땅의 주인이 한 명인 경우
C	기존 도로와 내 땅이 멀거나 토지사용승낙서를 여러 명의 땅주인으로부터 동시에 받아야 하는 경우

C등급의 맹지는 매입하면 안 됩니다. 도로를 내기 위해 여러 땅 주인을

설득한다는 건 불가능에 가깝지요. 기존 도로에서 멀면 도로를 내는 비용도 올라갑니다. 절대 피해야 할 맹지이지요.

A등급과 B등급은 도로에서 가깝다는 입지조건은 같습니다. 다만 도로와 내 땅 사이에 있는 땅의 주인 수가 다를 뿐이지요.

A등급은 이런 모양입니다. 내 땅과 도로 사이에 땅 주인이 여럿이지요.

B등급의 경우는 남의 땅 주인이 한 명입니다.

무슨 차이가 있을까요? B등급이 경우 남의 땅에서 도로로 쓸 만큼 매입하거나 토지사용승낙서를 받아야 하는데 땅 주인을 설득하지 못하면 그대로 맹지로 남습니다. 억지로 해결할 수는 없습니다. 하지만 A등급의 경우 세 사람 중 한 사람만 설득하면 되니 확률이 높습니다. 한 사람에게만 토지사용승낙서를 받아내거나 도로 부지를 매입하면 맹지에서 벗어날 수 있지요.

출처: 카카오맵

도로와 땅 사이에 있는 기다란 부분이 구거입니다.

구거는 미래의 도로다

구거(도랑)가 있는 땅도 A급 맹지에 속합니다. 지자체와 협의하여 구거 점용허가를 받고 매립하여 도로를 낸 후 기부체납을 하는 형식으로 맹지를 벗어날 수 있습니다. 절차가 까다로워 보입니다만 실제로는 그리 어렵지 않게 도로를 낼 수 있어 제가 선호하는 땅이기도 합니다.

저는 강의를 할 때 구거는 미래의 도로라고 말하곤 합니다. 구거는 폭이 다양한데 적어도 차가 한 대는 지날 정도는 되어야 합니다. 구거 매립은 그리 어렵지 않습니다. 토관을 매설하여 물이 지나는 통로를 만들고 그 위에 흙을 부어 도로를 내면 됩니다.

"그럼 비용이 많이 들겠네요?" 구거 매립을 이야기하면 경험이 없는 분들은 비용을 걱정합니다. 그런데 생각보다 많이 들지 않습니다. 미리 견적을 받아 계산해보면 용기를 갖고 진행할 수 있습니다.

예를 들어 맹지를 2천만 원에 매입했다고 가정해보죠. 맹지는 대개 주위 시세의 절반 정도입니다. 토지매입비용에 구거를 매립하는 데 500만 원 견적이 나왔다면 이 땅에 들어간 자금은 총 2,500만 원입니다. 이후 구거가 도로로 바뀌어 맹지에서 풀리면 이 땅은 주위 시세인 4천만 원을 받을 수 있을 겁니다.

구거가 있다고 해서 무조건 계약을 하면 낭패를 볼 수도 있습니다. 지적도에는 구거가 없는데 현장에 가서 보니 도랑이 있는 경우가 있습니다. "구거가 있네? 그럼 쉽게 맹지에서 벗어날 수 있겠구나."라고 속단하면 낭패를 볼 수 있습니다. 보기에는 구거로 보이지만 사유지인 경우도 있습니다. 그 경우 땅 주인과 협상해야 하는데 실패하면 맹지에 갇히고 맙니다. 반드시 등기부등본을 떼서 도랑이 있는 땅의 주인이 국가인지 개인인지 확인해야 합니다.

맹지투자: 절대 전제를 지켜라

맹지에 투자할 때는 반드시 도로를 낼 수 있는 방안을 확보한 후에 매입 계약을 해야 합니다. 매입 계약을 하기 전에 인접 토지의 주인을 설득하여 매입 계약을 하는 날 동시에 토지사용승낙서를 받아야 합니다.

경매나 공매로 매입할 경우는 입찰금을 내기 전에 확답을 받아두었다가 낙찰을 받을 경우 바로 토지사용승낙서를 확보해야 합니다. 구두로 해주겠다는 말만 믿고 나중에 찾아갔다가 마음이 바뀌어 사용대금을 높여 부르면 꼼짝없이 당하는 경우도 있습니다.

이렇게 보면 맹지투자도 어렵지 않게 보일 겁니다. 그러나 실전에서는 그리 녹녹하지 않습니다. 맹지가 왜 맹지로 남아 있을까요? 도로를 내는 방법은 땅을 파는 사람도 알고 있을 겁니다. 그럼에도 맹지로 싸게 파는 건 그만큼 도로 내기가 쉽지 않기 때문입니다.

현실적으로는 인접 토지 주인으로부터 토지사용승낙서를 받기도 쉽지 않습니다. 입장을 바꿔서 토지사용승낙서를 내줘야 한다고 생각해보세요. 얼마 되지 않은 돈으로 내 땅의 권리를 내줘야 합니다. 선뜻 동의하시겠어요?

그러니 지자체 관공서 출입이 익숙해지고 도로를 내본 경험을 쌓은 후 맹지 투자에 도전하는 게 좋습니다.

지적도 혹은 위성 사진으로
맹지 현황 파악하기

내가 살 땅이 맹지인가 아닌가는 간단히 알 수 있습니다. '디스코' 홈페이지를 예로 확인해 보겠습니다.

① PC 또는 스마트폰에서 디스코 홈페이지(disco.re)에 접속합니다.

② 찾고자 하는 토지 주소를 입력합니다.

③ 땅의 모양과 면적 그리고 주위 매매 실거래가와 매매일자 등이 바로 나옵니다. 좌측 사이드 메뉴에서 '토지'를 선택하면 땅과 관련한 정보가 나옵니다.

토지 관련정보에 '도로접면' 항목이 있습니다. 예시의 경우 '세로 한면(가)'로 나옵니다. 도로가 붙어있는 땅이라는 뜻이지요. 맹지는 '맹지'라고 표시됩니다. 이렇게 해서 땅이 맹지인지 아닌지 확인하면 됩니다.

토지의 활용도를 높이는 지목변경

미운 오리새끼도 백조가 될 수 있다

 알아두세요

지목변경과 용도변경

지목변경을 흔히 용도변경과 혼재하여 사용합니다. 논을 밭으로 쓴다면 사용 용도가 바뀌었으니 용도변경이라고 하는 거죠. 주의할 점은 용도변경과 용도지역의 용도와 혼동하면 안 됩니다. 용도지역의 용도는 국가에서 지정한 것으로 개인이 바꿀 수 없습니다. 인터넷이나 부동산투자 관계자들이 '용도변경한다'라고 할 때는 지목변경을 뜻한다고 이해하셔야 합니다.

땅의 가치를 확실히 높이는 방법은 지목변경입니다. 우리나라 토지의 지목이 28가지라고 말씀드렸지요? 그중에서 실질적으로 투자하는 토지의 지목은 5가지 정도입니다. 이들을 가격대에 따라 나열하면 대개 다음과 같은 순이 됩니다.

> 대지 > 잡종지 > 전 > 답 > 임야

대지는 집이나 건물을 세울 수 있고 도로 등 기반 시설이 이미 갖춰져 있으니 가격이 가장 높습니다. 잡종지는 지목변경이 어렵지 않으니 잘만 고르면 높은 수익을 얻을 수 있습니다.

지역에 따라 다를 수 있지만 대략 농지는 대지의 1/3 수준이고 임야는 농지의 1/2 수준이라고 생각하면 됩니다. 같은 농지더라도 밭이 논보다 약간 비쌀 수 있습니다.

밭이 논보다 비싼 이유는 조금만 생각해보면 알 수 있습니다. 논은 물을 채워야 하기에 땅이 낮고 무릅니다. 논은 지목을 변경하기가 까다롭고, 대지로 바꿨다고 해도 건물을 세우려면 무른 흙을 걷어내고 마른 흙을 채워야 합니다.

그런 점에서 지목을 변경하려면 나무를 베고 개간을 해야 하는 임야의 가격이 가장 낮은 건 당연하지요. 임야는 접근할 수 있는 도로까지 내야 하는 경우가 대부분입니다. 게다가 산지보전정책이 강화되고 있어 지목을 바꾸기도 쉽지 않습니다.

"누가 땅을 사서 지목을 바꿔 돈을 벌었다더라." 하는 이야기를 종종 듣습니다. 실제로 논이나 임야를 밭으로 만들면 바로 20% 정도 가격이 올라간다고 생각하면 됩니다. 대지로 바꿀 수 있다면 땅의 가치가 몇 배는 올라갈 수 있지요.

지목변경이 가능한지 매입 전에 따져보자

지목을 바꿔 땅의 가치를 높이는 건 적극적인 투자 방법입니다. 땅을 사서 몇 년씩 소유하여 가치가 상승하는 걸 기다리는 것보다 확실히 매력적이죠. 하지만 너도나도 쉽게 할 수 있다면 벌써 모든 사람이 달려들었을 겁니다. 생각보다 쉽지 않은 영역이기에 공부를 해야 합니다.

지목변경이 가능한 경우는 다음과 같습니다.

> 1. 국토의 계획 및 이용에 관한 법률과 같은 관계법령에 의해서 토지의 형질변경 같은 공사가 준공된 경우
> 2. 토지 또는 건축물의 용도가 변경된 경우
> 3. 도시개발사업 같은 원활한 사업추진을 위해 사업 시행자가 공사 준공 전에 토지합병을 신청하는 경우

이렇게만 보면 내 땅의 지목을 바꿀 수 있는지 없는지 가늠이 되지 않을 겁니다. 결국 해당 지자체나 행정청에 지목변경이 가능한지 확인하는

게 빠른 길입니다. 토지이용현황과 관계법령을 알면 도움이 되겠지요. 지목변경이 가능할 경우 크게 다음과 같은 절차를 거쳐 바꿀 수 있습니다.

알아두세요

산지전용과 농지전용 허가를 받으려면

산지전용은 사업계획서, 산지내역서, 지형도, 임야도 등 농림부령이 정한 신청서류를 준비하여 산림청에 신청서를 제출한 후 산림청장의 허가를 받아야 합니다.

농지전용은 사업계획서와 소유권 내지 사용권에 관한 입증자료, 지적도등본, 지형도 등 신청서류를 준비하여 해당 농지를 관할하는 농지관리위원회에 농지전용허가 신청서를 제출하고 위원회의 확인을 거친 후 농림부장관의 허가를 받아야 합니다.

1. 전용허가 취득하기

임야, 즉 산을 전답으로 바꾸려면 산지전용허가를 받아야 합니다. 전답과 같은 농지를 대지로 바꾸려면 역시 농지전용허가를 받아야 합니다. 농지전용허가를 받을 경우 농지보전부담금을 내야 합니다. 농지보전부담금을 흔히 농지전용부담금이라고도 합니다.

2. 형질변경 하기

산지전용허가나 농지전용허가를 받으면 개발행위허가를 받아서 형질변경 작업을 해야 합니다. 쉽게 말하면 임야를 밭으로 만들거나, 논밭을 메워 건물을 세울 수 있는 땅으로 만들어야 한다는 뜻입니다.

3. 밭을 경작하거나 건축물을 세우기

형질변경작업이 끝나면 해당 토지를 바꾸고 싶은 용도로 활용해야 합니다. 임야를 개간하여 밭으로 형질을 바꾸면 뭔가를 심어야 하고, 논밭을 메워 대지로 형질을 바꿨으면 건축물을 세워야 합니다.

4. 지목변경 신청하기

이렇게 하여 땅의 용도가 확실하게 달라지면 관할 행정청에 지목변경을 신청합니다. 지목변경 허가를 받으면 토지이동정리결의서를 작성하고 토지대장과 도면을 정리합니다.

알아두세요

지목변경을 할 때 들어가는 비용
- 지목변경수수료(필지당 1천 원)
- 농지보전부담금
- 측량수수료
- 형질변경비용
- 건축공사비
- 취득세

절차만 보면 간단할 듯하지만 토지는 대개 갖가지 규제나 제한이 걸려 있기에 중간 과정에서 막히는 경우가 많습니다.

예를 들어 임야, 즉 산지의 경우 산지전용허가를 받기도 쉽지 않습니다. 산지의 경우 무분별한 개발행위를 막기 위해 산지관리법이 갈수록 강화되고 있습니다. 예전에는 소규모 산지의 경우 논밭으로 개간하는 걸 묵인했으나 2013년부터는 660㎡(199평) 미만의 소규모 산지도 전용허가를 받아야 합니다. 사실상 임야를 농지나 대지로 바꾸는 건 불가능하다고 봐야 합니다.

만일 산지를 사서 농지나 대지로 바꾸고 싶다면 반드시 미리 해당 행정
청에 확인을 해야 합니다.

논을 메워 건물을 세우고 대지로 만드는 과정

1. 해당 농지 관할 농지관리위원회에 농지전용허가신청서를 제출하여 농림부장관의 허가
   를 받습니다. 신청서류는 사업계획서, 소유권 내지 사용권에 관한 입증자료, 지적도등
   본, 지형도 등입니다.
2. 허가가 나면 형질변경에 들어갑니다. 논을 대지로 만드는 토목공사나 부지조성공사를
   합니다. 대개 논은 평지보다 낮으니 흙을 붓는 성토작업을 하게 되겠지요.
3. 형질변경이 완료되면 건축물을 세웁니다. 이때 땅이 속한 용도지역을 확인해야 합니다.
   용도지역 따라 건폐율과 용적률이 정해져 있으니 이에 맞춰 건축을 해야 합니다.
4. 건축이 끝나면 관할 행정청에 지목변경을 신청합니다.
5. 행정청의 담당자가 신청서류와 관련법률 저촉 여부를 검토하고 현장을 조사합니다. 적
   법하다고 판단되면 토지대장에 있는 지목을 대지로 변경해줍니다.
6. 지목변경 허가가 나면 토지이동정리결의서를 작성합니다. 토지대장의 지목이 바뀌었으
   니 해당 토지 등기부등본도 정리해야지요. 토지대장등본 등을 첨부하여 등기촉탁서 작
   성 후 제출하면 등기부등본 표제부 지목을 바꿔줍니다.
7. 지목이 변경되면 지목변경에 따른 취득세도 발생합니다. 공시지가가 바뀌니 가격이 올
   라간 만큼 세금을 내야 하는 겁니다. 논이었을 때와 대지 전환 시 공시지가의 차액이 과
   세표준이 됩니다. 취득세액은 2.2%를 적용하고 지목변경일로부터 60일 이내 신고, 납
   부합니다. 논에서 대지로 바뀌었으니 농지보전부담금도 내야 합니다. 농지보전부담금
   계산은 앞에 다뤘으니 참고하면 됩니다.

지목변경은 변경사유가 발생한 날로부터 60일 이내에 신청해야 합니다.
처리기간은 5일입니다.

지목변경을 할 때 주의할 점

지목을 변경하여 논이 대지가 되면 가격이 상승합니다. 하지만 대지가
되면 종합부동산세의 대상이 됩니다. 따라서 전답이나 임야 형태로 보

농지보전부담금 감면 방법

농지법 시행령에는 농지보전부담
금 감면에 대한 규정이 있습니다.
농지전용을 하였으나 농지보전부
담금을 내지 않아도 되는 경우지
요. 참고로 알아두면 좋습니다. 예
를 들어 농·어업인이 주택을 지을
경우 농업진흥지역 안과 밖 모두
100% 감면받습니다. 귀농을 하
거나 귀농계획이 있는 경우라면
이를 꼭 기억해야 합니다. 모르고
실수로 내면 돌려받기가 무척 까
다롭습니다. 행정소송까지 거쳐
야 하지요.

유하다가 매도 시점에 지목변경을 하는 게 좋습니다.

지목변경이 불가능한 경우도 있습니다. 예전에는 임야를 매입하여 대지
로 바꿔 큰 수익을 거뒀다는 사람들이 많았습니다. 그러나 지금은 산지
관리법이 강화되어 거의 불가능하다고 보면 됩니다. 또한 상수원보호구
역과 같이 개발이 제한된 경우도 지목변경이 어렵습니다. 그러므로 땅
을 매입할 때 지목변경이 가능한지 미리 확인해야 합니다. 해당 지자체
나 관련 행정청에 문의하여 확인하는 게 좋습니다.

건물을 세우자

나대지·잡종지를 활용하자

토지는 지목대로 사용해야 양도세 등 절세 효과를 누릴 수 있다고 했습니다. 나대지와 잡종지는 종합합산과세대상이므로 재산세율도 높습니다. 그대로 두는 것보다 활용도를 찾아 수익을 내면서 절세효과도 누려야 합니다.

나대지를 주차장으로 활용하는 것도 좋습니다. 유료주차장이니 매달 수입을 얻으면서도 사업용 토지로 인정받아 세금감면 효과를 누릴 수 있습니다. 매각을 할 경우 주차장은 철거하기가 용이하니 대지에 준해서 가격을 받을 수 있어 일석이조의 효과를 누릴 수 있지요.

잡종지는 여러 가지 용도로 활용할 수 있어 땅값이 높다고 말씀드렸습니다. 비싼 땅을 그대로 두는 것보다 +α 수익을 기대할 수 있는 방법을 모색해봐야 합니다.

몇 년 전 근처에 산업단지가 있는 잡종지를 매입하여 창고를 지었습니다. 창고 임대수입을 받으면서 보유하고 있던 중 개발지가 확장되며 땅값이 상승하였습니다.

지목변경으로 적극적인 수익창출도 노려보자

주위 환경에 따라 농지전용허가를 받아 밭의 지목을 변경하여 창고를 짓는 경우도 있습니다.

> • 고속도로나 도로 IC 주위
> • 개발지 인근
> • 산업단지 주위

이런 지역은 물동량이 많아 창고 수요를 원하는 사람이 많습니다. 시세 차익을 얻기 위해 3~4년 보유해야 한다면 좀 더 적극적으로 생각할 필요가 있습니다. 논밭을 농지전용할 때 드는 비용 대비 창고 임대수익이 높다고 판단되면 과감히 투자해볼 수 있습니다.

고속도로 IC에서 가깝고 배후에 인구가 늘어나는 도시에 있는 밭에 투자한 예를 들어 보겠습니다. 주도로에서 좀 뒤쪽이기에 시세 차익을 기다리려면 시간이 꽤 걸릴 땅이었지요. 지목을 변경하여 창고를 짓고 임대를 주었습니다. 지금은 임대수입을 받으며 차분히 지가 상승을 기다리는 중입니다.

이처럼 땅을 사업용 토지로 사용하며 임대수입이 있으면 땅값이 오를 때 좀 더 여유 있게 기다릴 수 있습니다. 땅을 살 때는 대개 대출을 받습니다. 임대수입으로 대출이자와 재산세를 충당하고 있다면 굳이 빨리 매각할 필요가 없습니다.

알아두세요

나대지나 빈 땅 관리 팁

나대지나 빈 땅으로 오래 두어야 할 때는 측량을 한 후 사방에 펜스를 둘러두어야 합니다. 그래야 남이 내 땅을 침범하거나 쓰레기를 버리는 일을 막을 수 있습니다. 펜스를 둘러두면 '저 땅의 주인은 땅을 관리할 줄 아는 사람이다.'라고 생각하여 함부로 못합니다.

시골주택을 임대하거나 세컨드하우스로 사용하기

시골주택은 대개 집보다 그에 딸린 땅이 넓은 경우가 많지요. 한 지인이 오래된 시골주택을 매입한 뒤 건물이 낡아 보기 싫다고 철거한 뒤 그대로 두었습니다. 몇 개월 후 갔더니 빈 땅이라고 여기고 이 사람 저 사람 쓰레기를 버린 바람에 이를 치우느라 적잖은 돈을 써야 했습니다.

요즘은 정부나 지자체에서 시골 빈집을 없애는 정책을 펴고 있습니다. 마을에 폐가가 있으면 아무래도 보기에 좋지 않고 마을 발전에도 저해되지요. 그래서 자진철거를 하거나 새로 짓도록 유도하고 있습니다.

시골주택을 매입할 경우 다시 짓는 것도 적극 고려해볼 만한 방법입니다. 폐가를 사서 폐가로 파는 것보다 새로 깔끔하게 단장된 집으로 만드는 겁니다. 이런 집을 필요로 하는 이를 만나면 비용 이상의 수익을 누릴 수 있지요.

농가주택을 다시 지어 세컨하우스로 만드는 것도 좋습니다. 세련된 주택을 지어 임대를 주거나 세컨하우스로 활용하면 땅을 온전히 활용하며 가치도 보전할 수 있습니다.

 알아두세요

농촌형 주택과 농업인 주택

시골주택은 크게 농촌형 주택과 농업인 주택으로 나뉩니다. 농촌형 주택은 시골에 있는 대부분의 일반주택이라고 보면 됩니다. 귀촌을 하는 분들이 집을 지으면 농촌형 주택입니다. 농업인 주택은 무주택 농업인이 농지를 경영하기 위해 건축허가를 받아 지은 집입니다. 주로 농지의 한쪽을 대지로 바꿔 집을 짓지요. 농업인 주택은 농림지역 농업진흥구역에도 건축할 수 있다는 차이가 있습니다. 지자체에서는 인구장려를 위해 농업인 주택을 지을 경우 농지전용부담금을 면제해주기도 합니다. 활용할 수 있다면 비용을 대폭 줄일 수 있겠지요.

농지에 주택 짓기

농지를 사서 집을 지은 경우는 수익이 더욱 커집니다. 농지는 대지에 비해 가격이 무척 저렴합니다. 이를 지목변경하여 대지로 만들고 집을 지으면 땅의 신분이 달라집니다. 집을 짓는 행위가 부담스럽고 번거롭지만 농지에서 대지로 바뀐 땅값 상승분을 차익으로 고스란히 얻을 수 있습니다. 노력한 만큼 수익이 늘어나는 거지요.

농지를 사서 집을 지을 때는 조건이 있습니다. 수요가 전제되어야 합니다. 적잖은 돈을 들였는데 아무도 찾지 않는다면 오히려 그냥 보유하고 있다가 매각하는 게 나을 수도 있습니다.

다음과 같은 지역이라면 적극 검토해볼 수 있겠지요.

- 산업단지가 들어서며 인구가 늘어나고 있는 도시 인근 마을
- 혁신도시 등이 들어서며 인구가 늘어나고 있는 주위 마을
- 수도권에서 가깝고 교통망이 좋아서 세컨드하우스를 필요로 하는 이들이 접근
  할 수 있는 마을

개발계획과 상관없이 허가를 받아두자

매각을 할 시점이 다가오면

매입을 하고 시간이 흘러 예상했던 시기가 다가오면 서서히 매각을 준비해야 합니다.

초보 토지 투자자들이 가장 염려하는 게 '과연 내 땅을 제값 받고 팔 수 있을까?' 하는 겁니다. 시세대로 받을 수 있다고 자신하다가도 은근히 걱정을 합니다.

'내 땅이 모양이 좀 좋지 않은데 살 사람이 있을까?'

'진입도로가 좁아서 땅값이 깎이지 않을까?'

이렇게 내 땅이 안고 있는 문제가 눈에 들어오면 마음이 약해집니다. 그래서 준비가 필요합니다. 내 땅을 사람들이 원하는 땅, 손쉽게 살 수 있는 땅으로 만드는 거죠.

매각을 위해 다시 한 번 현장답사를 합니다. 이때는 내 땅이 아니라 주위를 돌아보아야 합니다. 그동안 많은 것이 바뀌었을 겁니다. 보지 못했던 건물이 들어서고 도로가 나있겠지요. 매입할 때 예상했던 것과 맞아떨어지는 것도 있고 차이가 있는 것도 있을 겁니다.

내 땅 주위를 답사하고 부동산중개소를 들러 시세와 함께 어떤 사람들이 어떤 땅을 원하는지도 알아봅니다. 내 땅 주위의 개발현황을 알고 어떤 사람들이 내 땅에 관심이 있는지 알면 땅을 어떻게 포장해야 하는지 알 수 있습니다. 수요자가 원하는 땅에 맞춰 준비하면 매각은 반쯤 이뤄진 겁니다.

토지분할 허가를 받아두자

앞서 토지반비례법칙을 설명한 바 있습니다. 땅을 한 번에 팔려면 시세보다 조금 낮춰야 합니다. 파는 입장에서는 한 번에 처리하고 목돈이 들어오니 일괄매각을 고집하는 분도 있습니다.

시간 여유가 있다면 분할 매각을 고려해봐야 합니다. 소규모 땅을 원하는 이들이 많으면 내 땅을 그에 맞게 필지분할하는 것이 매각에 도움이 됩니다. 수익을 지키며 오히려 큰 덩치의 매수자를 기다리는 것보다 빨리 팔 수 있습니다.

굳이 바로 토지분할을 할 필요는 없습니다. 그 또한 비용이 드니까요. 매수자가 분할하지 않은 땅을 원할 수도 있지요. 매각 시점을 염두에 두고 토지분할 허가를 받아두었다가 매수자가 나타나면 그때 분할하여 매각을 하면 됩니다.

개발행위 허가를 미리 받아두자

맹지에 도로를 내야 할 때가 있습니다. 매입할 때 구거를 확보하거나 토지사용승낙서를 받아두었지만 자금 형편상 도로를 내는 게 부담이 되어 미뤄둔 경우도 있지요. 매각을 할 때는 미리 개발행위 허가를 받아두는 게 좋습니다. 매수자가 나타났을 때 개발행위 허가를 다 받아두었으니 바로 도로를 낼 수 있다고 하면 바로 계약을 체결할 수 있습니다.

지목변경도 매각 시점에 맞춰

토지를 매입하자마자 대지나 공장용지 등으로 만드는 분도 있습니다.
그런데 수요자가 원하지 않으면 그리 큰 이익을 누리지 못합니다. 누구
에게나 딱 맞는 건축물은 없으니까요.
지목변경 순서를 다시 한번 볼까요?

> 개발행위 허가 → 형질변경 → 건축공사 → 관계 행정부서에 지목변경 신청 →
> 취득세 등 신고 납부

지목변경을 위해 개발행위 허가를 받으면 2년 안에 집이나 창고 등을
지어야 합니다. 1년 정도 연장을 해주긴 하지만 토지 매매에서 3년은 그
리 긴 시간이 아니지요. 막상 지으려다 자금 부담이라도 느끼게 되면 시
간에 쫓겨 개발행위 허가를 받는 비용만 손해 보거나 제값을 받지 못하
고 매각하는 경우도 있습니다.
물론 집을 지어두면 바로 매수자가 나타나 시세 차익을 볼 수도 있습니
다. 하지만 우리가 원하는 건 2~3년 후 땅값이 상승한 시기의 대지 가격
입니다. 또 정말 땅을 원하는 사람이라면 굳이 대지화가 되어있지 않아
도 시세 이상의 가격으로 매수할 겁니다. 그러니 굳이 서두를 필요 없습
니다.
신시가지나 산업단지 등 개발호재를 안고 샀다면 거의 공사가 끝나고
입주가 시작되는 시점에서 개발행위 허가를 받아두는 겁니다. 관공서
인허가 절차에 대해 부담을 갖는 사람이 의외로 많습니다. 그런데 이를

모두 마쳐놓은 땅이고 자신의 마음대로 건축을 올릴 수 있다면 약간 비싸더라도 다른 땅보다 매수자의 눈길을 끌 것입니다.

도심 자투리 땅 활용하기: 협소주택

협소주택에 대한 관심이 나날이 높아가고 있습니다. 도심 속 10평에서 15평가량의 자투리땅을 이용하여 3층 정도 규모로 짓는 주택을 협소주택이라고 합니다. 바닥면적이 좁으니 한 층이 바로 하나의 공간입니다. 공간이 좁으니 조립식으로 지어 쌓아올리는 협소주택은 테트리스주택이라고도 부릅니다.

예를 들어 15평 정도의 바닥면적이 좁은 땅에 1층은 주차장 및 현관, 2층은 거실 및 주방, 3층은 침실로 각 층마다 한 공간씩 설계합니다. 협소주택은 주차장을 확보하지 않아도 되기에 1층을 임대공간으로 설계하는 집도 있습니다. 좁은 대신 독특한 설계와 인테리어 등으로 세련된 공간을 창출하여 젊은 세대의 관심이 높아갑니다.

협소주택은 평당 건축비가 단독주택 대비 20~30% 높습니다. 좁은 공간을 효율적으로 사용하면서도 세련된 디자인과 구조, 마감재를 써야 하기 때문입니다. 그러나 1인 가구가 늘어나면서 획일화된 원룸이나 오피스텔을 벗어나 여유 있는 공간을 원하는 이들이 늘어나고 있습니다. 코로나19 이후 늘어나고 있는 재택근무와 언택트 사회가 정착되면 수요는 지속될 것으로 보입니다.

이러한 트렌드는 토지 투자자로 하여금 도심 속 자투리땅을 새로운 시각으로 보게 합니다. 지금은 서울과 같은 대도시에서 볼 수 있지만 향후 지방 소도시로 확산될 가능성이 높습니다. 산업단지 인근 젊은 층이 많이 유입되는 소도시라면 10평에서 25평 규모의 자투리 땅도 협소주택 부지로 투자를 고려할 수 있습니다.

투자는 체계적으로 해야 합니다. 투자 가치가 높은 땅을 찾고 매수, 매도까지 이어지는 투자 과정을 합리적이고 체계적으로 관리할 때 안정적이고 지속적인 수익을 거둘 수 있습니다. 여섯째 마당에서는 수익을 늘리는 매수·매도 노하우와 절세, 투자수익률 분석을 활용한 투자관리 노하우에 대해 점검해보겠습니다.

여섯째
마당

수익을 늘리는
매수·매도 전략

토지 반비례법칙을
활용하라

규모가 클수록 평당 가격이 내려간다

상품을 묶음으로 살 때 개당 가격이 싸지는 경우가 있지요. 땅도 그렇습니다. 파는 사람 입장에서 생각해보죠. 100평 땅이 평당 50만 원이라고 가정하면 총 금액은 5천만 원입니다. 이 정도 금액이라고 하면 여윳돈이 있는 경우 매입을 적극적으로 검토할 겁니다.

토지규모가 1만 평에 이르면 상황이 달라집니다. 총 금액이 50억 원에 달합니다. 이만한 자금을 운용할 수 있는 사람은 많지 않습니다. 당연히 팔기가 어렵죠. 1~2년 또는 그 이상 기다려야 할지도 모릅니다.

팔기로 한 사람은 대개 그 시점에서 팔아야 할 이유가 있습니다. 무작정 기다릴 수는 없지요. 그래서 평당 가격을 낮춰 내놓습니다. 경험상 1백 평이 50만 원이라면 1천 평은 20~30%로 낮춘 가격에 거래됩니다. 1만 평이라면 주위 시세의 절반 가격에도 거래가 성사되지요.

"왜 손해를 보고 팔지? 그냥 필지를 쪼개서 따로따로 팔면 되잖아?"라고 할 분도 계실 겁니다. 하지만 역시 파는 사람의 입장이 되어 생각해보세요. 1만 평을 1천 평 단위로 쪼개도 5억 원에 달하는 투자금을 지닌 사람 10명이 필요합니다. 그 사람들이 기다렸다가 한꺼번에 나타나는 것도 아니죠.

필지를 분할하면 각 땅의 입지조건도 달라집니다. 당연히 도로와의 인접지역 땅은 쉽게 팔리겠지요. 하지만 모양이 안 좋거나 접근성이 떨어지면 팔리지 않을 수도 있을 겁니다. 남는 건 애물단지가 될 수도 있죠. 그러니 가격을 낮춰서라도 통으로 팔고자 하는 겁니다.

토지 반비례법칙을 응용한 공동투자

토지 반비례법칙은 규모가 클수록 평당 가격은 내려간다는 개념입니다. 그러니 규모가 큰 땅을 사서 필지를 나누어 팔면 수익이 극대화될 것입니다. 다만 막대한 자금이 장기간 묶이는 단점이 있지요.

공동투자는 이같은 단점을 해결하는 방안이 될 수 있습니다. 여러 명이 공동으로 사서 필지를 분할하여 갖는 겁니다. 예를 들어 주위 시세가 평당 50만 원인데 1천 평 규모의 땅이 나왔다고 가정해보죠. 시세대로라면 5억 원입니다. 앞서 말한 대로 이만한 돈을 선뜻 투자할 사람은 많지 않습니다. 그래서 평당 40만 원 아래로 가격을 낮춰 매물을 내놓게 됩니다.

총 매입가격이 4억 원입니다. 10명이 각기 4천만 원씩 투자하여 이 땅을 매입한 후 필지분할을 하면 각기 1백 평을 소유할 수 있습니다. 이럴 경우 바로 판다고 해도 원래 주위 시세를 반영하여 50만 원에 거래할 수 있습니다. 1백 평이 5천만 원이라면 살 사람을 찾기가 훨씬 쉽습니다. 사자마자 20% 수익을 확보하는 셈이죠.

제가 주위 지인들과 함께 당진 합덕에 공동투자한 경우가 좋은 예입니다. 2011년 합덕역 주위 땅 3천 평이 매물로 나왔는데 당시 시세보다 저렴한 평당 10만 원대의 매물이 나왔습니다. 총 금액이 3억 원을 상회하였기에 혼자 투자하기에는 부담이 됐지요. 그래서 주위 소액투자자를 모아 공동으로 사서 공동지분으로 보유하였습니다. 이 땅은 10년이 지난 지금 시세가 70만~80만 원대에 이릅니다.

토지 반비례법칙을 적용할 땅 찾기

토지 반비례법칙은 땅의 규모가 커서 평당 가격이 시세보다 낮고, 필지 분할을 원활하게 할 수 있을 때 적용됩니다. 개발호재가 있어 사람들의 관심이 높은 지역이어야 한다는 건 당연한 전제입니다. 누가 봐도 공감할 만한 뚜렷한 호재가 있는 지역을 선택해야 합니다. 제가 선호하고 추천하는 지역 중 하나는 서해안복선전철화 호재 관련지역입니다. 서해안 전철이 지나가는 서산, 당진, 화성, 송산, 안중 등지에서 전철역 입지 반경 1km 안의 땅을 관심 갖고 살펴보는 것도 좋겠습니다.

| 서해선 홍성~송산 복선전철 노선 |

소액투자의 대안, 공동투자

토지 반비례법칙을 응용하는 공동투자

앞서 토지투자 반비례법칙을 말씀드렸습니다. 땅의 규모가 클수록 평당 가격이 주위 시세보다 낮아진다는 걸 활용하여 싸게 매입한 후 필지를 분할하여 매각함으로써 수익률을 극대화하는 전략이지요.

그런데 땅의 규모가 크니 매입자금도 덩달아 엄청납니다. 대출을 받으려 해도 금액이 크니 이자가 부담이 될 수 있습니다. 이럴 때 공동투자가 유용한 대안이 됩니다.

서해안복선전철화 사업으로 개발 중인 당진 합덕역 공동투자 사례입니다. 합덕역이 들어설 부지를 중심으로 빙 둘러 투자를 할 때였는데 평당 20만 원에 1만 평의 매물이 나왔습니다. 총 매입금액이 20억 원이었지요. 당시 시세가 평당 30만 원이었으니 원래대로라면 30억 원이었겠지만, 땅의 규모가 크니 10억 원이나 싸게 나온 겁니다.

그래서 사람들을 모아 공동투자를 진행하였습니다. 10명이 1인당 5천만 원에서 1~2억 원 정도 투자하였습니다. 땅을 매입한 후 필지를 분할하여 각자 자신이 투자한 만큼 나눠 가졌습니다. 바로 매각해도 시세대로라면 30% 수익을 볼 수 있었습니다. 이후 투자한 분들은 자신의 상황에 따라 적정한 시점에 매각하거나 지금까지 보유하고 있습니다. 대부분 5배에서 7배 수익을 낸 성공사례입니다.

공동투자를 할 때 지켜야 할 것

공동투자는 투자 규모를 키울 수 있다는 장점이 있지만 유의해야 할 점도 있습니다. 공동투자를 할 때는 서로 신뢰하는 사람들끼리 하지만 그래도 나중에 생각지 못한 분쟁이 일어날 수 있지요. 그래서 공동 지분으로 남겨두는 게 아니라 매입 후 필지분할을 하여 각자 소유로 확실하게 전환해야 합니다.

"굳이 필지분할을 할 필요가 있을까요? 모두 잘 아는 친한 사이이고 믿으니 공동으로 투자하는 건데."라고 묻는 분이 있을 겁니다. 저도 공동투자를 하는 초기에 지분투자를 한 경험이 있습니다.

그런데 막상 매도시기가 되었을 때 반대하는 사람이 있었지요. 가지고 있으면 더 오를 것 같으니 보유하고 싶은 사람과 투자금을 회수하고 싶은 사람 간에 의견 차이가 생겼습니다. 결국 팔지 못했지요. 지분투자를 하면 이런 의견 차이 때문에 빼도 박도 못하는 경우가 생길 가능성이 높습니다. 의견이 갈려 언쟁하다 보면 인간관계마저 멀어지기도 합니다.

그 다음부터는 공동투자를 할 때는 필지분할을 원칙으로 하고 어쩔 수 없이 지분투자를 하게 될 경우 미리 공증을 합니다. 3~5년 후 어느 시점에 매도한다고 매도시점을 못박아두거나 어느 정도 수익이 나면 팔자고 합의하고 공증을 해두는 겁니다.

가장 깔끔한 것은 매입 전에 필지분할 계획을 짜고 그에 따른 비용까지 공동부담하는 겁니다. 필지분할 비용은 50만~100만 원 정도면 됩니다. 그 비용을 들이면 분할 후 땅의 가치는 몇천만 원 올라갑니다. 도로를 내야 할 경우는 그 비용까지 포함하여 나누면 됩니다.

필지분할 후 모두가 만족할 수 있는 땅 선택하기

여러 사람이 돈을 모아 투자할 때는 필지분할을 한 후 모두가 만족해야 한다는 점이 중요합니다. 큰 땅을 나누면 필지마다 입지라는 게 생겨납니다. 모퉁이 땅, 가운데 낀 땅 등이 나오는 거죠.

우선 필지분할이 가능한지부터 확인해야 합니다. 제주도는 법적으로 필지분할을 규모와 상관없이 셋 이상으로 나눌 수 없도록 제한하고 있습니다. 1천 평이든 1만 평이든 세 덩이로밖에 분할할 수 없으니 이를 고려해야 합니다. 그 외 지자체는 제한을 하지 않지만 필지분할에 대한 규제가 나날이 강화되고 있기 때문에 반드시 해당 지자체 토지과에 확인할 필요가 있습니다.

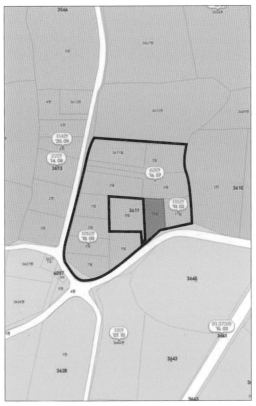

출처: 디스코

필지분할을 쉽게, 모두가 만족할 수 있도록 할 수 있는지도 검토해야 합니다. 예를 들어 한쪽에만 도로가 있어 분할을 할 경우 맹지가 생기는 땅이라면 누군가 손해 보겠지요. 물론 이런 경우에도 해결책이 있습니다.

앞의 지도는 큰 필지의 땅을 사서 분할한 경우입니다. 빨간 선이 원래 필지인데요. 맹지처럼 가운데 위치한 땅도 있습니다. 하지만 자세히 보면 한쪽으로 도로까지 진입로가 나있는 걸 볼 수 있습니다. 이렇게 진입로가 있으면 맹지가 아닙니다.

비슷한 사례를 하나 더 들어보겠습니다. 부안에 투자한 사례입니다. 땅주인에게서 5천 평을 평당 10만 원에 매각하고 싶다고 연락이 왔습니다. 투자금액이 총 5억 원이었고 부안은 새만금개발이라는 호재가 있는 지역이라 적극적으로 알아보았습니다.

매입할 땅은 논이었는데 중고등학교가 가깝고 인구가 늘어나는 추세이기에 향후 주택지역으로 바뀔 가능성이 높았습니다. 호재가 있긴 하지만 논 5천 평을 5억 원에 매입하기는 부담스러웠지요.

그래서 열 명을 모아 공동으로 투자하였습니다. 그런데 문제가 있었습니다. 땅 한쪽으로만 도로가 나있었기에 열 조각으로 필지분할을 하면 필연적으로 맹지가 나오는 겁니다. 그래서 분할을 하면서 아예 가운데 도로를 냈습니다. 도로 양쪽으로 각기 땅을 가진 셈이죠.

맹지를 피하기 위해 도로를 내는 비용이 들었지만 평당 매입가격이 주위 시세에 비해 쌌기 때문에 충분히 감당할 수 있었습니다. 이 땅은 필지를 분할하여 소유하고 있으니 언제든 팔 수 있지만 입지가 좋아 중장기적 관점에서 보유 중입니다. 위쪽에서부터 아파트 등이 들어서고 있는데 평당 시세가 2백만 원입니다. 평당 10만 원에 매입한 이 땅은 10배 이상의 수익을 안겨줄 것으로 기대하고 있습니다.

사례로 보는
토지투자 성공 포인트

저도 투자 초기 2~3년 동안에는 여러 가지 시행착오를 겪었습니다. 언제나 성공하는 투자는 있을 수 없지요. 실패를 겪으면서 점차 성공률을 높여가는 게 투자라고 생각합니다. 성공한 투자 사례를 통해 성공 포인트를 다시 한번 짚어보겠습니다.

1. 정보 선점으로 성공한 합덕역 투자

서해안복선전철이 지나는 충남 당진 합덕역 투자가 현재까지 7배로 가장 수익률이 높았습니다. 아직 보유 중으로 그 이상의 수익을 기대하고 있습니다. 흔히 토지투자는 세 단계로 수익이 난다고 합니다.

- **발표단계**: 개발정책이 발표되면 일대 땅값이 바로 뜁니다.
- **착공단계**: 발표단계에 올랐던 땅값이 일정 시세를 형성하다 착공하게 되면 다시 한번 한 단계 올라섭니다.
- **완공 후**: 완공되면 더이상 오를 게 없다고 생각하는데 오산입니다. 완공 후 발전에 대한 기대감에 다시 한번 땅값이 오르는 게 보통입니다.

가장 투자 수익이 높은 사람은 발표단계 이전에 땅을 산 사람일 겁니다.

당진 합덕역 투자는 발표단계에서 투자한 사례입니다.

제가 최초 투자할 당시 합덕역이 들어설 예정 부지 주위는 논밭에 없었습니다. 공사도 들어가지 않았을 때 주민공청회에 참석하여 어느 번지에 역이 들어서는지 확인하고 주위 동서남북으로 매입했습니다. 평당 10만 원에 매입하였는데 착공하면서 30만 원 올랐지요. 그리고 매년 조금씩 오르고 있습니다.

정보를 선점한 투자는 높은 수익을 가져다줍니다. 그래서 미공개 정보나 입안단계 정보를 얻고자 노력하지요. 하지만 계획단계 투자는 리스크를 안아야 합니다. 공사가 지연되거나 무산될 경우 자금이 묶일 수 있습니다.

리스크를 줄이는 방법은 관공서의 공식 발표나 자료를 바탕으로 투자하는 겁니다. 물론 어디에 어떤 시설이 들어서는지 등을 물어봐도 알려주지 않습니다. 대개 담당이 아니면 모르기도 하고 알아도 민감한 내용이니 알려주지 않습니다. 그렇다고 극비로 진행하는 건 아닙니다. 절차에 따라 주민공청회를 열고 홈페이지 등에 사업진행상황을 고지합니다. 이를 볼 줄 알면 남보다 먼저 정보를 알 수 있고 더 높은 수익을 누릴 수 있습니다.

2. 역발상으로 성공한 경매투자

경매투자를 시작하면서 선배들로부터 자주 듣는 이야기가 지분투자는 쳐다보지도 말라는 겁니다. 저 역시 지분투자는 피합니다. 낙찰을 받아도 다른 사람과 공동으로 소유하는 것이니 마음대로 팔 수 없습니다.

경매를 한참 하던 시절 두 번이나 유찰되어 경매가가 무척 낮은 물건이 눈에 띄었습니다. 도로에 붙어있고 주위에 호재도 많았지요. 용도도 좋아서 주위 시세는 평당 20만~30만 원을 호가하고 있었습니다. 그런데 아쉽게도 지분으로 나온 경매였습니다.

한참 고민을 하다가 입찰하여 낙찰받았습니다. 그리고 공유지분 소유주를 찾아가 필지분할을 제안했지요. 상대방에게 직사각형의 예쁜 땅을 양보하고 저는 도로가 붙은 삼각형 모양의 땅을 가졌습니다. 언뜻 손해인 듯했지만 그래도 건축할 수 있는 면적의 땅을 두 번이나 유찰된 싼 가격으로 매입하였기에 저 역시 이익이었습니다.

이 투자는 제게 뒤집어 생각하면 기회가 생긴다는 역발상의 중요함을 확인하고 투자에 대한 자신감을 얻는 계기가 되었습니다.

3. 땅이 지닌 문제를 해결해 수익을 거둔 농지투자

완벽한 땅은 없습니다. 모든 땅에는 한두 가지 문제가 얽혀있고 이를 해결하면 땅값이 상승합니다. 푹 꺼진 논을 성토하여 수익률을 높인 사례를 살펴보겠습니다.

논을 매입하였다가 밭으로 만들어 수익을 높인 사례가 있습니다. 총 5천만 원에 매입하여 500만 원 비용을 들여 성토한 후 7천만 원에 매각하였습니다. 그대로 두었다면 그 가격을 받지 못했을 겁니다. 꺼진 땅의 문제를 해결한 덕분에 바로 수익을 낼 수 있었던 비교적 간단한 문제해결 사례이지요.

땅이 지닌 문제는 다음 세 가지로 분류할 수 있습니다.

1. **땅 자체의 문제**: 땅의 토질이나 모양, 배수, 경사도 등 물리적 형태와 관련한 문제로 대개는 비용을 들이면 해결 가능합니다.
2. **땅에 얽힌 규제**: 땅의 지목과 용도에 따른 법과 규제도 땅값에 영향

을 미칩니다. 변경 여부에 따라 기대수익이 달라지지요. 대지로 지목을 변경할 수 있는 농지와 다른 지목으로 변경이 불가능한 임야의 땅값이 차이가 나는 건 당연합니다. 이런 규제를 풀 수 있다면 고수익을 실현할 수 있는 기회가 될 것입니다.

3. **땅값에 영향을 미치는 주위 악재**: 분묘나 축사, 송전탑과 같은 혐오시설이나 그에 준하는 기피시설이 있다면 땅값 상승은 제한을 받습니다. 해결 가능성이 확실할 때 투자해야 합니다.

실패에는 늘 이유가 있다
- 토지투자 실패 사례 분석

실패를 통해 투자 노하우가 더욱 견고해집니다. 실패를 두려워하지 마세요. 앞으로 할 수많은 투자의 밑거름이라고 생각하면 일희일비하지 않을 겁니다. 실패 사례 3가지의 이유를 분석해봤습니다.

1. 현장조사 미비로 실패한 투자

토지투자 초기 시절 경매로 부안 계화면사무소 근처의 건물이 있는 땅 100평을 5천만 원에 낙찰받았습니다. 4차선 도로변 코너 자리에 있는 물건으로 바로 옆이 2종 주거지와 상업지였습니다. 입지도 좋고 주변 환경도 좋았지요. 건물은 오랫동안 사용하지 않은 폐건물이었으나 리모델링을 한다면 카페나 식당을 하기에 적합하다고 판단했습니다.

그런데 낙찰 후 청소를 하기 위해 건물을 찾았다가 기겁했습니다. 부지에 맨홀 뚜껑이 있어 열어봤다가 악취 때문에 쓰러질 뻔했지요. 알고 보니 그 땅이 주유소 부지였던 겁니다. 건물 밑에 커다란 유류탱크가 있었지요. 일반 매매였으면 매도인에게 따졌겠지만 경매였으니 그럴 수도 없었습니다. 현장답사를 꼼꼼하게 하지 못한 제 잘못이었으니까요.

결국 땅값에 해당하는 4천만 원 가까운 돈을 들여 철거해야 했습니다.

당시 5천만 원 낙찰대금 중 제 원금은 1천만 원이고 나머지 4천만 원은 경락잔금대출을 받은 상태였습니다. 거기에 유류탱크 철거비용 4천만 원을 더하니 매입비용이 9천만 원에 이르렀지요. 총 100평이니 평당 100만 원을 들여 매입한 셈이 되었지요. 당시 직장을 다니던 때였는데 이자로 월 2백만 원을 월급에서 꼬박꼬박 제해야 했습니다.

그때 이후로 저는 현장조사를 할 때 삽을 가지고 다닙니다. 땅속이 미심쩍으면 확인해보기 위해서지요. 사실 현장조사의 미비로 손실을 보는 경우는 흔합니다. 제 주위에서도 늘 일어나는 일입니다. 특히 경매투자 시 현장조사를 더 꼼꼼히 해야 합니다.

2. 막연한 기대감으로 한 투자

다음은 정확한 분석 없이 막연한 기대감으로 투자했다가 실패한 사례입니다. 10년 전 당진 석문산업단지 인근에 맹지를 매입한 적이 있습니다. 당시 석문산업단지 확산이라는 개발호재가 있었지요. 맹지라 가격이 평당 10만 원이었습니다. 도로에 붙어있는 땅이 평당 20만 원이었으니 절반 가격이었지요.

가격이 싸니 그냥 지나치지 못했습니다. "여기는 개발지 인근이야. 개발이 되면 맹지도 풀리지 않을까?" 하는 막연한 기대감이 들었지요. 개발지에서 150m밖에 떨어지지 않았으니 될 것 같은 느낌이 들었습니다.

결국 300평을 매입했지요. 그런데 주변이 개발되어도 석문산업단지 안으로 도로가 나고 개발이 될 뿐이었습니다. 주위로 도로가 나긴 했지만 제가 산 땅은 여전히 맹지였습니다. 도로에 붙어있는 땅은 계속 가격이 올라가는데 꿈쩍도 하지 않았지요. 결국 5년 후 3만 원씩 손해를 보고 평당 7만 원에 팔았습니다.

막연한 기대감만큼 막연한 투자였습니다. 맹지처럼 제한이 있는 땅을 매입할 때는 개발계획을 정확히 알아야 합니다. 그 외의 땅도 매입을 할 때 건축을 할 수 있는 땅인지 지자체 건축과에 물어보고 사야 합니다.

3. 서로 믿었다가 고생한 지분투자

역시 당진 합덕역에 투자한 사례입니다. 매물이 나왔는데 규모가 무척 컸습니다. 그래서 여러 사람을 모아 공동으로 매입했지요. 매입 후 필지 분할 이야기가 나왔는데 "서로 아는 사이인데 굳이 그럴 게 뭐가 있느냐?"는 분위기가 있어 지분으로 보유하였습니다. 그런데 매도시점이 다가오자 서로 의견이 갈렸습니다. 자금이 필요한 사람들은 매도를 원했는데 그렇지 않은 사람은 계속 보유를 주장했지요. 곤란한 것은 어느 한쪽 편을 들 수가 없다는 겁니다. 적정한 수익을 거뒀으니 매도해야 한다는 의견이나 앞으로 더 오를 수 있으니 보유를 해야 한다는 의견 모두 일리가 있었습니다. 결국 매도를 할 수 없었습니다.

토지 빨리 매도하는
10가지 노하우

흔히 땅은 거래가 많지 않으니 팔기 어렵다고 합니다. 실제로 매물로 내
놓는다고 해서 1~2개월 안에 팔기는 쉽지 않습니다. 그렇기에 땅을 파
는 노하우도 필요합니다.

1. 급매라면 욕심을 버리고 저렴한 값에 팔아라

땅을 매입했으면 보유기간 등을 고려해서 수익을 내고 싶은 건 누구나
다 마찬가지일 겁니다. 적어도 시세에 준해서 팔고 싶겠지요. 하지만 빨
리 팔아야 하는 사정이 생긴 경우라면 눈 딱 감고 팔릴 수 있는 가격에
내놓는 게 좋습니다. 시세가 1억 5천만 원이라면 1천만 원을 낮추면 바
로 팔릴 가능성이 높습니다.

목표수익을 거두지 못했지만 급전이 필요한 건 자금 운용을 대비하지
못한 본인의 책임이라고 할 수 있습니다. 대출은 자산 대비 50% 이상이
되면 부담이 됩니다. 급전이 필요하여 대출 규모를 늘리는 것보다는 차
라리 빨리 현금화하는 게 낫습니다. 필요한 급전을 해결한 후 남는 돈으
로 재투자를 하는 게 장기적으로 볼 때 낫습니다.

2. 부동산중개소에 일정 수익을 넘겨준다

1억 원에 땅을 매각할 경우 부동산중개수수료는 법정수수료 0.9%를 적용하면 90만 원입니다. 그런데 땅은 부동산중개소 가까이 있는 주택이 아닙니다. 자동차로 손님을 태워 10~20분, 때로는 30분 정도 가야 할 때도 있습니다. 게다가 주택처럼 거래가 잦은 게 아니라서 한달에 1~2건 정도 성사될까 말까 합니다. 그러니 법정수수료 0.9%만 받아서는 유지하기 쉽지 않습니다. 그래서 빨리 팔고 싶을 때는 처음부터 부동산중개수수료를 제시합니다. 법정수수료의 2~3배를 준다고 하면 팔릴 가능성이 대폭 높아집니다. 시세 1억 5천만 원인 물건을 1천만 원 낮춰 매물로 내놓기보다 차라리 1천만 원을 중개수수료로 주겠다고 하면 바로 팔릴 가능성이 있습니다. 1천만 원 복비라면 부동산중개소에서는 옆집 부동산과 협업을 하는 등 최대한 인맥을 동원하여 팔고자 할 겁니다. 사는 사람 입장에서는 시세대로 사는 셈이니 손해 보는 것도 아닙니다.

3. 쪼개서 팔아라

땅은 대부분 규모가 큽니다. 작게는 100평에서 크게는 1만 평에 이르지요. 빨리 매각하고 싶을 경우 규모가 큰 땅을 쪼개서 팔면 수월합니다. 땅은 100~200평일 경우 환금성이 가장 큽니다. 제 경우 500평 땅도 둘이나 셋으로 분할해서 매각하곤 합니다. 분할하여 매각할 경우 평단가는 오히려 높아질 수 있습니다. 예를 들어 500평 땅이 평당 50만 원이라면 250평으로 쪼갤 경우 평당 60만 원으로 올려 팔아도 오히려 쉽게 매각될 수 있습니다. 500평 땅이 평당 50만 원이라면 총 2억 5천만 원이 필요하지만 250평 땅이 평당 60만 원이라면 1억 5천만 원입니다. 전체

금액이 줄어드니 매수하는 사람 입장에서는 부담이 덜하지요. 분할의 장점은 필요한 급전만큼만 팔고 나머지는 계속 보유할 수 있다는 것입니다.

4. 땅을 리모델링하라

건물만 리모델링하는 게 아닙니다. 못생긴 땅을 예쁘게 만들면 매각하기가 수월합니다. 땅이 푹 꺼져있으면 흙을 부어 평지 높이로 만들면 좋아 보입니다. 성토비용이 들지만 땅의 가치는 그 이상으로 올라 성토비용을 충당하고도 남는 경우가 많습니다.

저도 실제로 1m 정도 꺼진 땅 200평을 5천만 원에 매입한 후 500만 원 성토비를 들여 평지와 높이를 맞춘 적이 있습니다. 매입비용과 성토비용을 합해 총 5,500만 원이 들었지요. 지금 그 땅은 7천만~8천만 원 시세를 지니고 있습니다.

임야도 마찬가지입니다. 경사진 임야를 깎아서 전원주택지로 예쁘게 만들어놓으면 가치가 10배 이상 오르기도 합니다.

5. 토지설명서를 만들자

내 땅에 대한 프레젠테이션 자료를 만들어두면 매각에 도움이 됩니다. 부동산중개소에 지번만 알려주고 땅을 팔아달라고 하는 것과 내 땅에 대한 정보를 일목요연하게 정리한 자료를 건네주며 팔아달라는 것은 생각보다 차이가 큽니다.

많은 분량을 작성할 필요도 없습니다. 저는 대개 A4용지 1장에 내 땅이 표시된 지도와 지번, 매가와 특징을 정리한 후 여러 장 복사하여 부동산 중개소에 가져다줍니다. 부동산중개소에서는 따로 땅에 대해 연구할 필요가 없으니 손님이 오면 우선적으로 추천하겠지요. 그만큼 매각될 가능성이 높아집니다.

6. 일정 계획을 세워라

토지 투자자는 매각을 위한 중장기 계획을 세워두어야 합니다. 현시점이 6월이라면 올해 안에 팔겠다는 식으로 반년 정도 계획을 잡고 차근차근 단계를 밟아가는 게 좋습니다. 부동산중개소에 매물로 내놓을 때도 단계적으로 늘려나가는 게 좋습니다. 1단계는 현지의 오래된 부동산중개소 2~3곳에만 매물로 내놓고 1~2개월 기다려봅니다. 이후에 다시 3~4군데 더 내놓고 추이를 지켜보는 식으로 점차 확대해 나가는 겁니다. 처음부터 여기저기 내놓는다고 바로 팔리지 않습니다. 오히려 매물이 여기저기 돌면 급매물로 오인되어 가격이 하락할 가능성만 높아집니다.

부동산중개소에 내놓았는데 매각이 용이하지 않으면 토지투자 전문가를 찾아 매각을 의뢰하는 방법도 있습니다. 저는 제가 많이 투자하는 관심지역의 땅에 토지를 가진 분이 매각을 부탁하면 원하는 분을 연결하는 식으로 도와드리곤 합니다. 토지투자 전문가들은 땅의 가치를 바로 알아볼 수 있기에 적절한 가격과 원하는 수요자를 소개할 가능성이 높습니다.

7. 열심히 뛰어라

원하는 시점에 팔기 위해서는 분주히 발품을 팔아야 합니다. 부동산중개소에 전화로 매물을 내놓고 기다리면 매각이 성사될 가능성이 거의 없습니다. 앞서 말한대로 토지설명서를 작성하여 부동산중개소에 직접 방문해 매물로 내놓고 정기적으로 전화를 하여 부동산중개소의 관심을 환기시켜야 합니다.

부동산중개소도 시청이나 군청 주변 부동산과 해당 면소재지 부동산 두 곳에 분산하여 매물로 내놓는 게 좋습니다. 시청·군청 주변 부동산중개소는 대개 규모가 크고 수요문의가 많다는 장점이 있습니다. 땅이 있는 면소재지의 현지 부동산중개소는 실수요자가 찾아오는 경우가 많으니 매각이 성사될 가능성이 높습니다. 그렇기에 둘로 나눠서 내놓고 꾸준히 전화하거나 직접 방문하면 빨리 팔릴 가능성이 높아집니다.

8. 수요가 많다고 가격을 너무 올리지 마라

때로는 여러 곳에서 동시에 매수 문의가 들어오기도 합니다. 경쟁이 붙으면 한쪽에서 더 높은 가격을 제시할 때도 있지요. 하지만 이럴 때 더 주의해야 합니다. 수요가 많다고 가격을 너무 올리면 어느 순간 다 떨어져 나갈 수도 있습니다. 나중에 예정 가격으로 다시 내놓아도 빈정 상해 거들떠보지 않습니다. 땅은 거래하는 사람이 많지 않고 해당 지역의 땅을 원하는 사람은 더욱 한정되어 있습니다. 그래서 매수자들도 어지간하면 매물의 이력을 알게 됩니다. 소문이 좋지 않으면 팔기가 어렵죠. 부동산중개소에서도 가격을 한껏 올리다 매매가 깨져 신뢰를 잃으면 예전처럼 적극적으로 중개에 나서지 않습니다.

9. 잔금 정산시기를 넉넉히 잡아주자

계약은 계약금이 들어올 때까지는 성사된 게 아닙니다. 매수자와 매도자가 부동산중개소에서 만난 당일에 계약이 취소되는 경우도 있습니다. 그래서 부동산중개소를 통해 매수의사가 들어오면 가계약금이라도 받아두라고 합니다. 대신 잔금 정산시기를 넉넉하게 주면 거래가 원활해집니다. 대개 잔금 정산기한을 한 달 정도 줍니다. 소액투자자들은 대출을 일으켜야 하는데 이것저것 알아보고 대출까지 받으려면 한 달은 빠듯한 시간입니다. 그래서 여유가 있다면 한 달 반에서 두 달 정도 잔금 정산시기를 넉넉하게 주면 좋습니다. 매수자 입장에서 보면 시간적 여유가 있으니 매수결정을 좀 더 쉽게 내릴 수 있습니다.

10. 믿을 만한 공인중개사나 전문가를 찾아라

부동산중개소는 그 지역에서 10년 이상 거래를 한 곳을 선택해야 합니다. 지방인데 서울부동산, 강남부동산 등 간판을 거는 곳은 대개 서울에서 내려간 곳이거나 지부로 이용하는 뜨내기 부동산중개소일 확률이 큽니다. 현지에서 오래 한 부동산중개소의 인기가 높아지니 요즘은 '원주민', '토박이'라는 간판을 걸고 운영하는 곳이 많은데 진짜 토박이인지 아닌지 구분하기 쉽지 않습니다. 사투리만 쓴다고 토박이가 아닙니다. 실제로 기획부동산도 요즘은 현지인 행세를 하며 하기도 합니다. 두세 차례 발품을 팔아가며 찾아가서 이야기를 나눠보고 확인해야 합니다. 토지투자 전문가 역시 마찬가지입니다. 토지투자 강의를 하면서도 직접 투자를 하지 않는 분들도 꽤 많습니다. 적어도 10년 이상 투자를 한 이력이 있는 토지투자 전문가를 찾아가야 실제 도움을 얻을 수 있습니다.

토지투자 수익률을 분석하고 활용하라

투자 수익률 계산하기

투자자라면 자신이 보유한 자산의 수익률을 따져봐야 합니다. 수익률은 재투자의 근거가 됩니다. 수익률을 분석하는 건 그리 어렵지 않습니다.

$$\frac{\text{매각대금} + \text{보유 중 임대수입}}{\text{매입대금} + \text{매입 시 부수비용(부동산중개수수료/취득 관련 비용/대출이자)} + \text{제세금(취득세/보유세/양도세)} + \text{매각비용(부동산중개수수료 등)}}$$

예를 들어 3년 전 5천만 원으로 매입한 300평의 논이 있다고 가정해보죠. 투자금 3천만 원에 대출 2천만 원을 받아서 매입했다면 대출이자가 발생합니다. 취득세와 보유하며 낸 재산세 그리고 양도세 등 세금을 낸 금액도 있지요. 여기에 등기비용 등 취득 관련 비용과 매수·매각하면서 내는 부동산중개수수료 등의 비용도 있습니다. 이를 모두 합산하여 분모로 둡니다. 그리고 매각대금과 매년 경작 임대를 주어 얻은 수입을 분자로 하여 나누면 수익률이 나옵니다.

만일 아직 매각을 하지 않았다면 매각대금에 현 시세를 적용하면 됩니다. 현재 수익률이 나오겠지요.

투자 수익률 분석으로 시간과 비용을 아낀다

토지투자는 아직까지 발달된 시장이라고 할 수 없습니다. 토지 투자자 자체가 많지 않고 거래도 주택투자에 비해 상대적으로 적습니다. 그래서 투자의 근거가 되는 합리적 지표가 많지 않습니다.

개인적으로 토지투자 수익률을 꾸준히 계산하는 건 다음 질문에 답을 구하기 위해서입니다.

> • 어느 지역, 어떤 땅에 투자했을 때 투자 수익률이 높은가
> • 매입 후 매도까지 기간이 어느 정도 되었을 때 투자 수익률이 높은가
> • 매입 후 성토나 절토, 지목변경 등을 하여 비용을 들였을 때 어느 정도 투자 수익률이 올라가는가

투자 수익률을 계산한 후 유형별로 분류하면 막연히 감으로 투자할 때 보이지 않던 실제 수익률이 나옵니다. 숫자는 막연한 감이나 착시 현상을 바로잡아주니까요.

예를 들어 고수익을 노리고 지목변경을 하는 경우가 있습니다. 토지투자 전문가들이 흔히 말하는 고수익 창출 노하우가 지목변경입니다. 그래서 너도나도 논밭을 사서 대지로 지목변경을 할 생각을 합니다.

하지만 실제로 지목변경은 인허가 관문을 넘어야 하고 비용도 듭니다. 그렇게 시간과 비용을 들여 지목변경을 한 후 매각을 한 것과 그대로 보유했다가 매각한 경우 투자수익률을 보면 얼마나 차이가 있을까요?

투자 수익률을 분석하다 보면 그대로 두어도 되는 경우와 적극적으로 땅을 성형해야 하는 경우의 수익률 차이를 알 수 있습니다. 그대로 두어도 된다면 굳이 시간과 비용을 들일 필요 없지요. 반대로 어떤 경우에는 적극적으로 행동했을 때 수익률이 높게 나온다는 것을 알려주기도 합니다.

투자 수익률은 재투자의 근거가 된다

투자 수익률 분석은 재투자의 근거가 됩니다. 토지 투자자의 보유 토지는 대부분 수익이 미실현된 상태일 겁니다. 매입 후 바로 매각하여 시세차익을 얻기는 쉽지 않지요. 그러므로 보유하고 있는 토지의 현 시세를 입력하여 수익률을 산정합니다.

이렇게 수익률을 추산하면 어느 지역, 어떤 땅이 내게 얼마나 수익을 주었는지 알 수 있습니다. 그러면 다음 투자를 할 때 이에 근거하여 투자 판단을 할 수 있습니다. 수익률이 높은 지역이나 비슷한 땅에 투자하게 되겠지요.

토지 관련서류 및 매매 과정 정리하기

토지투자는 장기투자입니다. 평생 투자한다는 뜻이지요. 한 해 두 해 꾸준히 투자하다 보면 여기저기 땅이 늘어납니다. 게다가 한 번 사면 몇 년씩 보유하니 매입 당시의 기억이 희미해지기도 하지요. 효율적으로 관리해야 할 필요가 있습니다.

토지 관련서류와 매입, 매각 과정을 일정 기준으로 정리하여 보관하여 언제든 참고할 수 있도록 해야 합니다. 토지매매는 유난히 서류가 많습니다. 지적도에서부터 토지이용계획원, 토지관리대장과 토지 등기사항전부증명서, 계약서, 인허가 및 취득세 영수증 등 매입과정에서 발생한 서류는 당연히 보관해야 합니다.

매매를 했던 부동산중개소의 명함이나 관련자 전화번호 등도 몇 년 뒤 유용하게 쓰일 수 있습니다. 여기에 자신이 매입, 매각 결정을 내린 판단 근거와 토지 수익률 등을 기록으로 남기면 향후 투자에 도움이 될 것입니다.

요즘은 컴퓨터나 인터넷으로 기록을 남기지만 컴퓨터는 일정 시간이 지난 후 교체하고 클라우드 서비스 또한 생각보다 활용하기 쉽지 않습니다. 토지 거래에는 서류나 영수증 등 문서가 많이 따릅니다. 파일박스를 준비하여 서류와 함께 자신의 매매기록을 간단히 작성하여 보관하면 나중에 참고할 때 훨씬 편합니다.

토지투자
무작정 따라하기

051

절세도 수익이다

당연히 내야 하는 세금

초보 투자자들이 막연한 두려움을 갖는 게 세금입니다. 정부에서 부동
산 투자에 대해 규제를 한다며 각종 세금을 올린다고 하면 지레 겁을 냅
니다. 세금은 이 나라에서 살면서 당연히 내야 합니다. 나라가 있기에 땅
도 있고 매매도 할 수 있습니다. 정당하게 세금을 내고 수익을 내는 걸
당연하게 여겨야 합니다.

합법적 절세로 수익률 높이기

세금이 그렇게 무서운데 왜 부동산투자를 하는 걸까요? 세금 이상의 수
익을 거둘 수 있기 때문입니다. 양도세를 가장 부담스러워하는데 실제
는 수익이 난 금액에 대해 세금을 물리는 겁니다. 수익이 없다면 양도세
를 낼 이유가 없지요.

부동산세금 관련 정책은 매년 조금씩 바뀝니다. 농어촌 정착을 지원하
기 위해 세제 혜택은 갈수록 확대되고 있습니다. 공익사업이나 개발정
책에 따라 강제수용하는 토지에 대한 보상도 조금씩 달라집니다. 그러

므로 세금 관련 법 규정 변화는 늘 주시해야 합니다. 절세할 수 있다면 당연히 선택해야지요. 세금을 절약하면 수익률이 높아집니다. 법의 테두리 내에서 세금을 절약하는 방법을 찾는 건 투자의 기본입니다.

토지투자와 관련한 세금

토지와 관련한 세금은 취득세와 재산세, 양도세입니다. 취득세는 매입할 때 내는 세금입니다. 취득세를 부과할 때 등록세도 함께 부과합니다. 재산세는 보유하면서 매년 내는 세금이고 양도세는 매각할 때 수익에 대해 내는 세금입니다. 취득세와 양도세의 기준은 실거래가입니다. 실제 거래된 금액에 대해 세금을 부과한다는 뜻입니다. 따라서 매매금액을 허위로 신고할 경우 과태료가 부과됩니다.

> **토지 관련 세금과 부과기준**
> • **취득세**: 실거래가를 기준으로 부과
> • **재산세**: 시가표준액을 기준으로 부과
> • **양도세**: 실거래가를 기준으로 부과

취득세는 특별한 경우 외에는 감면받기 어렵습니다. 투자자들이 적극 검토해야 할 것은 재산세와 양도세입니다.

> **잠깐만요**
>
> ### 토지 관련 세금의 기준을 아시나요?
>
> 세금 관련해서 기준시가, 공시지가, 시가표준액 등의 용어를 사용합니다.
> - **기준시가**: 국가에서 토지와 건물을 합산하여 평가한 가격으로 국세청에서 세금을 부과할 때 기준으로 삼는 가격입니다. 실거래가가 있다면 이를 기준으로 세금을 부과하는데 오래전 취득한 부동산은 가치 산정이 어려워 기준시가를 기준으로 세금을 부과합니다. 대개 상속세나 증여세의 기준이 됩니다.

- **공시지가**: 국토교통부에서 평가한 토지 가격으로 과세표준으로 사용합니다. 개별공시지 가와 표준공시지가로 나뉩니다. 전국 토지를 모두 감정평가할 수 없지요. 전국 토지 중 50만 필지를 감정하여 표준공시지가를 고시합니다. 이를 기준으로 주변의 토지 가격이 정해지며 이를 개별공시지가라고 합니다. 농지전용부담금이나 개발부담금 등 세금을 부 과하는 기준입니다.
- **시가표준액**: 지자체에서 고시하는 가격으로 지방세 부과 기준입니다. 종합토지세와 취등 록세의 과세표준이며 국민주택채권 금액의 부과 기준이기도 합니다.

취득세

토지를 매입하거나 상속, 증여 등으로 얻거나 자신의 명의로 소유할 때 취득세를 냅니다. 일반적인 토지 투자자가 취득세를 감면받는 경우는 현실적으로 거의 없다고 생각하면 됩니다.

정부와 지자체가 귀농을 장려하기 위해 귀농인이 주택을 짓거나 농지를 살 경우 감면해주는 경우가 있는데 토지투자를 하기 위해 귀농까지 할 사람은 많지 않을 겁니다.

취득세를 간단하게 알아보는 방법이 있습니다.

알아두세요

일반 토지 취득세율

취득세 4% + 농어촌특별세 0.2% + 지방교육세 0.4% = 총 4.6%

농지 신규 취득일 경우 토지 취득 세율

취득세 3% + 농어촌특별세 0.2% + 지방교육세 0.2% = 총 3.4%

| 위택스 지방세 미리계산 화면 |

위택스(www.wetax.go.kr)에 접속하여 로그인한 후 상단 메뉴에서 지방세 정보를 클릭합니다. 상세 메뉴에 지방세 미리계산이 있습니다. 취득세와 자동차세, 지방소득세, 주민세 등을 계산해줍니다.

취득세 계산을 할 때 기준 금액을 입력하는 난이 있습니다. 이때 실제 매입금액과 시가표준액 중 더 높은 걸 입력해야 합니다. 시가표준액은 지방세 미리계산과 같은 화면에 메뉴가 있습니다.

알아두세요

토지수용 후 대체 토지를 사면 취득세 감면

국가나 지자체 개발사업으로 토지를 수용당하는 경우가 있습니다. 수용당하는 입장에서는 자기 땅이 없어지는 셈이지요. 이에 대한 보상으로 국가나 지자체는 보상금을 주고 새 부동산을 취득할 경우 취득세를 감면해줍니다. 강제수용이 된 후 보상금을 받은 날로부터 1년 이내 이전 부동산을 대체할 부동산을 사면 취득세를 면제받을 수 있습니다. 농지의 경우는 2년 이내로 기한에 여유를 줍니다.

잠깐만요

농업인 취득세 감면

다음 토지나 시설을 농업인이 직접 경작을 목적으로 취득할 경우 취득세 50%가 감면됩니다.

- 농지(전/답/과수원/목장용지)
- 임야
- 농업용 시설(양잠/버섯재배시설, 고정식 온실 등)
- 축사, 축산폐수 및 분뇨처리시설, 창고(전온/상온창고 및 농기계 보관창고)

감면된 세율

취득세 1.5% + 농어촌특별세 면제 + 지방교육세 0.1% = 총 1.6%

감면 자격 조건

• 자영농민
 - 농지를 소유하거나 임차하여 직접 2년 이상 농업에 종사한 자
 - 농지 소재지로부터 20km 이내 거주하는 자
 - 직전 년도 농업 외 종합소득금액이 3,700만 원 미만인 자(부부 합산하여 적용)

• 귀농인
 - 직접 경작을 목적으로 귀농일로부터 3년 이내 취득하는 농지 및 농지조성 목적으로 취득하는 임야
 - 귀농한 농촌지역 외에서 귀농일 전까지 1년 이상 실제 거주한 자
 - 농촌지역에 전입신고 후 실제 거주하고 있는 자

• 농업법인

감면 취소가 되어 추징되는 경우

- 농지 취득 후 2년 이상 경작하지 않고 매각, 증여하거나 다른 용도로 사용 시
- 귀농인이 경작기간 3년 미만으로 매각, 증여 또는 다른 용도로 사용 시
- 귀농일로부터 3년 이내 농업 외 산업에 종사하는 경우
- 임야취득일로부터 2년 이내 농지를 조성하지 않는 경우
- 농업시설 취득 후 1년 경과 시까지 농업용으로 직접 사용하지 않는 경우

재산세

토지나 건물을 소유하면 재산세가 부과됩니다. 지방자치단체가 과세하며 건물과 토지, 주택은 납부시기가 다릅니다.

|재산세 납부기간|

구분		납부기간	비고
토지		매년 9. 16. ~ 9. 30.까지	
건축물		매년 7. 16. ~ 7. 31.까지	
주택	제1기분	매년 7. 16. ~ 7. 31.까지	세액 20만 원 이하인 경우 1기에 일시납
	제2기분	매년 9. 16. ~ 9. 30.까지	
선박		매년 7. 16. ~ 7. 31.까지	
항공기		매년 7. 16. ~ 7. 31.까지	

재산세 미리 알아보기

리브부동산(www.kbland.kr) 웹&어플이나 부동산 매물정보사이트, 중개 관련사이트에서는 재산세, 상속세, 증여세 계산서비스를 제공합니다.

그래도 세액산출 방식을 알고 있어야겠죠? 먼저 시가표준액은 공정시장가액비율을 곱해 과세표준금액을 산출합니다. 시가표준액은 국토교통부 부동산 공시가격 알리미 홈페이지(www.realtyprice.kr)에서 조회할 수 있습니다. 주소를 검색하면 표준지공시지가 열람이 가능합니다.

공정시장가액비율은 토지 및 건축물은 70%, 주택은 60%입니다.

> 시가표준액 × 공정시장가액비율(토지 및 건축물 70%, 주택 60%) = 과세표준금액

과세표준에 세율을 곱하면 최종 산출세액이 계산됩니다. 재산세는 주택의 경우 주거용 건축물이 부속토지와 함께 부과되지만 주택을 제외한 건축물에는 건물과 토지가 따로 개별과세됩니다. 토지 재산세는 지목에 따라 분리과세, 종합합산과세, 별도합산과세 대상으로 나뉩니다. 해당하는 토지 종류와 세율은 다음과 같습니다.

| 토지 재산세의 종류 |

분리과세 대상 토지	- 농지, 목장, 임야 - 골프장 및 고급 오락장용 토지 - 그 밖의 분리과세 대상 토지
별도합산과세 대상 토지	- 건축물 부속토지 중 기준 면적 이내 - 철거 멸실된 건축물 또는 주택 부수토지로 6개월 이내인 부속토지 - 사업용 토지
종합합산과세 대상 토지	- 잡종지/나대지/주택 부수토지/건축물 부수토지 중 초과분 - 공장용지 부수토지 중 초과분

과제표준	표준 세율 (공시가 6억 원 초과, 다주택자, 법인)	특례 세율 (공시가 6억 원 이하 1주택자)	비고
6천만 원 이하	0.1%	0.05%	공시가격 1억 원 이하
6천만 원 초과 ~ 1억 5천만 원 이하	6만 원+6천만 원 초과금액의 0.15%	3만 원+6천만 원 초과 금액의 0.1%	공시가격 1억 원 초과 ~ 2억 5천만 원 이하
1억 5천만 원 초과 ~ 3억 원 이하	19만 5,000원+1억 5 천만 원 초과금액의 0.25%	12만 원+1억 5천만 원 초과금액의 0.2%	공시가격 2억 5천만 원 초과~5억 원 이하
3억 원 초과 ~ 3억 6천만 원 이하	57만 원+3억 원 초과 금액의 0.4%	42만 원+3억 원 초과 금액의 0.35%	공시가격 5억 원 초과 ~ 6억 원 이하
3억 6천만 원 초과	57만 원+3억 원 초과 금액의 0.4%	57만 원+3억 원 초과 금액의 0.4%	공시가격 6억 원 초과

*특례세율: 2021~2023년 한시 적용

|재산세 세율 – 토지|

	과세표준	세율
종합합산과세대상 토지	5천만 원 이하	과세표준의 0.2%
	5천만 원 초과 ~ 1억 원 이하	10만 원+5천만 원 초과금액의 0.3%
	1억 원 초과	25만 원+1억 원 초과금액의 0.5%
별도합산과세대상 토지	2억 원 이하	과세표준의 0.2%
	2억 원 초과 ~ 10억 원 이하	40만 원+2억 원 초과금액의 0.3%
	10억 원 초과	280만 원+10억 원 초과금액의 0.4%
분리과세대상 토지	전, 답, 과수원, 목장용지 등	0.07%
	골프장, 고급오락장용 토지	4%
	그 밖의 토지	0.2%

산출세액에서 세부담 상한을 적용하면 결정세액이 나옵니다. 세부담 상한제한이란 당해연도 재산세액이 전년도 재산세액 대비 일정비율을 초과하지 않도록 정해진 한도를 말합니다.

토지 및 건축물의 경우 150%, 주택은 공시가격 3억 원 이하는 105%, 3억~6억 원 사이는 110%, 6억 원 초과는 130%입니다.

재산세 고지서를 보면 재산세 외에 지방교육세와 도시지역분, 그리고 지역자원시설세가 추가로 함께 부과되는 것을 알 수 있는데요. 세율은 다음과 같습니다.

> • **지방교육세**: 재산세 산출세액의 20%
> • **도시지역분**: 재산세 과세표준 × 0.14
> *지역자원시설세는 위택스에서 미리 계산해볼 수 있습니다.

사업용 토지로 사용하여 양도세 절세하기

땅을 지목에 따라 사용하지 않으면 비사업용 토지로 분류됩니다. 비사업용 토지는 재산세와 양도소득세 부담이 커집니다.

절세를 위해 토지는 사업용 토지로 인정받을 수 있도록 지목대로 사용해야 합니다. 지목이 농지인 경우 농지은행에 8년 이상 위탁하는 이유도 그래야 사업용 토지로 인정받아 양도세를 절약할 수 있기 때문입니다.

양도세는 보유기간과 토지 활용방법에 따라 세율이 달라집니다. 사업용 토지와 비사업용 토지 양도세율은 다음과 같습니다.

|토지 양도세율|

보유기간	과세표준	기본세율		누진공제
		사업용	비사업용	
1년 미만		50%		-
1년 이상 2년 미만		40%		-
2년 이상	1,200만 원 이하	6%	16%	-
	1,200만 원 초과 ~ 4,600만 원 이하	15%	25%	108만 원
	4,600만 원 초과 ~ 8,800만 원 이하	24%	34%	522만 원
	8,800만 원 초과 ~ 1억 5천만 원 이하	35%	45%	1,490만 원
	1억 5천만 원 초과 ~ 3억 원 이하	38%	48%	1,940만 원
	3억 원 초과 ~ 5억 원 이하	40%	50%	2,540만 원
	5억 원 초과	42%	52%	3,540만 원

건폐율과 용적률을 항상 주목하라

건물을 지을 때는 면적을 제한받습니다. 전체 면적의 20%, 40%, 60% 이런 식으로 건물을 지을 수 있는 최대 면적이 정해져 있지요. 이를 건폐율이라고 합니다.

층수도 제한을 받지요. 위로 쌓을 수 있는 높이 또한 전체 대지 면적을 기준으로 제한합니다. 건물 바닥면적이 50평인데 2층이라면 전체 건물 면적은 50평 × 2 = 100평입니다. 이를 건물 연면적이라고 하죠. 대지 면적 대비 건물의 연면적 비율을 용적률이라고 합니다.

초보 투자자들이 건폐율과 용적률을 가볍게 생각하는 걸 가끔 봅니다.

"저는 토지를 사는 것뿐인데요. 건물 지을 생각 없어요."

건물을 짓는다면 몰라도 땅을 사고파는 것이니 그리 민감하게 받아들이지 않는 듯합니다. 그러나 건폐율과 용적률은 토지매매에서 가장 중요한 수익창출 요소입니다.

건물을 짓지 못하는 땅은 가격 상승에 제한이 있습니다. 토지의 시세 차익은 건물을 지을 수 없는 땅, 이른바 농지나 임야가 개발로 인해 건물을 지을 수 있는 땅이 될 때 가장 높아집니다.

건물을 지을 수 있는 땅도 건폐율과 용적률에 따라 가격 차이가 납니다. 계획관리지역과 생산관리지역의 건폐율과 용적률을 볼까요?

구분	건폐율	용적률
계획관리지역	40% 이하	50~100%
생산관리지역	20% 이하	50~80%

두 지역의 건폐율과 용적률은 크게 차이가 납니다. 그래서 계획관리지역의 땅값이 비싼 겁니다. "알아요. 그럼 건폐율과 용적률이 높은 땅을 사라는 거잖아요."라고 하실 겁니다.

맞습니다. 누구나 당연히 건폐율과 용적률이 높은 땅을 사려 하겠지요. 그런데 현실에서는 자주 갈등을 하게 됩니다. 똑같은 200평 매물이라고 가정해보죠. 건폐율과 용적률이 높은 계획관리지역의 땅은 값이 비쌉니다. 반면 생산관리지역은 싸죠. 그래서 생산관리지역의 땅에 눈길이 갑니다.

"건폐율과 용적률에서 조금 손해를 보지만 그래도 가격이 싸니까 괜찮지 않을까요?"

어느 땅을 선택해야 할까요? 다른 조건은 비슷한데 지금 가격이 싸지만 건물을 지을 수 있는 면적이 절반인 땅과 더 비싸지만 건물을 크게 지을 수 있는 땅 둘 가운데서 선택을 해야 할 때가 종종 있을 겁니다. 수요자의 입장에서 생각해보면 답이 금방 나옵니다.

언제까지 초보 투자자로 머물 수는 없지요. 투자를 하면서 만나는 고난도 물건들이 있습니다. 규제가 이중 삼중으로 누르고 있거나 권리관계가 복잡한 경매 특수 물건 등이 그렇지요. 그럴 때 "이건 내 영역이 아니야."라고 그냥 넘기지 말고 자세히 검토해보세요. 의외로 투자 가치가 높은 땅을 만날 수 있습니다.

고수의 영역에 도전!

토지투자
무작정 따라하기

052 ▶ 개발제한구역에 묻어두기

인내는 쓰고 열매는 달다

초보 투자자들에게 개발제한구역의 땅은 절대 투자하지 말라고 강조하
곤 합니다. 개발행위를 할 수 없으니 땅값 상승을 기대하기 어렵지요. 하
지만 어떤 법칙도 예외는 있습니다. 대규모 개발계획이 예상되는 지역
이라면 개발제한구역도 유심히 살펴볼 만합니다.

제 지인 중 한 분은 변산반도국립공원 지역에 조상 대대로 내려온 땅이
있었습니다. 땅은 넓었으나 국립공원지역이라 평당 1천 원 가격도 받기
어려웠지요. 국립공원지역은 거의 모든 개발행위가 제한되어 있으니 당
연합니다.

그런데 새만금 프로젝트가 진행되고 개발 여파가 확산되며 변산반도국
립공원 일부가 해제되어 개발이 가능한 땅이 되었습니다. 그러자 시세
가 바로 평당 1백만 원 대로 껑충 올라섰습니다. 무려 1천 배 가까이 상
승한 겁니다.

"이 경우는 앉은 자리에서 대박 수익을 얻은 거잖아요? 조상 덕을 본 거
죠."라고 하실지 모르겠습니다.

같은 지역에서 모험적 투자로 수익을 거둔 분도 있습니다. 카페 회원 중
한 분이 2010년 변산반도국립공원 해제가 소문으로만 돌 때 투자문의

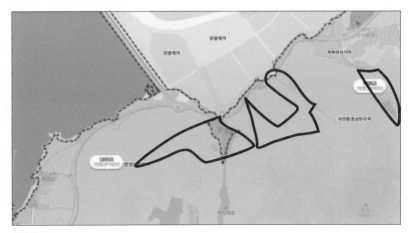

출처: 디스코

를 해온 적이 있습니다. 그때 70% 확률을 기대하고 리스크를 안고 가라고 말씀드렸습니다. 그분은 과감히 평당 30만 원에 개발제한에 걸린 땅을 매입했습니다. 2013년 변산반도국립공원 일부가 해제되며 그 땅은 2015년 평당 1백만 원에 거래되었습니다.

개발제한지역도 투자 가치가 다르다

개발제한지역에 투자할 때도 향후 개발가치를 고려해야 합니다. 변산반도국립공원 해제와 관련하여 또 하나의 사례가 있습니다. 비슷한 시기에 한 분은 평당 1만 원인 농지를 샀습니다. 또 다른 분은 평당 5천 원에 임야를 매입하였지요. 임야는 규모가 커서 투자금이 훨씬 많이 들었습니다.

나중에 국립공원이 일부 해제된 후 명암이 극과 극으로 갈렸습니다. 평당 1만 원 하던 농지는 1백만 원에 거래됐지만 평당 5천 원 하던 임야는 제자리걸음을 했습니다. 국립공원지역에서 해제됐지만 임야는 산지라는 또 다른 규제로 묶여있으니 이런 결과가 나온 것입니다.

투자를 할 때는 현재의 매입가에 연연해서는 안 됩니다. 물론 낮은 가격에 보다 넓은 땅을 사는 건 투자의 기본입니다. 그러나 어떤 땅을 사느냐하는 게 더 중요합니다. 당연히 개발제한이 해제된 이후 개발행위가 바로 이루어질 수 있는 땅을 사야 겠지요.

개발 광풍이 불면 돼지도 날아오른다

개발제한구역은 오랫동안 땅값이 억눌려있는 곳입니다. 그러나 이중 삼중으로 무겁게 누르고 있던 규제가 풀리면 한순간 치솟습니다. 너도나도 몰려들어 시세 이상의 가격을 훌쩍 넘는 경우도 종종 봤습니다.

2014년 포천시는 영북면과 관인면 일부 지역을 자연환경보전지역에서해제했습니다. 이후 땅값이 급상승하였지요. 꿈쩍도 하지 않을 것 같은 개발제한지역도 시대 발전에 따라 풀리게 마련입니다. 풀릴 가능성이있는 대표적인 개발제한지역은 다음과 같습니다.

- 대규모 개발 프로젝트가 실행되고 있는 지역
- 인구가 늘고 있는 개발지 인근의 자연환경보전지역
- 시대변화 및 지역발전에 따라 개발이 확산되는 지역

소문이 아니라 서류를 보라

대박 호재가 있다고 소개받는 땅은 이처럼 대부분 개발제한이 풀리는곳입니다. 그럼에도 개발제한지역 투자를 자제하라는 이유는 소문으로

그치는 경우가 한둘이 아니기 때문입니다. 소문이 돌고 십수 년 심지어 20~30년이 지난 뒤에야 풀리는 곳도 있습니다. 장기간 돈이 묶여있다 보니 기다리지 못하고 매각하고 빠져나오는 사례도 많습니다.

그러면 어떤 곳에 투자해야 할까요? 답은 국토개발계획을 보라는 것입니다. 소문에 우왕좌왕하지 말고 국토개발계획을 보고 어느 정도 진행되고 있는지 파악하는 것입니다. 토지투자의 고수는 설왕설래하는 설이 아니라 공문서를 봅니다. 지역공람과 개발계획 관련 발표를 꼼꼼히 챙겨가며 규제가 풀릴 지역을 미리 선점하는 것이죠.

소문은 참고만 하고 서류를 근거로 투자해야 합니다.

묻어두고 잊어버리기

개발제한 해제 소문이 한 차례 돌아서 이미 땅값이 상승한 곳도 있습니다. 그런 곳은 지주들도 대박의 기회를 노리고 좀처럼 매물을 내놓지 않습니다. 그러다가도 부동산 경기가 가라앉으면 매물이 눈에 띕니다. 개발제한지역 매물 치고 다소 비싼 것 같아도 향후 제한이 풀리면 바로 개발될 땅이라면 매입을 고려해볼 수 있습니다.

개발제한지역 투자가 쉬운 일은 아닙니다. 그렇다면 누구나 대박 수익을 얻겠지요. 적어도 10년 장기투자를 한다는 생각으로 여윳돈을 가지고 해야 합니다. "토지투자를 하려면 몇천만 원 이상의 목돈이 필요할 텐데 그만한 여윳돈을 장기간 묻어둘 수 있는 사람이 얼마나 되겠어요?"라고 반문할 수 있겠지요.

그런데 생각보다 투자금액이 많지 않습니다. 개발제한지역의 땅은 무척 쌉니다. 그러니 소액으로도 충분한 평수의 땅을 매입할 수 있습니다.

개발촉진지구의
숨은 땅을 찾아라

개발촉진지구는 고수익의 기회

현장답사를 하다 보면 유난히 낙후된 지역이 있습니다. 땅값이 저렴해도 분위기를 보면 왠지 주저하게 됩니다. 그렇다고 "이런 곳이 언제 개발되겠어?"라고 그냥 지나치면 투자의 기회를 놓칠 수 있습니다. 다른 지역보다 낙후되었기 때문에 향후 가능성이 풍부하다고 생각해야 합니다.

한 지인이 지난 2000년 강원도 철원군의 토지를 소개받은 적이 있습니다. 철원군이 개발촉진지구로 지정된다는 소식에 현장답사를 통해 생태관광단지 개발 예정지 인근 토지를 평당 8만 원에 매입하였습니다. 무척 저렴한 가격이었는데 십여 년이 지난 후 그 땅은 다섯 배까지 시세가 올랐습니다.

낙후된 지역 땅의 운명을 바꾸는 개발촉진지구

낙후지역의 생활환경개선을 목적으로 국토해양부가 지정하는 곳이 개발촉진지구입니다. 지역균형개발과 지방중소기업 육성에 관한 법률에 따라 지정하며 기준은 다음과 같습니다.

- 지역총생산 또는 재정자립도가 다른 지역이 비해 현저히 낮고
- 지역 인구가 일정기간 감소하거나 정체되어 있으며
- 경제적 여건 변화로 지역산업이 쇠퇴하여 새로운 소득기반 조성이 필요하거나
- 지역간 균형 개발을 위해 생산 및 생활환경 정비가 필요한 곳

개발촉진지구의 대표적인 예는 강원도 탄광지구입니다. 1996년 정부가 강원 태백, 삼척, 영월, 정선을 개발촉진지구로 지정하였지요. 이후 카지노와 스키장, 골프장 등 관광휴양시설이 개발되었습니다.

개발촉진지구로 지정되면 개발사업 시행자에게 토지수용권이 부여되고 사업시행 토지에 취득세와 등록세가 면제되며 재산세를 5년간 50% 감면받습니다. 세제 지원 외에도 국고로 필요한 도로 등의 기반시설을 조성합니다. 게다가 개발사업계획이 승인되면 산지전용이나 농지전용 등 평소 까다로운 인허가 절차도 쉽게 이뤄집니다. 한마디로 각종 개발이 이뤄질 수 있는 여건이 마련되는 셈이지요.

그래서 개발촉진지구로 지정되면 땅값이 곧바로 상승합니다. 2011년 전라북도 부안군이 개발촉진지구로 지정되었습니다. 국비와 지방비 약 2천억 원 규모를 투입하여 기반시설을 확충하고 도로 6개 노선을 신설·정비합니다. 고마제 수변테마파크, 내소지구 명소화거리, 격포리 해안경관로드 조성사업, 동중리 에너지테마파크 조성, 줄포습지 및 생태공원 탐방로 조성 등의 다양한 개발사업이 계획되거나 진행 중입니다.

제가 주목한 곳은 부안군 선은리였습니다. 부안군청 주변에서 마지막 남은 농지였고 주변에 비해 아주 낙후된 지역이었습니다. 부안군에서 그대로 두지 않을 것이라는 확신이 들어 평당 20만 원 선에서 투자하였습니다. 2011년 선은리가 개발촉진지구로 지정되어 땅값이 오르기 시작하여 2015년에는 평당 40~50만 원에 거래되었습니다.

출처: 카카오맵

개발의 방향 파악하기

개발촉진지구가 지정된 유형에 따라 개발의 방향을 가늠할 수 있습니다. 개발촉진지구의 유형은 다음과 같습니다.

- 낙후지역형
- 균형개발형
- 도농통합형

낙후지역형은 말 그대로 낙후된 지역의 경제활성화와 일자리 마련 등 지역소득 증대사업 위주의 개발이 진행됩니다. 균형개발형은 광역개발 권역에 속하는 지역으로 지역간 균형발전을 위해 주로 민간자본을 유치 해 집중개발을 하는 곳입니다. 도농통합형은 그간 유지됐던 지역산업이 급속히 몰락하여 새로운 소득기반 조성이 필요한 지역을 인근 도시지역과 연계하여 개발하는 경우입니다.

유형별로 지원 방향이 다르고 그에 따라 개발 내용도 달라집니다. 그래서 낙후된 지역에 투자할 때 개발촉진지구로 지정될 가능성이 있는지, 지정되면 어떤 유형일지 파악하는 게 중요합니다.

개발촉진지구 지정은 광역시장이나 도지사의 요청에 따라 이뤄집니다. 이는 다시 말해 지자체 공무원들이 사전 조사를 하여 발전방향을 잡는다는 뜻이지요. 해당 지자체의 홈페이지를 유심히 지켜보면 개발촉진지구와 관련한 세미나나 공람을 볼 수 있습니다. 이를 통해 개발의 방향을 파악하면 어떤 땅을 사야 할지 가늠할 수 있을 겁니다.

앞서 철원군 투자 사례를 들었습니다. 철원군은 낙후지역형 개발촉진지구라고 말씀드렸지요. 철원군 개발촉진지구는 자연자원을 이용한 관광휴양산업 육성을 중심으로 지역발전 기반을 구축하자는 게 핵심입니다. 그렇다면 창고나 공장부지 같은 곳보다는 관광지로 확장되며 편입될 가능성이 있는 땅이 좋겠지요. 펜션 등 숙박시설이나 레스토랑 등이 들어설 부지도 투자 대상이 될 수 있을 겁니다.

개발촉진지구의 땅을 다 사면 좋겠지만 현실적으로 불가능합니다. 그러니 개발이 진행될 때 떠오를 땅을 미리 찾아 선점하는 전략으로 접근해야 합니다.

장기투자 관점에서 접근한다

개발촉진지구 투자는 장기적 관점에서 접근해야 합니다. 워낙 낙후되었기 때문에 개발촉진지구로 지정받은 것입니다. 오랜 세월에 걸쳐 근본적인 이유로 인해 낙후된 것이고 이를 개선하는 사업은 신도시 개발처럼 단기간에 할 수 있는 게 아닙니다. 하지만 정부 정책은 한번 세워지면 계획에 따라 차근차근 집행되기에 10년, 20년이 지나면 몰라보게 달라집니다. 그에 따라 땅값도 수배 이상 오르게 마련입니다. 장기적인 관점에서 여유자금으로 접근하면 은퇴 후 노후를 보낼 든든한 자산이 될 수 있을 겁니다.

개발진흥지구

잠깐만요

개발촉진지구와 비슷한 개념이 개발진흥지구입니다. 주거, 산업, 유통물류, 관광 및 휴양 등을 집중적으로 개발하거나 정비할 필요가 있을 때 지정하는 곳이 개발진흥지구입니다. 개발진흥지구로 지정되면 건폐율과 용적률이 완화되거나 건축높이 규제가 완화되고, 기반시설 지원 등의 사업이 뒤따릅니다. 투자자로서는 땅의 용도가 변경되니 투자의 기회가 있는 곳이라 할 수 있습니다.

개발진흥지구의 종류는 다음과 같습니다.

1. 주거개발진흥지구
2. 산업개발진흥지구
3. 유통개발진흥지구
4. 관광휴양개발진흥지구
5. 복합개발진흥지구
6. 특정개발진흥지구

경매 특수물건은
현장조사가 답!

주의해야 할 특수물건

토지경매가 주택경매와 다른 가장 큰 차이는 거주자가 없다는 겁니다.
집주인이나 임차인이 없지요. 그래서 명도 분쟁이 발생할 여지가 거의
없습니다. 대부분 초보 경매투자자들이 명도를 부담스러워 하는데 이런
점에서 훨씬 접근하기 쉽습니다. 권리를 인수해야 할 선순위임차인도
없으니 주택경매에 비해 권리분석이 비교적 간단하지요.
그러나 토지경매에도 주의해야 할 특수물건이 있습니다.
특수물건이란 한마디로 경매 낙찰 후 낙찰자가 인수하거나 해결해야 할
권리가 있는 물건을 말합니다. 경매로 나온 물건은 대부분 여러 가지 권
리가 설정되어 있습니다. 이렇게 많은 권리들은 경매 낙찰 후 자동으로
소멸되는 것과 낙찰자가 인수하여 해결해야 할 권리로 나눌 수 있습니다.

| 분묘기지권, 지분경매 등 여러 가지 권리관계가 얽힌 경매물건들 |

출처: 마이옥션

특수물건은 낙찰자가 인수할 권리가 있는 경우를 지칭하는 업계용어입니다. 낙찰자 입장에서는 낙찰대금 외에 돈을 들여 해결해야 하니 번거롭습니다.

특수물건은 주의해서 접근해야 합니다. 권리분석을 잘못하여 인수해야 할 권리를 소멸권리로 착각하면 시세보다 높은 가격으로 땅을 사는 결과가 나올 수도 있습니다. 또한 인수할 권리를 해결하다 결과적으로 생각지 못한 비용을 치를 수도 있지요. 소송 등의 분쟁으로 명의이전을 하지 못하는 경우도 있습니다.

고수들은 특수물건으로 고수익을 창출한다

초보 투자자들은 경매정보 사이트에서 물건 검색을 하다가 등기부 권리관계란에 유치권이나 지상권 등이 적혀있는 특수물건을 보면 일단 주춤합니다. 인수해야 할 권리가 있거나 향후 분쟁의 소지가 있을 것 같으면 피하게 되죠.

그러나 고수들은 한 걸음 더 들어가 분석합니다. 복잡한 권리관계를 해결할 수 있다면 오히려 싸게 낙찰받을 기회입니다. 일반 경매 물건은 경쟁자가 많아 낙찰가가 매력적이지 않으니 특수물건을 전문적으로 분석하여 낙찰받아 고수익을 누리는 고수도 있습니다.

토지경매에서 볼 수 있는 대표적인 특수물건은 대략 유치권, 지상권이 있는 물건이거나 공유지분, 재매각 물건입니다.

특수물건 1
– 유치권이 설정된 물건

유치권은 대개 공사대금 등을 받지 못해 권리를 설정해둔 것으로 경매 낙찰 후 인수자가 해결해야 할 사항입니다. 토지의 경우는 형질변경을 위한 공사를 한 후 대금을 받지 못하면 유치권을 설정하곤 합니다. "돈을 내야 할 수도 있으니 이런 물건은 손 대지 않는 게 좋아."라고 공표하는 셈이죠.

유치권이 설정되어 있으면 초보 투자자들은 일단 피합니다. 그러나 고수들은 한 번 더 확인합니다. 유치권 날짜라던가 현장 사진 등을 검토하고 미심쩍으면 직접 현장조사를 나갑니다.

유치권도 '가짜 유치권'이 있을 수 있습니다. 유치권은 주장하는 사람이 신고하면 일단 받아줍니다. 이를 악용해서 어떤 땅이 경매에 넘어간다는 소문을 들으면 있지도 않은 유치권을 설정하는 경우도 있습니다.

애초에 성립요건이 되지 않는 유치권도 있습니다. 주택 인테리어 공사비 같은 경우는 유치권 성립의 원인 채권이 되지 않습니다. 그런데도 경매로 넘어간다니 일단 설정하고 보는 경우가 많습니다.

누군가 땅에 유치권을 설정했다면 실제로 유치권이 성립하는지 여부를 다음과 같이 따져봐야 합니다.

> 1. 유치권 설정은 부동산만 가능하다.
> 2. 받아야 될 돈이 해당 부동산과 관련이 있어야 한다.
> 3. 받을 돈이 계약한 기간(잔금 납부기간)을 넘겨야 한다. 예를 들어 공사대금의 경우 계약기간이 끝났는데도 지급하지 않았을 경우이다.
> 4. 경매개시결정 등기 전에 유치권자가 해당 부동산을 합법적으로 점유하고 있어야 한다. 불법으로 점유한 경우는 인정되지 않는다.
> 5. 유치권을 행사하지 않는다는 특약이나 각서가 있다면 유치권은 인정되지 않는다.

토지의 유치권은 대개 형질변경을 위해 성토나 절토 등의 공사를 하다가 대금을 못받아서 설정한 경우가 많습니다. 그러니 실질적으로 점유하는 경우가 거의 없습니다. 아무것도 없는 땅을 점유할 수 있는 방법이 없지요.

다만 주의할 것은 형질복원공사입니다. 형질변경을 하다 말고 중단됐을 경우 지자체에서는 땅을 복원하라고 요구합니다. 이런 경우 낙찰자는 해당 공사가 합법적이었는지 아닌지 따져봐야 합니다.

합법적인 경우

개발행위 허가를 받아서 공사할 경우 공사업체는 '예치금'을 내고 합니다. 만일 문제가 생겼을 경우 이 돈으로 원상복구를 하지요. 그러니 개발행위 허가를 받아 공사를 한 경우라면 지자체에서 예치금으로 토지를 원상복구하기 때문에 유치권은 자동으로 소멸됩니다.

불법적인 경우

개인이 개발행위 허가를 받지 않고 공사업체를 시켜 토지의 형질을 변경한 경우 적발되면 개인이 원상복구해야 합니다. 경매로 낙찰받았다면 낙찰자가 원상복구해야 하지요. 그렇지 않으면 매년 이행강제금을 물게 됩니다.

특수물건 2
– 지상권이 성립되는 물건

건물이 있는 경우 대개 건물과 토지가 함께 경매에 나옵니다. 그런데 건물이 있는데도 토지만 경매로 나올 때도 있습니다. 토지와 건물의 소유주가 다르면 그럴 수 있습니다.

그런 경우 아무도 응찰하려 하지 않을 겁니다. 토지와 건물 중 반쪽만 소유하는 셈이니 온전히 재산권을 행사하기 어렵죠.

경매물건을 검색하다 보면 물건 정보란에 법정지상권 성립을 주의하라고 쓰여 있는 경우를 가끔 봅니다. 이런 물건들을 살펴보면 대개 토지 등기부등본은 있는데 건축물 등기부등본이 없습니다. 다시 말해 무허가 불법건축물이라는 뜻이지요.

"무허가라고? 그럼 토지를 낙찰받은 다음 철거하면 되지 않을까?"라고 생각할 수 있지만 그럴 수 없는 경우가 더 많습니다. 건물 주인이 지상권을 주장하면 함부로 철거할 수 없습니다. 건물 등기부등본이 없지만 건축물관리대장에 올라있는 건축주나 건물분 재산세를 내는 건축주가 토지주와 동일한 적이 한 번이라도 있다면 그 건물은 법정지상권이 인정됩니다.

법정지상권은 건물의 경우 30년 이상 지속됩니다. 토지 낙찰자는 건물주에게 연 5~6%의 토지사용료를 청구할 수 있을 뿐 건물을 철거할 수 없습니다. 대개 토지사용료도 제대로 받기 어려워 종종 분쟁으로 이어집니다. 시골 땅의 경우 법정지상권이 성립될 수 있는 건물이 꽤 많습니다. 그래서 이런 물건은 특수물건으로 분류하고 모두 기피합니다.

고수들은 이럴 때 현장조사를 갑니다. '되지도 않을 물건을 보러 그 먼 지방까지 간다고?'라고 생각하실 수도 있지만 될지 안 될지는 가서 봐야 압니다.

시골에 있는 땅이 경매로 나왔는데 가서 보면 폐가가 있는 경우가 있습니다. 사용하지 않는 빈집이지요. 대개 상속이나 증여를 받은 후 관리하지 않고 있다가 땅이 경매로 나온 경우입니다. 상속이나 증여도 건물에 대해 법정지상권을 주장할 수 있으니 유의해야 합니다.

폐가나 오래된 빈집일 경우 고수들은 응찰하여 낙찰받습니다. 법정지상

알아두세요

수목지상권

토지경매에서 간혹 볼 수 있는 지상권에는 수목지상권도 있습니다. 토지 주인과 나무를 심은 사람이 다른 경우이지요. 수목지상권도 30년 이상 지속됩니다.

알아두세요

법정지상권이 성립되는 경우
1. 토지와 건물의 소유자가 동일했을 때가 있는 경우
2. 토지나 건물 중 하나가 매매 등으로 소유자가 변경된 경우
3. 철거특약이 없는 경우

법정지상권이 성립되지 않는 경우
1. 저당권이 설정된 건물이 철거되고 건물이 신축된 경우
2. 공유 토지에 세운 단독 건물인 경우
3. 토지 저당권 설정 후 건물이 건축되어 토지와 건물의 소유자가 다른 경우

권 문제가 걸려있으니 일반 경매보다 싸게 받을 수 있습니다. 그리고 '사실조회확인서'를 통해 건물주 또는 상속, 증여를 받은 사람을 알아냅니다. 그다음 '토지사용료를 내거나 권리를 포기하라'는 내용증명을 보냅니다. 대개는 권리를 포기합니다.

명심할 것은 폐가라고 마음대로 철거해서는 안 된다는 것입니다. 반드시 이 같은 절차를 거쳐 건물주의 동의를 받은 후 진행해야 합니다.

특수물건 3
– 재매각 물건

한 번 낙찰되었다가 다시 경매로 나온 물건도 있습니다. 뭔가 하자가 있는 물건이라고 생각하겠죠. 그럴 수도 있습니다. 하지만 의외로 꽤 많은 물건이 낙찰대금을 납입하지 못해서 재차 경매로 나옵니다.

경락잔금대출은 80%까지 받을 수 있어 비교적 원금이 적은 편이죠. 그런데 막상 대출을 받으려니 소득이나 신용상의 문제 등으로 원하는 만큼 대출을 받지 못할 수도 있습니다.

기한 내에 경락대금을 납입하지 못하면 다시 경매로 나옵니다. 그런데 재경매라고 하면 물건에 숨겨진 하자가 있는 게 아닐까 단정하고는 그냥 넘어갑니다. 고수들은 다시 한번 들여다보고 다시 경매로 나온 이유를 찾아봅니다.

물건에 이상이 없고 낙찰자의 문제로 재매각하는 물건이라 판단되면 입찰을 주저할 이유가 없지요. 재매각 물건이니 일반 경매보다 싸게 낙찰받을 수 있어 수익은 더욱 커질 것입니다.

특수물건 4
- 지분경매 물건

지분으로 나온 물건도 초보 투자자들은 기피합니다. 누군지도 모르는 사람과 땅을 공동소유하는 셈이니까요. 물건의 입지나 조건 등이 좋을 경우 고수들은 한 번 더 두드려봅니다. 공동소유자에 대해 알아보고 때로는 직접 찾아가기도 하죠.

공동소유자도 자신의 땅 지분이 경매로 넘어갔다면 앞으로 어떻게 될지 걱정하고 있을 겁니다. 여유가 있다면 자신이 직접 경매에 입찰하여 온전한 소유로 만들겠지요. 그렇지 않은 경우라면 새로운 소유자에 대해 촉각을 곤두세우고 있을 겁니다. 그렇기에 생각보다 어렵지 않게 만날 수 있습니다. 포기 여부는 공동소유자를 만난 뒤에 해도 늦지 않습니다.

지분경매에 투자할 때는 필지분할을 염두에 두어야 합니다. 계속해서 공동소유한다면 아무래도 투자 매력이 떨어지지요. 앞서 지분경매로 받은 땅을 필지분할하여 제 소유로 만든 사례를 든 적이 있습니다. 지적도를 확인하고 필지분할하여 각자 소유로 나눌 수 있다면 입찰을 적극 고려해볼 수 있습니다.

특수물건 5
– 인수해야 할 가처분, 가등기가 있는 물건

인수해야 할 가처분, 가등기가 되어 있다면 특수물건으로 분류하고 초보 투자자들은 건너뜁니다. 고수들은 가처분이나 가등기의 설정 일자를 유의 깊게 살핍니다.

선순위 가처분이 등기된 물건이 경매신청 된 경우 법원은 본안소송 여부를 살핍니다. 본안소송절차가 진행되는 경우 경매신청을 접수하되 본안소송의 결과가 나올 때까지 경매절차를 중지하는 게 보통입니다.

선순위 가처분 등기가 있음에도 경매를 진행하는 경우는 가처분 등기 설정 시기가 오래된 경우입니다. 오래전에 가처분 등기를 했는데도 본안소송 없이 등기만 남아있는 경우지요. 이럴 경우 권리의 시효가 만료되어 사실상 효력이 없을 수도 있습니다. 그러면 말소신청의 대상이 됩니다.

투자 가치가 높다고 판단되는 물건이라면 현지조사를 해서 가처분 등기 관련 내용을 확인하면 의외의 소득을 얻을 수 있습니다. 말소할 수 있다면 물건을 싸게 낙찰받을 수 있는 기회입니다.

국·공유지도
투자할 수 있다고요?

국·공유지 용도폐지를 주목하라

국유지나 공유지는 말 그대로 국가나 지자체가 소유한 땅입니다. 우리 나라 땅의 20% 정도가 국·공유지이지요. 국가나 지자체는 공공기관이 지만 효율성도 추구합니다. 토지를 효율적으로 관리하고 운영하려 하지 요. 그렇기에 활용가치가 떨어졌다거나 민간에게 매각하는 게 낫다고 판단되면 용도폐지절차를 거쳐 일반 매각 또는 임대를 합니다.

최근 국유재산 정책방향이 혁신성장을 지원하고 사회적 가치 제고, 서 민생활 지원과 관리효율성 제고 등으로 국유재산을 활용하여 개발을 확 대하고 유휴 행정재산의 용도폐지를 활성화하여 경제활력을 제고하는 쪽으로 가고 있습니다. 앞으로 국·공유지 용도폐지에 대해 주목해야 한 다는 뜻이지요.

공개매각공고를 챙기자

국·공유지는 나라 땅이니 개인이 얻기 어렵다고 생각할 겁니다. 그러나 실제로는 국·공유지의 매물은 꾸준히 나옵니다. 한국자산관리공사에서 운영하는 온비드에서 국·공유지 매물을 검색할 수 있습니다. 온비드 홈 페이지에서 공고의 공고목록으로 들어가 국유재산을 검색하면 찾을 수 있습니다. 그 밖에 각 국가기관 홈페이지나 신문 매각공고, 지자체 공고를 검색하다 보면 국·공유지 매각 물건을 접할 수 있습니다.

|온비드 국·공유지 매각 물건 화면|

국·공유지는 대개 공시지가를 기준으로 가격이 책정되니 낙찰을 받으면 바로 수익을 확보할 수 있습니다. 앞서 맹지탈출 하는 법에서 구거를 활용하라고 말씀드렸습니다. 구거 역시 국·공유지입니다. 구거 매입을 적극 고려하라는 이유도 주위 시세에 비해 턱없이 싸기 때문입니다.

국·공유지 매각 물건 정보도 지속적으로 챙겨보시기 바랍니다.

대박땅꾼이 뽑은 2021~2026 토지투자 유망지역 7

GTX-A가 지나는
토지 호재 지역

1. 동탄

#쿼트러플 역세권 #대한민국 최대 신도시

GTX-A노선은 파주 운정역 – 일산 킨텍스 – 고양 대곡 – 서울(연신내역 – 서울역 – 삼성역 – 수서역) –성남역 – 용인역 – 동탄역을 잇습니다.

A노선의 하이라이트는 동탄역입니다.

동탄은 개발이 완료되면 수도권은 물론 우리나라에서 가장 인구가 많은 국내 최대 신도시가 될 것입니다. 그럼에도 사람들의 관심을 받지 못하는 이유는 불편한 교통 때문이었습니다.

현재 SRT고속철도가 지나고 있지만 배차간격이 넓어 1시간에 1~2회 정차합니다. 그래서 대부분 자동차를 이용하는데 서울로 진입하려면 혼잡한 경부고속도로를 지나야 하기에 시간과 비용이 만만치 않습니다.

2023년 GTX-A노선이 개통되면 이런 불편함이 크게 개선될 것입니다. 동탄역에서 판교나 강남역까지 가는 데 걸리는 시간이 20분 이내로 단축됩니다. 시간으로만 보면 동탄이 서울로 편입된다고 말할 수 있을 겁니다.

2019년 동탄은 아파트와 상가 등의 물량이 많이 쏟아져서 현재 공실률이 높습니다. 그러나 시간이 지나며 점차 줄어들고 있는데 특히 기업체들이 입주하는 지식산업센터나 대기업이 입주하는 빌딩 등을 중심으로 빠르게 소진하고 있습니다. 기업들이 들어서는 지역 주위에 투자하면 GTX가 완공되는 2024~2025년에 투자수익을 거둘 가능성이 있다고 판단하고 있습니다.

2. 파주

#운정신도시 #GTX 개통 이후 저평가 지역 상승 기대

동탄과 함께 GTX-A노선의 최대 수혜지역이 파주 운정신도시입니다. 파주 운정신도시는 수도권 외곽이 아닌 지방이라는 인식이 있었던 게 사실입니다. GTX가 들어서면 운정역에서 강남 삼성역까지 40분이면 도착합니다.

운정신도시는 GTX 신설 계획이 발표되며 주목받았지만 워낙 거리가 멀다는 인식 때문에 아직 저평가된 지역이라고 할 수 있습니다. GTX 사업이 진행되고 점차 가시화됨에 따라 이 같은 인식이 바뀌면서 점차 아파트 가격부터 상승하고 있습니다. 따라서 지금 시점에서 주위 토지에 투자를 하면 완공시점에서 수익을 기대해볼 수 있습니다.

이외에도 일산 킨텍스역과 대곡역 주위도 유의해서 보시기 바랍니다. 킨텍스는 국제적 규모의 박람회나 전시회가 연중 내내 열리는 곳입니다. 대규모 행사의 경우 수도권에서 킨텍스로 가기 위해 도로를 이용할 경우 교통정체가 극심합니다. GTX는 이를 해소할 것입니다. 연중 내내 행사가 이뤄지고 있으니 유동인구가 다른 역보다 상대적으로 많다고 봐야 합니다.

고양시 대곡역은 복합환승센터로 개발되는 곳입니다. 현재도 수도권 지하철 3호선과 경의중앙선 환승역인데 GTX까지 지나면 3개 노선이 됩니다. 트리플 역세권이라는 호재를 안고 있으면서도 주위가 낙후되어 있기에 역시 아직 저평가된 지역으로 분류할 수 있습니다.

3. 용인(보정)

#기존 호재(SK하이닉스) + 교통호재(GTX-A) #강남까지 15분 거리 #인구유입 증가 예상

GTX 용인 보정역은 수인분당선 구성역과 연결된 환승역사로 건설되고 있습니다. 외부출입구는 구성역 방향과 보정동 방향으로 납니다. 강남 삼성역에서 15분이면 도착하고 주위로 아파트 단지가 많이 건설되어 있으며 지금도 계속 개발 중인 지역입니다.

용인은 SK하이닉스 분당캠퍼스가 미금역에 들어선 데 이어 처인구에 반도체 공장이 들어설 것이라는 계획을 발표한 이후 꾸준히 주목받고 있습니다. 그럼에도 과거 난개발에 대한 선입견과 교통이 불편하다는 인식이 있어 가격 상승에 제한을 받아왔습니다.

그러나 신분당선, 수인분당선에 이어 GTX-A노선이 들어서면 교통 상황이 크게 개선되며 수도권 확장세에 따라 인구 유입 또한 지속적으로 늘어날 전망입니다.

아직 완공까지 몇 년 기한이 남아있으므로 GTX-A 보정역 주위 투자 가치가 있는 저평가 물건에 관심을 가져보셔도 좋을 것 같습니다.

2

GTX-B가 지나는
토지 호재 지역

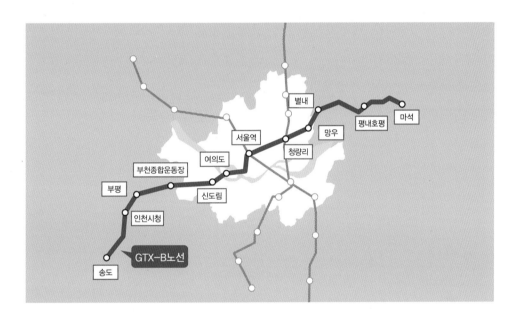

1. 인천시청역 주변

#주안동 #만수동 #가좌동 #역 반경

GTX-B노선은 수도권 동서를 가르는 노선입니다. 인천(송도역-인천시청역-부평역-부천종합운동장역)-서울(신도림역-여의도역-용산역-서울역-청량리역-망우역)-남양주(별내역-평내호평역-마석역)를 잇습니다.

지금 교통망을 이용하면 2~3시간이 걸리기에 서로 왕래하기 힘든 지역들입니다. GTX-B노선이 완공되면 1시간 이내로 단축되며 새로운 교통수요가 생길 것으로 기대하고 있습니다.

GTX-B노선은 대도시 인천과 서울의 도심을 지나기에 이미 땅값이 비싼 지역이 많습니다. 그렇기에 추가상승을 기대할 지역보다는 현재 저평가된 지역에 관심을 두고 매물을 찾아야 합니다.

주안동에 있는 인천시청역은 현재 인천 1, 2호선이 교차하는 환승역입니다. 이미 도심을 형성하여 상가나 오피스텔, 빌라 등 주택투자에 적합하며 주안동과 만수동이 역세권이라 할 수 있습니다. 조금 더 넓게 보면 역에서 3km 이내인 가좌동까지도 관심지역으로 고려할 수 있습니다.

인천의 구도심은 서울이나 수도권 신도시에 비해 낙후되어 있기에 매물가격대도 낮은 편입니다. GTX-B노선이 들어서면 인천시청역은 세 노선이 지나는 환승역이 되며 개발압력 또한 높아질 것입니다. 개발이 본격화되면 그만큼 가격상승탄력이 높기에 저평가된 지역이라 할 수 있겠습니다.

2. 부평역

#3km 법칙 적용 #인천시청역과 부평역 반경 3km 교집합 부분

GTX-B노선은 부평역에서 전철 1호선과 교차합니다. 부평도 저평가된 지역으로 부평역 주위 1km가 투자 유망지역입니다. 다만 가격대가 비싸서 소액으로 투자하기 어렵기 때문에 3km 정도까지 확대하여 투자처를 찾아보기 바랍니다. 역세권 투자는 1km 이내가 최적이지만 GTX처럼 광역, 장거리 노선은 역 주위 3km 이내라도 입지에 따라 충분히 수익을 거둘 수 있습니다.

시간을 단축하기 위해 신설하는 광역철도는 대개 역간 거리가 꽤 떨어져있습니다. 그러나 서울을 오가는 유동인구가 많은 부평의 특성과 전철 1호선이 지나는 부평역이 있다는 점을 고려하여 인천시청역과 비교적 거리가 가까움에도 부평역 1호선과 GTX가 교차하는 환승역이 들어서는 겁니다. 투자의 관점에서 이를 고려할 필요가 있습니다.

부평역을 중심으로 반경 3km를 잡으면 인천시청역과 교집합을 이루는 지역이 있습니다. 간석동과 동암역 주위, 매문역 주위가 인천시청역과 부평역 개발호재가 교차하는 지역이라고 할 수 있습니다. 교차지역에 대규모 공원이 있으며 그 옆으로 전철 1호선이 지나고 있습니다. GTX-B노선 인천시청역과 부평역, 그리고 전철 1호선의 역과 연계된 상가나 오피스텔, 다세대 등의 매물은 향후 GTX가 완공되면 가치가 상승할 것으로 기대됩니다.

3. 평내호평

#산이 많아 개발이 제한적 #평내호평역 반경 1km

남양주 지역은 산이 많습니다. 그렇기에 개발할 지역이 산으로 둘러싸여 제한되는 곳이 많습니다. 평내호평 또한 사방이 산으로 둘러싸여 있습니다. 경춘선 평내호평역 주위 아파트나 상가는 가격대가 비싸지만 약간 떨어진 곳은 아파트값이 낮은 편입니다. 비슷한 규모의 역 1km에 비해 상대적으로 저평가되어 있는 셈이지요.

산으로 둘러싸여 개발 규모가 한정되어 있는 상황에서 서울 도심과 직접 연결되는 GTX-B노선이 들어서고 인구가 늘어나면 평내호평의 가치가 전체적으로 한 단계 올라설 것으로 기대됩니다.

4. 마석

#유일한 소액 토지투자처 #화도읍사무소 인근 및 수동면

GTX-B노선에서 유일하게 소액으로 토지투자를 추천할 수 있는 지역이 마석역 주위입니다. 아직 도심이 크게 형성되어 있지 않았고 땅값 자체도 많이 오르지 않은 곳입니다. 마석역 주위는 꽤 올랐지만 조금 외곽으로 가면 아직도 저렴한 편입니다.

마석은 평내호평보다 평지가 넓습니다. 그러므로 마석역을 중심으로 반경 3km 이내를 토지투자 가능 지역으로 잡을 수 있습니다. 3km 반경에는 산, 임야도 포함되어 있습니다. 임야는 투자 대상이 아닙니다. 임야를 제외한 논밭에 투자해야 합니다. 현재 이 지역의 논밭은 아직 평당 1백만 원 내외 가격대로, 투자 가치가 높습니다.

마석은 남양주에서도 유명한 전원주택지 수동과 인접하고 있습니다. 수동면은 마석역에서 3km 이상의 거리이지만 향후 가격상승을 기대할 수 있는 유망지역입니다. 살기 좋은 전원주택지임에도 교통이 워낙 불편하여 접근성이 떨어졌는데 ITX 경춘역에 GTX-B노선이 합류하면 교통환경이 크게 개선됩니다.

마석역에서 수동면까지는 지방도 387도로를 타고 가는데 10여 분이 걸립니다. 따라서 GTX-B노선이 개통되면 수동에서 지방도 387도로를 이용하며 마석역까지 오가는 인구가 늘어나게 되지요. 387도로를 따라 투자 대상을 찾아보는 것도 좋은 방법입니다.

마석역과 관련한 또 하나의 투자처는 북한강변입니다. 마석역에서 5km 떨어져있지만 46번 국도의 금남 IC 중심으로 상대적으로 낮게 평가된 농지는 투자 가치가 높은 편입니다.

GTX-B노선 호재를 반영한 마석 주위 토지투자는 5~7년 정도 기간을 잡고 접근해야 합니다. 그러므로 소액 위주의 농지투자가 적당합니다. 토지투자는 착공 전과 착공 즈음, 그리고 완공 후 세 단계로 가격이 상승합니다. 마석역 주위는 현재 착공 전이니 충분히 관심을 가져볼 만한 곳입니다.

GTX-C가 지나는
토지 호재 지역

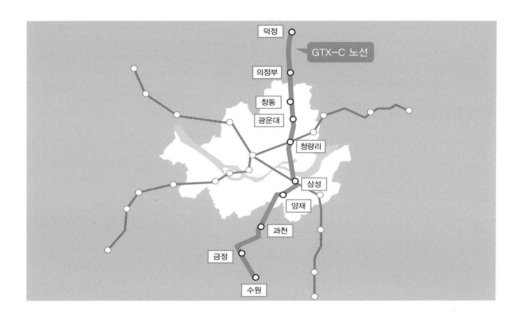

1. 양주(덕정역)

#상대적으로 저평가된 지역(2020년 6월 기준 30평대 기준 5억 원 내외)

#회천지구가 투자 유망지역(옥정신도시에 가려 빛을 발휘하지 못함)

GTX-C노선은 서울 동부권을 남북으로 지납니다. 양주시 덕정역-의정부역-서울(창동역-광운대역-청량리역-삼성역-양재역)-과천역-금정역-수원역 이렇게 총 10개 역을 잇습니다. 현대자동차가 랜드마크타워를 짓는 서울 강남 삼성역과 제2의 강남으로 부상하는 과천을 지나 수원 중심까지 1시간 내외로 연결합니다.

GTX-C노선에서 투자 1순위는 양주시 덕정역 주위입니다. 덕정역은 양주시 옥정신도시 옆에 있습니다. 산으로 둘러싸인 지역이라 교통 여건이 불편하여 신도시 중에서도 상대적으로 낮은 평가를 받고 있지요. 2020년 6월 기준으로 30평대 아파트가 5억 원 내외입니다. 따라서 GTX-C노선이 들어서면 가장 큰 수혜를 보는 지역이 될 것입니다.

GTX-C노선 신설과 관련하여 가장 큰 관심지역은 덕정역 주위 회천지구입니다. 옥정신도시도 교통 등의 이유로 아직 도시 편의시설이 미비합니다. 회천지구는 옥정신도시에 가려 더더욱 개발이 지연된 곳입니다. 2기 신도시 계획에 따라 터를 닦아놓은 지 10년이 되었는데 여전히 빈 공지로 남아있습니다.

GTX-C노선 발표 이후 회천지구가 점차 주목을 받으며 투자 유망지역으로 떠오르고 있습니다. 실제로 최근 건설공사가 하나둘 이뤄지고 있지요. 회천지구는 토지투자와 저평가된 아파트투자를 병행할 수 있는 곳입니다. 토지투자는 농지 외에도 단독주택 택지지구나 업무용지 등도 고려해볼 수 있습니다. 약간의 프리미엄이 있지만 아직은 가격이 낮은 편입니다.

회천지구는 지금 투자하면 GTX 착공 후 가격 상승, 몇 년 동안 보유하면 완공 후 가격 상승까지 기대해볼 수 있는 지역입니다.

2. 의정부

#더블역세권(지하철 1호선 + GTX)

#GTX 개통 이후 강남까지 20분 내외 접근 가능

GTX-C노선의 직접적인 혜택을 받는 곳은 의정부입니다. 완공되면 강남에서 의정부역까지 20분 정도면 갈 수 있습니다. 다만 이미 개발된 도심지역이기에 마땅한 토지투자 매물이 많지 않다는 게 단점입니다.

시세도 양주 덕정보다 높아서 경·공매가 아닌 이상 1억 원 미만으로 투자하기는 쉽지 않습니다. 그럼에도 전철 1호선과 GTX역이 교차하는 더블역세권이기 때문에 가격 상승 동력이 크다는 장점이 있습니다.

GTX-C노선 신설 호재와 관련한 소액투자는 의정부 도심 다세대와 같은 주택투자가 적합합니다. 의정부역 반경 1km 이내 주택 급매 물건에 투자하면 GTX-C노선 완공 이후의 시세 상승을 노려볼 수 있습니다. 의정부는 물량이 많은 편입니다. 경·공매로 접근하기보다는 여유를 가지고 기다리면서 급매 물건을 잡는 방향으로 투자전략을 짜는 게 좋습니다.

토지투자는 의정부 외곽지역까지 가야 합니다. 더 나아가 포천까지도 고려해볼 수 있지요. 현재 포천과 양주 옥정역을 오가는 광역철도 노선을 검토하고 있습니다. 사업이 승인되면 GTX-C노선과 연계될 수 있어 한 단계 가격 상승을 기대할 수 있는 곳이 포천입니다. 남북교류 호재도 지니고 있는 곳이기도 하지요. 현재 포천은 평당 1백만 원 내외면 계획관리지역의 땅을 살 수 있습니다. 공장용지 등을 사서 임대를 놓고 장기보유하는 투자로 접근하기에 적당합니다.

3. 수원역

#GTX + 신분당선 예타 면제 발표 이후 호매실동 매물신고가 하루 만에 1억 원 상승 이슈

수원역은 수원의 중심입니다. 대형 역사와 주위에 고층빌딩이 들어서고 유동인구 또한 수도권에서 몇 손가락 안에 꼽힐 정도로 많습니다. 그러나 GTX-C노선이 이어지면서 유동인구가 더 확산될 것이라는 기대감에 수원역 중심으로 상승세를 타고 있습니다.

지난 해 수도권 전철 신분당선 예타 면제 발표 이후 호매실동 매물신고가가 하루 만에 1억 원을 상승하여 화제를 모은 바 있습니다. 호매실동은 광교신도시와 함께 수원에 들어선 대표적인 신도시입니다. 전철 1호선 화서역이 가깝지만 역까지 버스로 가야 하기에 그동안 교통 불편이 최대 약점이었습니다. 그래서 광교신도시에 비해 가격이 저평가되어 있습니다. 신분당선이 들어서 시세가 오르면 바로 수익을 낼 수 있기에 예타 면제 소식만으로도 급등한 것으로 보입니다.

수원역은 KTX와 경부선, 전철 1호선 등이 지나는 교통의 요지입니다. 여기에 GTX-C 노선까지 들어서면 역 반경 3km 법칙을 확장하여 최대 5km까지 투자 대상이라고 봐도 좋습니다. GTX는 전철보다 빠르고 기차보다 이용하기 편리합니다. 따라서 장기적으로 수원이 한 단계 업그레이드되는 계기가 될 것입니다.

투자의 관점에서 볼 때 수원은 대도시가 형성되어있어 토지투자 매물이 많지 않습니다. 수원역 중심으로 개발이 확산될 것을 염두에 두고 상가나 다세대 등 주택에 투자하는 게 적합한 투자전략이라고 할 수 있습니다.

제5차 국토종합개발계획의 핵심지 – 새만금

#30년간 22조가 넘는 막대한 자금을 투입하는 국책사업

수많은 호재가 존재하는 새만금

첫 삽을 뜬 지 30년. 새만금 프로젝트는 이제 본격화되고 있습니다. 1억 3,800만 평에 이르는 엄청난 규모의 토지가 생겨났습니다. 2020년에서 2040년까지 20년간 진행될 제5차 국토종합개발계획은 이 땅을 활용하는 것을 핵심사업으로 설정하고 있습니다. 무려 2050년까지 순차적으로 개발될 예정이며 사업이 끝날 때쯤이면 서해안 지도는 물론 인구분포가 바뀔 것입니다.

정부는 새만금 지역을 동북아 경제허브로 조성하여 중국과의 경제교류 중심지로 발전시킬 계획입니다. 세계 최대의 경제대국으로 떠오르는 중국과 우리나라의 교역 규모는 나날이 커지고 있습니다. 따라서 새만금 지역의 발전은 수십 년 동안 장기적으로 이뤄질 것으로 기대하고 있습니다.

토지 투자자들 사이에 새만금 지역 투자는 이미 십여 년 전부터 꾸준히 화제를 모아왔습니다. 주위에 땅값이 몇 배가 뛴 곳도 있습니다. 그러나 워낙 대규모 장기사업이어서 아직도 투자 초기단계라고 할 수 있는 곳이 새만금 지역입니다.

출처: 〈새만금 기본계획〉 (새만금개발청)

전국을 잇는 서해안 교통의 중심지

현재 새만금 사업은 기반시설을 마련하기 위해 박차를 가하고 있습니다. 서해안을 따라 내려가는 기존 장항선을 복선전철로 연장하여 군산 대야역까지 잇습니다. 그렇게되면 서해안복선전철 종점인 홍성에서 대야까지 바로 이어집니다.

대야역은 군산과 익산의 중간지점으로 여기서 다시 군산과 익산 그리고 새만금까지 전철로 잇습니다. 이 철도는 향후 수도권을 지나 경의선으로 이어지며 개성과 나아가 평양, 신의주까지 이어질 계획입니다.

새만금 국제공항과 신항만

서해안을 종단하는 철도망과 함께 국제공항도 신설됩니다. 2028년 완공될 예정으로 추진되는 새만금 국제공항은 중국은 물론 세계와 교류하는 창구가 될 것입니다. 여기에 새만금 방조제 앞으로 신항만이 건설 중이지요. 2025년까지 부두 2선 석이 완료될 계획입니다. 새만금 신항만은 국가가 관리하는 무역항으로 동북아 물류기지로 육성할 계획입니다.

2023 새만금 잼버리대회 개최지

새만금 간척사업은 기네스북에 등재될 정도로 세계사적으로도 손꼽히는 사업입니다. 정부는 2023년 세계 168개국 5만여 명의 청소년들이 참가하는 잼버리대회를 개최하여 새만금사업의 의의와 향후 발전상을 세계에 알릴 것입니다.

토지 투자자의 관점에서는 세계적인 행사를 진행하기 위한 교통, 관광과 숙소, 편의시설 등을 구축하기 위해 각종 인프라가 앞서 완공될 것이므로 관심을 가지고 보아야 합니다.

명품복합관광단지

새만금은 현재 기네스북에 등록된 세계에서 가장 긴 새만금방조제, 신시도와 선유도, 변산반도국립공원 등을 연계한 명품복합관광단지로 개발 중입니다. 이에 따라 호텔을 비롯한 숙박시설과 테마파크, 각종 레포츠 시설을 조성하고 있습니다.

국회는 새만금특별법 개정안을 추진하고 있습니다. 특별법에는 민자기업 유치를 위한 '투자진흥지구' 지정 관련 내용이 있습니다. 국내외 기업에 인센티브를 확대하여 기업을 유치하고 개발을 촉진시킨다는 내용입니다. 관련 법이 통과되면 새만금 개발사업이 가속화될 것으로 기대하고 있습니다.

이외에도 새만금 관련 호재는 무척 많습니다. 장기간에 걸쳐 진행되는 개발계획을 살펴보고 시기에 맞춰 투자지역을 선점한다면 꾸준히 수익을 누릴 수 있을 것입니다.

360만 평의 대규모
국가산업단지의 도시, 당진

#사통팔달의 도로망 #서해선복선전철

해상교통망의 중심이 될 당진

당진은 석문국가산업단지가 들어선 이후 꾸준히 도로망을 확충하고 있습니다. 서해안
고속도로를 비롯해 당진-대전고속도로, 당진-천안고속도로, 제2서해안고속도로 등이
개통됐거나 앞으로 개통될 예정입니다. 현재 인천국제공항까지 90분, 서울까지 50분,
청주까지 90분이면 갈 수 있습니다.

또한 평택항까지 30분, 대산항은 10분이면 갈 수 있어 해상교통망을 이용하는 데도 최
적의 입지에 있습니다. 이에 따라 중부 서해안에서 가장 편리한 교통망을 지닌 곳으로
급부상하는 곳이 당진입니다. 서해선전철복선화사업에 따라 2022년 철도망까지 들어
설 예정입니다.

석문국가산업단지
- 360만 평 대규모 단지

석문국가산업단지는 기업유치를 위해 법인세와 취득세 감면 등 다양한 세제 혜택을 주

고 있습니다. 그 외 이주직원보조금 등 기업지원정책을 통해 기업을 유치하는 중입니다. 당진항 주위로 현대제철을 비롯한 대기업이 들어서고 있으며 송산일반산업단지, 고대부곡일반산업단지 등과 연계하여 서해안 최대의 산업단지를 이룰 전망입니다. 이에 따른 급속한 인구확산이 예상되고 있습니다.

IC 예정지 주위를 주목하라
– 정미 IC, 대호지 IC, 대산 IC

당진시와 대산항이 있는 서산시 대산읍을 잇는 24.7km 당진-대산고속도로가 2026년 개통될 예정입니다. 서해안고속도로에서 갈라지며 정미 IC와 대호지 IC 그리고 대산 IC가 들어서게 됩니다. 그동안 당진은 땅값이 많이 상승했다고 평가받고 있습니다. 하지만 새로이 교통망이 확충되며 앞으로도 꾸준히 상승할 가능성이 있는 것으로 보입니다.

트리플 역세권, 합덕역

합덕역은 '서해선복선전철 + 석문산단안입철도 + 중부권동서횡단철도'의 트리플 역세권을 갖추게 될 곳으로 당진시에서 최대 수혜지라고 볼 수 있습니다. 합덕역은 서해선복선전철과 석문산단안입철도 그리고 중부권동서횡단철도가 교차하는 역입니다. 국가산업단지 배후지역으로 지속적인 인구유입이 기대되고 있으며 교통망이 확장됨에 따라 급성장은 물론 장기적으로 꾸준히 발전할 호재를 보유한 지역입니다. 이에 따라 트리플 역세권이 완성되는 시기까지 꾸준히 땅값도 오를 것으로 생각됩니다.

SK하이닉스 호재를 받을
용인, 안성

#SK하이닉스 호재

산업 호재로 땅값이 들썩이는 용인과 안성

SK하이닉스가 용인 처인구에 들어설 예정이기 때문에 원삼면과 백암면 일대의 땅값이 급상승하고 있습니다. 이에 따라 원삼면과 백암면은 토지거래허가구역으로 지정되었습니다. 그러나 100평 미만은 거래가 가능합니다.

용인과 안성은 서울에서 가깝고 녹지가 풍부합니다. 여기에 골프장이 몰려있어 주말 유동인구가 많습니다. 주위에 수원과 동탄, 성남과 이천, 평택, 천안 등 인구가 늘어나는 도시와 인접한 지역으로 이에 따라 꾸준히 각종 개발이 이뤄지는 지역입니다.

교통 호재로 주목받고 있는 용인

용인 서북부권은 죽전과 동탄 등과 맞붙어있고 영동고속도로와 경부고속도로, 제2중부고속도로가 삼면을 지납니다. 인구가 꾸준히 증가하며 국도와 지방도가 지속적으로 확포장되고 있는 중입니다.

이에 따라 현재 수원과 경기도 광주, 과천과 의왕, 성남, 안성, 오산까지 30분~1시간이면 갈 수 있습니다. 동쪽으로는 이천과 여주까지 30분~1시간이면 충분합니다. 여기에 신분당선과 분당선에 이어 GTX-A노선이 들어서면서 대중교통 여건도 크게 개선되고 있습니다.

소액투자자가 주목할 만한 투자처로는 영동고속도로에서 용인으로 진입하는 용인 IC, 양지 IC 주위입니다.

안성의 기대 지역, 공도

안성은 서쪽으로 경부고속도로, 동쪽으로는 제2중부고속도로가 지나갑니다. 그리고 비어있는 중심지로 서울-세종 고속도로를 신설할 예정입니다. 고속도로가 완공되면 서울과 세종까지도 1시간이면 진입할 수 있는 교통의 요지로 떠오를 것입니다.

안성에서 추천할 지역은 공도읍입니다. 공도읍은 평택과 더 가깝습니다. 평택시청에서 4km인데 비해 안성시청과는 10km 거리입니다. 공도는 안성스타필드가 들어설 예정이며 평택과 안성이 동시에 개발됨에 따라 이미 땅값이 만만치 않게 올랐습니다. 소액투자자가 접근하기에는 비싼 편이지만 입지가 좋아 향후 추가 상승을 기대해볼 수 있으므로 관심을 가져볼 만합니다.

제주도 토지투자,
지금이 적기다!

#투자 열기가 가라앉아 합리적 투자 가능

지금이 제주 토지투자의 적기

지난 십여 년간 제주는 자고 나면 오른다는 말을 실감할 정도로 급상승하였습니다. 한때는 제주 전 지역이 투자 대상이라는 말이 나돌 정도였지요. 이렇게 과열이라는 지적을 받으면서도 급상승하던 제주 땅값도 최근 몇 년간 주춤하고 있습니다. 과열되었던 투자열기가 식어가고 가격이 안정되면서 투자자들의 관망세가 이어지고 있는 상황입니다. 덕분에 오히려 합리적 가격에 투자할 수 있게 되었습니다.

악재를 덮고도 남을 만큼 많은 호재

제주도는 우리나라 최초의 특별자치도이자 국제자유도시라는 장기비전을 지니고 있습니다. 국가발전과 더불어 향후 발전 가능성이 무한하다고 평가받고 있습니다. 한라산과 오름, 천연기념물로 지정된 숲과 해안 등 보전해야 할 자연녹지가 많고 섬이라는 특성 때문에 개발할 수 있는 땅이 제한적입니다. 공급은 이미 정해져있는데 장기적으로 수요는 꾸준히 증가할 것이 예상되기에 토지 투자자로서는 지속적으로 관심을 가져야 할 지역입니다.

제주영어교육도시

제주도는 대정읍 구억리 일대에 영어교육도시를 조성하여 현재 4개 국제학교를 유치하였습니다. 또한 지속적으로 유치학교를 확대하고자 현재 미국, 영국 등의 학교와 설립 협의를 진행 중입니다. 제주도는 영어교육도시를 우리나라 최고의 명문교육단지로 육성한다는 방침으로 지속적인 투자를 하고 있습니다. 이에 따라 영어교육도시 주위로 개발이 확산될 전망입니다. 구억리 일대 지가가 한 차례 급상승했으나 제주 투자열기가 주춤하며 매물이 나오고 있습니다. 급매물 위주로 접근하면 향후 충분한 수익을 기대할 수 있을 것으로 판단됩니다.

MEMO